EinFach Deutsch
Unterrichtsmodell

Adelbert von Chamisso

Peter Schlemihls wundersame Geschichte

Von
Stephan Rauer

Herausgegeben von
Johannes Diekhans

Bildnachweis:
Seite 9: Foto: Michael Bienert – S. 21: © Tomas Van Houtryve/VII – S. 22: © Michele Reiner – S. 23: Publicity photo of Capitol Records artist Sugar Mickey Katz; Wikimedia Commons, Public domain – S. 24: Entnommen aus: Adelbert von Chamisso: Peter Schlemihls wundersame Geschichte. München: Zinnen-Verlag Kurt Desch 1946 – S. 50: © picture-alliance/akg-images – S. 71: © 2011 NS-Raubgutforschung der Zentral- und Landesbibliothek Berlin | Impressum [0.1217s/12.50M] – S. 95: picture alliance/United Archives/IFTN – S. 116: Google Books Ngram Viewer; http://books.google.com/ngrams/Verlagsarchiv Schöningh/Domke – S. 117: © Nikolaus Heidelbach – S. 136: Picture-Alliance GmbH – S. 138: © picture-alliance/dpa – S. 143: Simone Stölzel: Nachtmeerfahrten. © AB – Die Andere Bibliothek GmbH & Co. KG, Berlin 2013; Gestaltung: Cosima Schneider

© 2016 Bildungshaus Schulbuchverlage
Westermann Schroedel Diesterweg Schöningh Winklers GmbH
Braunschweig, Paderborn, Darmstadt

www.schoeningh-schulbuch.de
Schöningh Verlag, Jühenplatz 1 – 3, 33098 Paderborn

Das Werk und seine Teile sind urheberrechtlich geschützt.
Jede Nutzung in anderen als den gesetzlich zugelassenen Fällen bedarf der vorherigen schriftlichen Einwilligung des Verlages.
Hinweis zu § 52a UrhG: Weder das Werk noch seine Teile dürfen ohne eine solche Einwilligung gescannt und in ein Netzwerk gestellt werden.
Das gilt auch für Intranets von Schulen und sonstigen Bildungseinrichtungen.

Auf verschiedenen Seiten dieses Buches befinden sich Verweise (Links) auf Internetadressen. Haftungshinweis: Trotz sorgfältiger inhaltlicher Kontrolle wird die Haftung für die Inhalte der externen Seiten ausgeschlossen. Für den Inhalt dieser externen Seiten sind ausschließlich deren Betreiber verantwortlich. Sollten Sie dabei auf kostenpflichtige, illegale oder anstößige Inhalte treffen, so bedauern wir dies ausdrücklich und bitten Sie, uns umgehend per E-Mail davon in Kenntnis zu setzen, damit beim Nachdruck der Verweis gelöscht wird.

Druck A 5 4 3 2 1 / Jahr 2020 19 18 17 16
Alle Drucke der Serie A sind im Unterricht parallel verwendbar.
Die letzte Zahl bezeichnet das Jahr dieses Druckes.

Umschlaggestaltung: Jennifer Kirchhof
Druck und Bindung: westermann druck GmbH, Braunschweig

ISBN 978-3-14-022614-1

Vorwort

Der vorliegende Band ist Teil einer Reihe, die Lehrerinnen und Lehrern erprobte und an den Bedürfnissen der Schulpraxis orientierte Unterrichtsmodelle zu ausgewählten Ganzschriften und weiteren relevanten Themen des Faches Deutsch bietet.
Im Mittelpunkt der Modelle stehen Bausteine, die jeweils thematische Schwerpunkte mit entsprechenden Untergliederungen beinhalten.
In übersichtlich gestalteter Form erhält der Benutzer/die Benutzerin zunächst einen Überblick zu den im Modell ausführlich behandelten Bausteinen.

Es folgen:

- Hinweise zu den Handlungsträgern
- Zusammenfassung des Inhalts und der Handlungsstruktur
- Vorüberlegungen zum Einsatz des Buches im Unterricht
- Hinweise zur Konzeption des Modells
- Ausführliche Darstellung der einzelnen Bausteine
- Zusatzmaterialien

Ein besonderes Merkmal der Unterrichtsmodelle ist die Praxisorientierung. Enthalten sind kopierfähige Arbeitsblätter, Vorschläge für Klassen- und Kursarbeiten, Tafelbilder, konkrete Arbeitsaufträge, Projektvorschläge. Handlungsorientierte Methoden sind in gleicher Weise berücksichtigt wie eher traditionelle Verfahren der Texterschließung und -bearbeitung.
Das Bausteinprinzip ermöglicht es dabei den Benutzern, Unterrichtsreihen in unterschiedlicher Weise und mit unterschiedlichen thematischen Akzentuierungen zu konzipieren. Auf diese Weise erleichtern die Modelle die Unterrichtsvorbereitung und tragen zu einer Entlastung der Benutzer bei.

Das vorliegende Modell bezieht sich auf folgende Textausgabe:
Adelbert von Chamisso: Peter Schlemihls wundersame Geschichte. Paderborn: Schöningh Verlag 2014, Best.-Nr. 022609-7.

 Arbeitsfrage

 Einzelarbeit

 Partnerarbeit

 Gruppenarbeit

 Unterrichtsgespräch

 Schreibauftrag

 szenisches Spiel, Rollenspiel

 Mal- und Zeichenauftrag

 Bastelauftrag

 Projekt, offene Aufgabe

Inhaltsverzeichnis

1. **Personen** 10

2. **Inhalt** 11

3. **Vorüberlegungen zum Einsatz der Erzählung im Unterricht** 13

4. **Konzeption des Unterrichtsmodells** 15

5. **Die thematischen Bausteine des Unterrichtsmodells** 16

   Baustein 1: Einstiege 16
   1.1 Das Schattenmotiv 16
   1.2 Stummes Schreibgespräch über offene Fragen 18
   1.3 Die Figur des Schlemihl 18
   1.4 Überprüfung der Textkenntnisse 20
   Arbeitsblatt 1: Eine Fotografie von Tomas Van Houtryve 21
   Arbeitsblatt 2: Stummes Schreibgespräch 22
   Arbeitsblatt 3: Mickey Katz: „I'm a Schlemiel of Fortune" 23
   Arbeitsblatt 4: Überprüfung der Textkenntnis 24

   Baustein 2: Die Exposition der Erzählung – der Pakt (Kap. I) 25
   2.1 Der Erzählanfang 25
   2.2 Kapitel I als Exposition – Gesellschaft, Peter Schlemihl, der Mann in Grau und der Pakt 29
   Arbeitsblatt 5: Textanalyse: Die ersten Sätze der Erzählung 37
   Arbeitsblatt 6: Textanalyse: Kapitel I als Exposition 38

   Baustein 3: Die Erzählhandlung – Schlemihl ohne Schatten, allein und isoliert (Kap. II – VII) 40
   3.1 Allein und isoliert – Schlemihl ohne Schatten 41
   3.2 Das Liebesmotiv 42
   Arbeitsblatt 7: Allein und isoliert – Schlemihl ohne Schatten (inkl. Lösung) 47
   Arbeitsblatt 8: Minas Liebe 50

   Baustein 4: Den Schatten deuten (Kap. I – VIII) 51
   4.1 Der Schatten als besonderes Motiv 53
   4.2 Die Entstehung der Erzählung – Schatten = Heimat und Vaterland? 56
   4.3 Schatten = bürgerliche Solidität? 60
   4.4 Schatten = „äußere Ehre"? 64
   4.5 Den Schatten deuten – Zusammenfassung 66
   Arbeitsblatt 9: Besonderheiten des Schattenmotivs 70
   Arbeitsblatt 10: „Was nun aber der Schatten bedeutet ..." 71
   Arbeitsblatt 11: Deutungsansatz Schatten = Heimat 72
   Arbeitsblatt 12: Deutungsansatz Schatten = bürgerliche Existenz 73
   Arbeitsblatt 13: Deutungsansatz Schatten = Ehre 74

Baustein 5: „Peter Schlemihl" als gesellschaftskritischer Text (Kap. VIII – XI) 76

5.1 Das Motiv Geld als zentrales Motiv der Gesellschaftskritik in der Erzählung „Peter Schlemihls wundersame Geschichte" 77
5.2 Der Pakt als Geschäft 80
5.3 „Peter Schlemihls wundersame Geschichte" und die aktuelle Wirtschafts- und Finanzkrise 83
5.4 Schlemihls Entfremdung 86
5.5 Zusammenfassung: Das Ende der Erzählung 90

Arbeitsblatt 14: „Der Herrschaft Zauber aber ist das Geld ..." 95
Arbeitsblatt 15: Werner Feudel: Der Pakt als Geschäft 96
Arbeitsblatt 16: „Peter Schlemihls wundersame Geschichte" und die neue Wirtschafts- und Finanzkrise 97
Arbeitsblatt 17: Kapitel VIII. Entfremdung? Das Ende von Schlemihls Geschichte 99

Baustein 6: „Wundersam" – „Peter Schlemihl" als ein Text der literarischen Romantik 102

6.1 „Wundersam" – zur Karriere eines romantischen Modeworts 103
6.2 Zur Gattungsfrage: Märchen, Kunstmärchen oder keins von beidem? 105
6.3 Fantasie und Wirklichkeit – „Peter Schlemihl" und „Die Abenteuer der Silvester-Nacht" 108
6.4 Romantiker-Netzwerke: Die Funktion des Vorspanns für die Erzählung 112

Arbeitsblatt 18: „Wundersam" – zur Karriere eines romantischen Modeworts 116
Arbeitsblatt 19: Ist „Peter Schlemihls wundersame Geschichte" ein Märchen? 117
Arbeitsblatt 20a: E.T.A. Hoffmann: Die Abenteuer der Silvester-Nacht (1815) – Inhaltsangabe (1) 120
Arbeitsblatt 20b: E.T.A. Hoffmann: Die Abenteuer der Silvester-Nacht (1815) – Inhaltsangabe (2) 121
Arbeitsblatt 21: Peter von Matt: „Peter Schlemihls wundersame Geschichte" ist kein romantischer Text 122

Baustein 7: „Vertiefte Erfahrung erlebter Andersheit" 124

7.1 Die Juden als „Volk ohne Schatten" – Hans Natoneks Exilroman „Der Schlemihl" (1936) 124
7.2 Chamisso-Autoren 127

Arbeitsblatt 22: Die Juden als „Volk ohne Schatten"? Hans Natoneks Exilroman „Der Schlemihl" (1936) 134
Arbeitsblatt 23: Chamisso und die „Chamisso-Autoren" 135
Arbeitsblatt 24: „Onkel-Tom-Literatur"? – Chamisso-Autoren in der Diskussion 136
Arbeitsblatt 25: Klaus-Dieter Lehmann: Bitte keine Vorschriften und Etiketten! 138

Zusatzmaterialien 139

Z 1: Chamisso über die Bedeutung des Schattenmotivs 139
Z 2: Schlemihl als Homosexueller 140
Z 3: Materialien zur Rolle des Geldes in „Peter Schlemihl" 142
Z 4: „Nachtmeerfahrten" – Schwarze Romantik 143
Z 5: „Peter Schlemihl" in nationalsozialistischer Lesart 144
Z 6: Marjana Gaponenko über „Peter Schlemihl" 145
Z 7: Eine textgebundene literarische Erörterung verfassen 146
Z 8: Grundbegriffe der Erzählanalyse 147
Z 9: Klausurvorschläge und Facharbeiten 149

Literatur 156

Peter Schlemihl

zeitgebunden, ortsgebunden ….

Berlin Mitte, Friedrichstraße 235

… und auch zeitlos, überall …

Seite aus der neuen Übersetzung von „Peter Schlemihls wundersame Geschichte" ins Arabische (2014). Übersetzung von Lobna Fouad

Personen

Peter Schlemihl: Es gibt fast keine Informationen zur Vorgeschichte der Hauptfigur der Erzählung. Schlemihl hat zu Beginn eine Seefahrt hinter sich, er besitzt kaum Geld und hat anscheinend auch keine konkreten Pläne für die nächste Zeit. Durch den Pakt mit dem grauen Herrn zu sagenhaftem Reichtum gekommen, tritt er für einige Zeit als „Graf Peter" auf. Später wird er zu einem gründlich und systematisch arbeitenden Naturforscher. Seinem alten Freund Chamisso, dem Schriftsteller und Naturwissenschaftler, den er im Text auch gelegentlich direkt anspricht, übereignet er am Ende das Manuskript mit seiner Lebensgeschichte.

Der Herr in Grau: Der Teufel tritt korrekt und altmodisch in Grau gekleidet auf. Er verfügt über märchenhafte Zauberkräfte. Wir erfahren nichts über seine Geschichte oder seine weiteren Pläne. Neben Peter Schlemihl hat er auch Thomas John zu einem Handel überreden können.

Mina: Die junge, anmutige und schöne Förstertochter und Peter Schlemihl verlieben sich ineinander. Nachdem Schlemihls Schattenlosigkeit aufgedeckt ist, willigt sie schließlich widerwillig ein, Rascal zu heiraten. Am Ende der Erzählung leitet sie ein von ihr und Bendel gegründetes Hospiz.

Bendel: Schlemihls erster Diener entwickelt sich zu seinem Freund. Er ist der Einzige, den Schlemihl in seine Schattenlosigkeit einweiht. Daraufhin bemüht sich Bendel in vielfältiger Weise, Schlemihl zu helfen. Am Ende leitet er gemeinsam mit Mina ein von beiden gegründetes Hospiz.

Rascal: Schlemihls Diener erschleicht sich von Schlemihl durch Diebstahl so viel Reichtum, dass er den Dienst bei ihm aufkündigen kann. Durch seine Denunziation erfährt Minas Vater von Schlemihls Schicksal. Weil Schlemihl als Bräutigam nicht mehr infrage kommt, heiratet Rascal Mina. Später wird er in einem Gerichtsprozess zum Tode verurteilt.

Thomas John: Der reiche Kaufmann lebt in jener Hafenstadt, in der Schlemihl nach seiner Seereise landet. Wie sich später herausstellt, hat er zumindest einen Teil seines sagenhaften Vermögens mithilfe des Herrn in Grau erworben.

Fanny: In die hübsche und kokette junge Frau glaubt Schlemihl, als er zu Geld gekommen ist, für einige Zeit verliebt zu sein.

Inhalt

Im Vorspann berichtet Chamisso, dass ihm das folgende Manuskript von seinem alten Bekannten Peter Schlemihl ausgehändigt worden sei. Er ist von dem Text persönlich stark berührt, sich allerdings unsicher, was die literarische Qualität angeht. Seine Freunde Hitzig und Fouqué beschließen, den Text trotzdem zu publizieren. Diese Publikation ist so erfolgreich, dass einige Zeit später Übersetzungen in verschiedene andere Sprachen vorliegen und eine zweite deutsche Ausgabe vorbereitet wird.

I. Der Ich-Erzähler, Peter Schlemihl, berichtet rückblickend, wie er nach einer Seereise in einem Hafen verarmt und heruntergekommen ankommt. Er begibt sich mit einem Empfehlungsschreiben zu dem reichen Geschäftsmann Thomas John. Dieser empfängt Schlemihl auf einem Fest gleichgültig. In der Gesellschaft fühlt sich Schlemihl fehl am Platze und unwohl. Ein rätselhafter Mann in einem grauen Rock zaubert, was gerade fehlt, herbei. Als Schlemihl sich heimlich von dem Fest davonstiehlt, wird er von dem Grauen gestellt. Dieser schließt mit ihm einen Handel ab: Schlemihl verzichtet auf seinen Schatten, dafür bekommt er einen Glücksbeutel, aus dem er unbegrenzt Geld ziehen kann.

II. Auf dem Weg in die Stadt wird Schlemihls Schattenlosigkeit von Passanten bemerkt, Straßenjungen bewerfen ihn mit Schmutz. In seiner neuen Unterkunft zieht er Unmengen von Geld aus seinem Beutel, wirft sie auf den Boden und wälzt sich schließlich darin. Im Gold schläft er ein und träumt von Chamisso. Morgens richtet Schlemihl sich seinem neuen Reichtum gemäß ein. Er schickt seinen neuen Diener Bendel, Erkundigungen nach dem grauen Mann einzuholen. Als Bendel von seiner anscheinend vergeblichen Mission zurückkehrt, stellt sich heraus, dass er, ohne ihn zu erkennen, mit dem Grauen gesprochen hat: Dieser lässt ausrichten, er werde „über Jahr und Tag" wieder auftauchen und ein weiteres Geschäft vorschlagen. Alle Versuche, den Grauen nun noch einzuholen, sind erfolglos.

III. Nachdem sein Versuch, einen Maler anzustellen, der ihm einen neuen Schatten malen soll, gescheitert ist, weiht Schlemihl Bendel in das Geheimnis seiner Schattenlosigkeit ein. Dieser bleibt aus Mitgefühl bei ihm und unterstützt ihn. Schlemihl begegnet der schönen Fanny von dem Fest Thomas Johns wieder und meint, sich in sie zu verlieben. Alle Versuche, eine Liebesgeschichte in Gang zu setzen, sind schließlich erfolglos, als sie einmal seine Schattenlosigkeit bemerkt und in Ohnmacht fällt. Schlemihl flieht mit Bendel in einen weit entfernten Badeort.

IV. In dem Badeort wird er mit Pomp empfangen, da man ihn mit dem angeblich inkognito reisenden preußischen König verwechselt. Schlemihl verliebt sich in die schöne Förstertochter Mina. Als ungemein spendabler „Graf Peter" ist er ein gern gesehener Gast in dem Badeort wie auch in Minas Elternhaus. Unter seinen Dienern tut sich neben Bendel Rascal als wendig und hilfreich hervor, allerdings unterschlägt er anscheinend größere Summen Geld, was Schlemihl in seinem grenzenlosen Reichtum nicht stört. Die Liebesgeschichte mit Mina entwickelt sich zu einer ernsthaften Affäre, sodass Schlemihl und Minas Vater einen Termin für den förmlichen Antrag verabreden. Am Tag vorher hofft Schlemihl, den Grauen erneut zu treffen und überreden zu können, ihm seinen Schatten zurückzugeben. Allerdings verstreicht dieser Tag in großer Anspannung, ohne dass der Graue erscheint.

V. Am nächsten Tag kündigt Rascal den Dienst, da er herausbekommen hat, dass Schlemihl keinen Schatten hat. Auch Minas Vater möchte wegen Schlemihls Schattenlosigkeit die Verlobung lösen. Verzweifelt herumirrend trifft Schlemihl auf den Grauen, der sich ja „über Jahr und Tag" angekündigt hatte und ihm anbietet, ihm seinen Schatten zurückzugeben, wenn ihm Schlemihl seine Seele überschreibe. Schlemihl weigert sich.

VI. Nachdem er drei Tage in einer Heidelandschaft verbracht hat, raubt Schlemihl ein magisches Vogelnest, das seinen Besitzer unsichtbar macht. Er eilt zum Förstergarten, wo er erneut auf den Grauen trifft. Gemeinsam beobachten sie, wie der Vater und die Mutter versuchen, Mina zur Ehe mit dem sehr reichen Rascal zu überreden, bis sie schließlich traurig und willenlos zustimmt. Der Graue erneuert Schlemihl gegenüber sein Angebot.

VII. In diesem Augenblick fällt Schlemihl in eine tiefe Ohnmacht. Als er erwacht, ist die Hochzeit von Mina und Rascal bereits vorbei. Der Graue prophezeit, Schlemihl werde den Vertrag schon noch unterschreiben. Bendel berichtet Schlemihl, das Haus sei von einem von Rascal aufgehetzten Mob verwüstet worden. Schlemihl entlässt Bendel aus seinen Diensten und hinterlässt ihm einige Kisten Gold. Er selbst ist in den letzten Tagen grau geworden und bricht ziel-, wunsch- und hoffnungslos vom „Grabe seines Lebens" auf.

VIII. Zu Schlemihl gesellt sich nachts ein unbekannter Wanderer, der ihn mit einem ausgeklügelten philosophischen System unterhält. Der Wanderer stellt sich in der Morgendämmerung als der Graue heraus, der anbietet, Schlemihl als Diener zu begleiten und ihm für diese Zeit seinen Schatten zurückzuborgen. In der nächsten Zeit lebt Schlemihl leichter, allerdings ist ihm der graue Begleiter derart verhasst, dass er schließlich in einer wilden Höhle die Entscheidung sucht und den Grauen wegschickt. Der aber lässt Schlemihl nicht los, sondern sagt ihm zum Abschied, Schlemihl könne ihn mit dem Goldsäckel jederzeit rufen. Auf Schlemihls Rückfrage zeigt ihm der Graue Thomas Johns inzwischen bleiche, entstellte und verdammte Gestalt. Entsetzt wirft Schlemihl den Säckel in den Abgrund, woraufhin sich der Graue finster entfernt.

IX. Schlemihl träumt erleichtert einen angenehmen Traum, in dem alle Menschen schattenlos ein heiteres Leben führen. Er beschließt, dass nur angestrengte Arbeit ihn vor „zerstörenden Gedanken" schützen kann. Auf dem Weg in ein Bergwerk kauft er unterwegs ein paar kräftige Stiefel, die sich als Siebenmeilenstiefel herausstellen, mit denen er ohne große Anstrengung riesige Entfernungen zurücklegen kann.

X. Dankbar weiß Schlemihl nun, dass er sein weiteres Leben als Naturforscher verbringen wird. Er nimmt sich eine Höhle in der nordägyptischen Wüste zum festen Wohnsitz und erkundet die Welt. So verbringt er die nächsten Jahre damit, geologische und biologische Untersuchungen vorzunehmen.

XI. Im Norden verunglückt, wird er im „Schlemihlium", einem Sanatorium, das Mina und Bendel mit dem Rest des damals übrig gebliebenen Geldes gegründet haben, unerkannt kuriert. Schlemihl zieht in seiner alten großen Jacke und mit seiner Botanisiertrommel weiter durch die Welt, bis seine Kräfte schwinden. Die Erträge seiner wissenschaftlichen Untersuchungen hinterlässt er der Berliner Universität, den Bericht seines Lebens – Chamisso.

Vorüberlegungen zum Einsatz der Erzählung im Unterricht

Chamissos Erzählung „Peter Schlemihls wundersame Geschichte" ist einer der wenigen deutschsprachigen Prosatexte aus der Zeit um 1800, die es zu bleibender internationaler Berühmtheit gebracht haben, darin vergleichbar wohl allenfalls mit einigen Erzählungen E.T.A. Hoffmanns und manchen von „Grimms Märchen". Während Erzählungen wie „Der Sandmann", „Der Goldene Topf" und „Das Fräulein von Scuderi" zum schulischen Kanon gehören, wird Chamissos Erzählung kaum behandelt; dementsprechend gibt es keine neueren ausgearbeiteten Unterrichtsmodelle, auch in den Lesebüchern für Mittel- und Oberstufe kommt der Text nicht vor. (So ist im Übrigen auch das Netz noch nicht überschwemmt von Interpretationen, ausgearbeiteten Hausarbeiten und Stundenentwürfen: Noch ist es möglich, „frische" Aufgaben zu dieser Erzählung zu stellen.)

Schon Eichendorff spricht von der „pikante[n] Unbestimmtheit", mit der sich dieses „wunderliche Märchen [...] überall beliebt gemacht" habe.[1] Das Unterrichtsmodell setzt hier an, denn vermutlich genau wegen dieser „Unbestimmtheit" des Textes legt sich eine Lektüre als „exemplarischer" Text nicht von selbst nahe, eben diese „Unbestimmtheit" lässt sich andererseits für den Unterricht produktiv machen.

Dies betrifft v.a. die trotz geforderter Kompetenzausrichtung immer noch zentralen Paradigmata von Epochenbezug und Gattung: Hier steckt die Erzählung nicht eindeutig verortbar – in manchem etwa Heine vergleichbar – zwischen Romantik und Vormärz (mit deutlichen Rückbezügen auch zur Aufklärung) einerseits, zwischen Märchen und fantastischer Erzählung andererseits.

„Ich bin Franzose in Deutschland und Deutscher in Frankreich, Katholik bei den Protestanten und Protestant bei den Katholiken, Philosoph bei den gläubigen Menschen und Heuchler bei den Freidenkern; Weltmann bei den Gelehrten und Schulfuchser in der feinen Gesellschaft, Jakobiner bei den Aristokraten und bei den Demokraten ein Adeliger, ein Mann des Ancien Régime etc. etc. etc. Ich gehöre nirgendwo hin, ich bin überall fremd – ich wollte so viel zusammenzwingen, jetzt entgleitet mir alles. Ich bin unglücklich – erlauben Sie mir, da heute Abend der Platz noch frei ist, mich Kopf voran in den Fluss zu stürzen."[2]

Diese Karte, welche Chamisso 1811 bei einem Gesellschaftsspiel der Madame de Staël zuschob, zeigt überdeutlich, wie auch der Autor sich in seiner Existenz als unbestimmt zwischen den Nationen, Schichten und Professionen erlebt hat. Vieles war hier viel weniger eindeutig festgelegt als bei anderen Autoren der Zeit.

Alle diese und noch weitere „Unbestimmtheiten" fließen zusammen in „Peter Schlemihls wundersame Geschichte", v.a. aber in dem im Zentrum der Erzählung stehenden Motiv des verkauften Schattens. Es ist dieser eine glückliche Einfall, mit dem die Erzählung in der deutschen und internationalen Literatur, in der germanistischen Literaturwissenschaft „Karriere" gemacht hat. Auch die Arbeit mit den Schülerinnen und Schülern ist deshalb um das Zentralmotiv herum gruppiert. Im Zentrum stehen dabei eine Reihe von ganz unterschiedlichen Deutungsansätzen, die allerdings erst diskutiert werden, nachdem die Erzählung in ihren sonstigen Grundmotiven, in der Erzählsituation, im Aufbau usw. textanalytisch bearbeitet worden ist.

---

[1] Zit. nach: Dagmar Walach: Adelbert von Chamisso: Peter Schlemihls wundersame Geschichte. In: Interpretationen. Erzählungen und Novellen des 19. Jahrhunderts. 1, Stuttgart 1988 (2011), S. 225

[2] Zit. nach: Peter von Matt: Nachwort. In: Adelbert von Chamisso: Peter Schlemihls wundersame Geschichte. Stuttgart 2010, S. 119

Zur Bearbeitung wird der Text in drei Teile geteilt:
- die einleitenden Briefe und Vorreden und die dadurch behauptete Herausgeberschaft des Autors,
- die Geschichte Schlemihls bis zur Befreiung vom Geldsäckel (I – VIII),
- Schlemihls Leben als Weltreisender und Naturforscher (IX – XI).

Früh und dann immer wieder hat der Text Illustratoren gereizt: Außer zum „Faust" gibt es vermutlich zu keinem anderen Text aus der Literatur um 1800 derartig viele Illustrationen. Illustrationen sind deshalb in verschiedenen Bausteinen in die Arbeitsmaterialien einbezogen.[1]

Text und Autor wirkten und wirken im Literaturbetrieb nach. Zwei Paralleltexte bringen zwei ganz unterschiedliche zusätzliche Aspekte: Im Vergleich mit E.T.A. Hoffmanns „Die Abenteuer der Silvester-Nacht" wird gefragt, inwiefern es sich bei Chamissos Text um einen romantischen Text handelt. Hans Natoneks Emigranten-Roman „Der Schlemihl" (1936) stellt Autor und Erzählung in den Kontext jüdischen Schicksals im 19. und 20. Jahrhundert.

In der Gegenwart schließlich ist der Name Chamisso v.a. präsent geblieben durch den für „Chamisso-Autoren"[2] (Harald Weinrich) ausgelobten „Chamisso-Preis". So steht Chamisso bis heute exemplarisch für die Gestalt des Immigrantenautors, der sich seine deutsche Sprache als Nicht-Muttersprache später erst aneignen musste; naheliegend ist also, einige heutige „Chamisso-Autoren" und ihre besonderen Lebens- und Schreibumstände vorzustellen.

Zu Beginn der Arbeit (Baustein 1) sollten die Lernenden zumindest das erste Kapitel gelesen haben. Der Vorspann mit den Briefen wird erst später (Baustein 6.4) in die Arbeit einbezogen, muss also von den Schülerinnen und Schülern jetzt noch nicht gelesen werden. Anschließend kann die Erzählung nach und nach unterrichtsbegleitend gelesen werden, ab Baustein 2.3 wird Textkenntnis des Textes bis einschließlich Kapitel VII, ab Baustein 4 die Kenntnis des ganzen Textes vorausgesetzt. Natürlich ist es auch möglich, die Schülerinnen und Schüler vor Beginn die ganze Erzählung lesen zu lassen, eine Überprüfung der Textkenntnisse für diesen Fall bietet Baustein 1, **Arbeitsblatt 4**, S. 24.

Vorschläge für **Klausuren** und **Facharbeiten** finden sich im **Zusatzmaterial 9**, S. 149 ff.

---

[1] Es liegen nur ältere und schwer zugängliche Verfilmungen vor: „Der Schlemihl" (1931, Regie: Max Nosseck mit Curt Bois), „Peter Schlemihl" (1955, Regie: Hans-Werner Bublitz), „Peter Schlemihls wundersame Geschichte" (1967, Regie: Peter Beauvais, mit Götz George). Diese werden in diesem Modell nicht berücksichtigt.

[2] Gemeint sind natürlich Autoren und Autorinnen, der von Weinrich eingeführte Terminus Technicus hat aber nur die männliche Form.

Konzeption des Unterrichtsmodells

Da es um eine recht kurze Erzählung geht, kann man die Schülerinnen und Schüler sie vor Beginn der Reihe oder reihenbegleitend nach und nach lesen lassen (s. „Vorüberlegungen", S. 13f.). Das Modell bietet in **Baustein 1** Einstiege für beide Varianten an. Auf die eigenständige Lektüre des Vorspanns kann in beiden Fällen verzichtet werden, dieser wird an späterer Stelle (Baustein 6.4) in die Arbeit einbezogen.

Für die Texterarbeitung wird der Text in drei Teile unterteilt (s. „Vorüberlegungen", S. 14). Die Bausteine 2, 3 und 4 analysieren v.a. Kapitel I – VII, Baustein 5 Kapitel VIII bis XI, Baustein 6 auch den Vorspann der Erzählung. Dabei orientiert sich die Konzeption des Modells an einigen einfachen Überlegungen:

Dem Bausteinprinzip von EinFach Deutsch folgend, bietet das Unterrichtsmodell Materialien für verschiedene Unterrichtsreihen in ganz unterschiedlicher Reihenfolge und Gewichtung. Allerdings werden innerhalb der Bausteine an einigen Stellen schrittweise Vertiefungen vorgeschlagen, die einen inneren Zusammenhang besitzen.

Bausteine 2 und 3 liefern einen Einstieg in Handlung, Grundmotive und die Erzählsituation des Textes. Wie ausführlich dieser Baustein behandelt werden soll, wird die Lehrperson je nach ihren Unterrichtsbedürfnissen entscheiden können. Der Baustein ist so angelegt, dass, wenn wenig Zeit zur Verfügung steht, Vorschläge für eine geraffte Behandlung geboten werden. Methodisch liegt der Schwerpunkt des Bausteins auf analytischer Textarbeit, die durch einige produktive Aufträge unterstützt wird.

Baustein 4 stellt das eigentliche, unabdingbare Zentrum des Modells dar. Vorgeschlagen wird eine teilweise arbeitsteilige Behandlung unterschiedlicher Deutungsansätze, denkbar ist auch eine sukzessive Behandlung (mit evtl. Teilbearbeitung zu Hause).

Baustein 5 Als gesellschaftskritischer Text lässt sich die Erzählung mit ihren Zentralmotiven Schattenverlust und Geld als Geschichte von „Entfremdung" lesen. Hier kommt es am Ende von Kapitel VIII zum Umschwung, wenn sich Schlemihl von Schatten, Geld und dem Grauen gleichermaßen lossagt und kurz darauf seine Tätigkeit als Naturforscher aufnimmt. Die Schülerinnen und Schüler sollen den letzten Teil der Erzählung mit den bisherigen Arbeitsergebnissen in einen konsistenten Interpretationszusammenhang setzen und nicht nur als märchenhaftes Appendix nebenbei abhandeln. Methodisch liegt der Schwerpunkt in den Bausteinen 4 und 5 auf dem Üben der textgebundenen Erörterung.

Baustein 6 kontextualisiert die Erzählung. Durch den Vergleich mit einem motivverwandten Märchen der Brüder Grimm sowie E.T.A. Hoffmanns unter Einfluss des „Schlemihl" entstandenen Erzählung „Abenteuer der Silvester-Nacht" wird die Gattungszugehörigkeit von „Peter Schlemihls wundersame Geschichte" problematisiert und zugleich diskutiert, inwiefern es sich um einen typisch romantischen Text handelt und inwiefern vielleicht auch nicht.

Baustein 7 setzt die Erzählung in Beziehung mit zwei exemplarischen Fremdheitserfahrungen, zum einen mit der Situation deutscher Juden in Deutschland im 19. und 20. Jahrhundert, zum anderen mit den Erfahrungen deutschschreibender Autoren nicht deutscher Herkunftssprache, der sogenannten „Chamisso-Autoren".

Die thematischen Bausteine des Unterrichtsmodells

Baustein 1

Einstiege

Die vier Einstiege differenzieren danach, ob die Erzählung ganz oder teilweise zu Hause gelesen wurde. Der Vorspann (Textausgabe, S. 5 – 11) wird in allen Varianten weggelassen. Er wird erst in Baustein 6.4 thematisiert. **Arbeitsblatt 1** (S. 21) lässt sich behandeln, wenn mindestens Kapitel I der Erzählung gelesen wurde. **Arbeitsblatt 2** (S. 22) und **Arbeitsblatt 3** (S. 23) setzen Lektürekenntnisse bis mindestens Kapitel VIII voraus, **Arbeitsblatt 4** (S. 24) kann nur behandelt werden, wenn die ganze Erzählung gelesen wurde. Thematisch fokussiert Arbeitsblatt 1 auf einen ersten Zugriff auf das Schattenmotiv, Arbeitsblatt 2 auf offene Fragen, die sich den Schülerinnen und Schülern nach der ersten Lektüre stellen. Arbeitsblatt 3 beschäftigt sich mit der sprichwörtlichen Gestalt des Unglücksraben Schlemihl. Arbeitsblatt 4 bietet die Möglichkeit einer Überprüfung der Textkenntnisse der Schülerinnen und Schüler.

1.1 Das Schattenmotiv

In einem Text zu seiner Serie „Blue Sky Days" (2014) kommentiert der belgische Fotograf Tomas Van Houtryve, dem **Arbeitsblatt 1** (S. 21) gewidmet ist, seine Intention so:

„In October 2012, a drone strike in northeast Pakistan killed a 67-year-old woman picking okra outside her house. At a briefing held in 2013 in Washington, DC, the woman's 13-year-old grandson, Zubair Rehman, spoke to a group of five lawmakers. "I no longer love blue skies," said Rehman, who was injured by shrapnel in the attack. "In fact, I now prefer gray skies. The drones do not fly when the skies are gray."
With my camera attached to a small drone, I travelled across America to photograph the very sorts of gatherings that have become habitual targets for foreign air strikes—weddings, funerals, groups of people praying or exercising. [...] The images captured from the drone's perspective engage with the changing nature of surveillance, personal privacy, and war."[1]

Auch wenn Chamisso und Van Houtryve ganz unterschiedliche Ziele mit der Darstellung des Schattens verfolgen, lassen sich die für Van Houtryve initiale Erfahrung eines Drohnenopfers und Peter Schlemihls Welterfahrung nach seinem Schattenverlust doch produktiv durch eine zentrale gemeinsame Erfahrung miteinander in Beziehung setzen: Der blaue Himmel und das helle Sonnenlicht werden in beiden Fällen als bedrohlich erfahren. Schon am Ende von Kapitel I heißt es bei Chamisso: „und um mich war die Erde sonnenhell, und in mir war noch

---

[1] http://tomasvh.com/works/blue-sky-days/ (01.07.2015)

keine Besinnung" (S. 19, Z. 13 ff.). Damit nimmt Schlemihls Verhängnis seinen Lauf und bereits am Anfang von Kapitel II wird Schlemihl sorgfältig darauf achten, nicht in die Sonne zu treten (s. S. 20, Z. 2 f.).

Als erster Impuls zur Einführung in das Konzept von Van Houtryves Fotografien kann ein allgemeiner Impuls dienen:

> ■ *Versuchen Sie, zu beschreiben, wie sich Menschen fühlen, die eventuellen Drohnenangriffen ausgesetzt sind.*

Das allgemeine Bedrohungsgefühl, das die Schülerinnen und Schüler formulieren werden, dient als Brücke für eine kurze Einführung in Van Houtryves Konzeption seiner Reihe „Blue Sky Days". Anschließend kann **Arbeitsblatt 1** (S. 21) ausgeteilt werden, das Foto kann aber auch über das Internet (Netzadresse s. Fußnote, S. 16) per Beamer projiziert werden.

Dazu bearbeiten die Schülerinnen und Schüler den folgenden Arbeitsauftrag:

> ■ *Gesetzt den Fall, der Fotograf hätte sein Foto „Peter Schlemihl I" genannt – Inwiefern wäre das Foto eine gelungene Umsetzung von Kapitel I von „Peter Schlemihls wundersame Geschichte"? Inwiefern vielleicht auch nicht? Versuchen Sie, mit Ihren ersten Leseeindrücken Bezüge zwischen dem Foto und „Peter Schlemihls wundersame Geschichte" herzustellen: Denkbar sind beispielsweise folgende Aspekte:*
> - *Welche Motive finden sich auf dem Foto und in der Erzählung gleichermaßen?*
> - *Welche Entsprechung in der Erzählung könnten die geometrischen Figuren des Fotos haben?*
> - *Die Schatten auf dem Foto sind riesengroß – was könnte das mit der Erzählung zu tun haben?*
> - *Wie ist das Verhältnis der Figuren auf dem Foto und in der Erzählung zueinander?*

Es sind beispielsweise folgende Überlegungen auf der Grundlage von Kapitel I denkbar:

– Auf dem Foto wie in der Erzählung ist die Bedeutung des Schattens anscheinend ins fast Übernatürliche gesteigert: Die Schatten auf dem Foto sind riesenhaft im Verhältnis zu den menschlichen Figuren. Auch die Bedeutung, die der Graue dem Schatten beimisst, ist anscheinend viel größer, als man üblicherweise erwarten würde. Und dementsprechend ungläubig reagiert Schlemihl ja auch auf das Ansinnen des Teufels, ihm seinen Schatten abzukaufen: „Er muss verrückt sein, dachte ich [...]" (S.17, Z. 30). (Schattenmotiv)

– Das Foto zeigt eine anscheinend sehr geordnete Welt: Die Menschen stehen (bis auf eine Figur) im Kreis und sind aufeinander bezogen. Auch im ersten Kapitel ist die Gesellschaft des Herrn John stark geordnet, hierarchisch nämlich. (Motiv gesellschaftliche Ordnung)

– Eine Figur steht außerhalb und ist in den Kreis der anderen nicht einbezogen. So ist auch Schlemihl in Kapitel I nicht in die Welt des Herrn John einbezogen und bewegt sich fast unbemerkt am Rand. (Außenseitermotiv)

– Kritisch angemerkt werden könnte bspw.,
  - dass das Motiv des Schattens der anderen Figuren außer Schlemihl in Kapitel I (noch) keine Rolle spielt;

- dass die durchaus realistisch gezeichneten Figuren der Erzählung auf dem Foto auf kaum erkennbare Andeutungen reduziert sind;
- dass das Motiv des Schattenverkaufs und des Geldes auf dem Foto keine Rolle spielt.

Ausgehend von diesem Einstieg kann unmittelbar mit der Erarbeitung von Kapitel I, wie in Baustein 2 vorgeschlagen, begonnen werden.

1.2 Stummes Schreibgespräch über offene Fragen

Anhand von **Arbeitsblatt 2** (S. 22) können in sehr offener Form erste Leseeindrücke gesammelt und andiskutiert werden. Dafür sollte das Arbeitsblatt auf DIN-A3 vergrößert werden.

■ *Welche Fragen hatten Sie bei der Lektüre der Erzählung? Notieren Sie diese Fragen neben die Illustration des Künstlers Imre Reiner zu „Peter Schlemihls wundersame Geschichte".*

■ *Drehen Sie das Blatt um 90°. Versuchen Sie, erste Antworten, Überlegungen, weiterführende Fragen usw. zu der vor Ihnen liegenden Frage zu finden. Drehen Sie das Blatt dann weiter und kommentieren Sie die Fragen und Antworten vor sich. Wiederholen Sie diesen Vorgang noch zwei Mal.*

In der Auswertungsphase werden die von den Gruppen um das Bild formulierten Fragen und Überlegungen an der Tafel gesammelt und im Unterrichtsgespräch besprochen. Dabei sollte sich der/die Unterrichtende zurückhalten, wichtig ist v.a., dass erst einmal gesammelt wird, was den Schülerinnen und Schülern aufgefallen ist und eigenartig vorkam. Wenn es naheliegt, kann versucht werden, diese Fragen und Überlegungen unter Oberbegriffen der Behandlung der Erzählung zusammenzufassen, beispielsweise:
- Schattenmotiv (s. Baustein 4)
- Schlemihl und die Gesellschaft (s. Baustein 5)
- die Rolle des Geldes in der Erzählung (s. Baustein 5)
- märchenhafte und fantastische Züge der Erzählung (s. Baustein 6)

Auf diese ersten Überlegungen kann bei der Erarbeitung der Erzählung immer wieder zurückgegriffen werden.

1.3 Die Figur des Schlemihl

Der Song von Mickey Katz ist im Internet auf YouTube abrufbar.[1] Auf **Arbeitsblatt 3** (S. 23) sind einige Basisinformationen zu Mickey Katz angemerkt. Der Song thematisiert zentrale Elemente des in der jüdischen Tradition sprichwörtlichen Pechvogels Schlemihl.

■ *Sammeln Sie alles, was Sie über das lyrische Ich des Songs, eben jenen „Schlemihl", erfahren, und versuchen Sie, diese Informationen mit dem Peter Schlemihl aus der Erzählung in Verbindung zu setzen.*

Das Arbeitsblatt mit dem transkribierten Text wird verteilt, der Arbeitsauftrag gemeinsam geklärt. Dabei sollte besprochen werden, dass der jiddische Text, auch wenn viele Elemente

[1] https://www.youtube.com/watch?v=IQoqmYIweuE (4.1.2016)

aus dem Deutschen oder Englischen vertraut sind, wohl nicht vollständig zu verstehen ist (auch für die Lehrperson nicht). Anbei ein (sicher unvollkommener) Übersetzungsversuch[1]:

Mickey Katz: Ich bin ein Schlemiel des Glücks

„Einunddreißig rot – Sie verlieren!" – „Danke."
Ich bin ein Schlemiel des Glücks, ich kann einfach kein Spiel gewinnen,
He, und wenn ich schrei: „Herr Dealer, ich hab einen Black Jack", huh,
dann hat der Dealer auch einen.

5 Ich bin ein Schlemiel des Glücks, Mann, ich hab einfach kein Glück, humhuh,
Wenn ich Kotlach spiele, wenn ich einen Ace Side Flush habe
und denke, das ist gut, dann hat jemand anders Full House.

Wenn das Rad sich dreht, dreht, dreht,
gewinne ich nie.
10 Junge, mich hat es in alle Seiten geknuddelt.
Wenn das Rad sich dreht, dreht, dreht,
hat mein Herz angefangen frei zu brennen.
Ruft den Dr. Kippit, ich fiedel es, mein Liebes,
Ich bin ein Schlemiel des Glücks.

15 Oh, man kennt mich überall, von Las Vegas bis nach Yankes, humhuh,
Wenn ich das Pferdchen im Kotlach spiele, dann ist ein fröhlicher Totenschmaus.

Wenn das Rad sich dreht, dreht, dreht,
gewinne ich nie.

Ich sag' dir, Mann, ich kann nichts gewinnen.
20 Ich spüre diesen Kreisel, Kreisel, Kreisel,
Ich sag dir was, als Nächstes verlier ich meinen Sheitel,
Oj, bin ich ein Idiot, Ich bin ein Schlemiel des Glücks.

Jedes Spiel, das ich spiele, ist falsch,
so werde ich ihn, denke ich, bitten:
25 Ich bin ein klammer Jim,
Ich werde Pingpong spielen.

Daraufhin wird der Song vorgespielt, die Schülerinnen und Schüler werden gebeten, Textstellen, die sie verstehen und die zur Klärung des ersten Arbeitsauftrags beitragen können, zu markieren. Anschließend werden die Ergebnisse gesammelt.

Gemeinsamkeiten mit dem Schlemihl der Erzählung sind beispielsweise:

- ganz allgemein das Motiv des Unglücksraben und Pechvogels (vgl. Baustein 2.2) (Z. 2, Z. 5, Z. 6 f. u. a.)
- das Motiv des Glücksspiels, bei dem es v.a. darum geht, möglichst viel Geld zu gewinnen (vgl. Z. 1 f. u. a.)
- die Überlegenheit des Gegenspielers: Auch in der Erzählung ist der Teufel (und vielleicht auch die Gesellschaft) ein übermächtiger Gegner, gegen den bzw. die Schlemihl nicht gewinnen kann, solange er nach dessen/deren Regeln spielt.

---

[1] Dank an Hans-Joachim Hahn und Stefan Soldovieri für Transkription und Hilfe bei der Übersetzung. Wenn Nutzer dieses Materials zu weiterer Klärung und/oder eventuellen Korrekturen der Transkription beitragen können, wäre ich sehr dankbar, wenn sie sich mit mir über den Verlag in Verbindung setzen würden.

Der zweite Arbeitsauftrag fragt nach der allgemeinen Wirkung des Songs im Vergleich zur Atmosphäre der Erzählung:

■ *Wie wirkt dieser musikalische Schlemihl auf Sie? Welche Ähnlichkeiten, welche Unterschiede sehen Sie zu dem Helden von Chamissos Erzählung?*

Denkbar sind beispielsweise folgende Einschätzungen:

- Atmosphärisch ist der Song mit seinen Entleihungen aus der jiddischen Volksmusik offensichtlich weit von der Stimmung der Erzählung aus Deutschland zu Beginn des 19. Jahrhunderts entfernt: Von der existenziellen Verzweiflung, in die Schlemihl in der Erzählung immer wieder verfällt, ist in dem lebensfrohen und selbstironischen Song nichts zu spüren.
- Andererseits wird sich Peter Schlemihl ja schließlich aus seinem Verhängnis herauswinden und in seiner rückblickenden Darstellung eine Reihe von offensichtlich grotesken und humoristischen Elementen unterstreichen (vgl. bspw. Schlemihls Versuch, sich einen Schlagschatten malen zu lassen (vgl. Textausgabe, S. 26 f.), oder auch die offensichtlich grotesk überzeichnete Begrüßung von Graf Peter (der für den preußischen König gehalten wird) zu Beginn von Kapitel IV (S. 31 f.)). Chamisso selbst hat wiederholt darauf hingewiesen, dass seine Erzählung durchaus auch komisch gemeint sei (vgl. Textausgabe S. 86, Z. 18, Z. 23 f.).

Wenn dieser Einstieg gewählt wird, kann darauf später bei der Behandlung von Hans Natoneks Chamisso-Roman (vgl. Baustein 7.1), in dem der Verlust des Schattens mit dem Antisemitismus in Verbindung gesetzt wird, zurückgegriffen werden: In Natoneks Roman definiert Hitzig den Schlemihl als „kleine[n], komische[n] Vetter Ahasvers" (Textausgabe, S. 127) und setzt so den Pechvogel, der doch eine Art Hans im Glück zu sein scheint, mit dem oft tragischen Schicksal des jüdischen Volkes in Verbindung.

1.4 Überprüfung der Textkenntnisse

Arbeitsblatt 4 (S. 24) dient der Überprüfung der Textkenntnisse und rekapituliert gleichzeitig die Handlung der Erzählung:

■ *Notieren Sie die Nummern der Illustrationen von Adolph Menzel aus dem 19. Jahrhundert in der der Erzählung entsprechenden Reihenfolge.*

Eine sinnvolle Reihenfolge ist 3, 5, 8, 4, 7, 6, 2, 1.

■ *Welches Bild käme Ihrer Ansicht nach als Motiv für einen Umschlag für „Peter Schlemihls wundersame Geschichte" infrage? Begründen Sie. (Rückseite)*

Für den Umschlag kämen wohl v.a. Abbildung 5 (Zentralmotiv des Schattenverkaufs) oder Abbildung 8 (Ausschluss des schattenlosen Schlemihl aus der Gesellschaft) infrage. Das Schattenmotiv wird ausführlich in Baustein 4, der Ausschluss aus der Gesellschaft v.a. in Baustein 3 und 5 behandelt.

Eine Fotografie von Tomas Van Houtryve

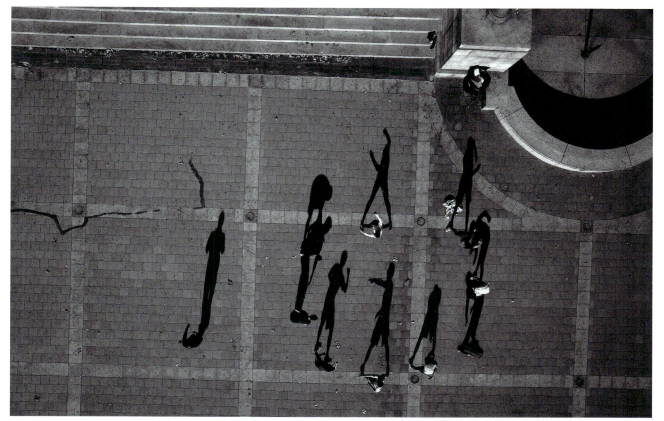

Der Belgier Tomas Van Houtryve fotografiert die Schattenwürfe von Menschen mit einer Kamera, die an einer kleinen Drohne befestigt ist. Das Foto aus seiner „Blue-Sky-Serie" heißt „Signature Behaviour".

■ *Gesetzt den Fall, der Fotograf hätte sein Foto „Peter Schlemihl I" genannt – Inwiefern wäre das Foto eine gelungene Umsetzung von Kapitel I von „Peter Schlemihls wundersame Geschichte"? Inwiefern vielleicht auch nicht? Versuchen Sie, mit Ihren ersten Leseeindrücken Bezüge zwischen dem Foto und „Peter Schlemihls wundersame Geschichte" herzustellen: Denkbar sind beispielsweise folgende Aspekte:*
- *Welche Motive finden sich auf dem Foto und in der Erzählung gleichermaßen?*
- *Welche Entsprechung in der Erzählung könnten die geometrischen Figuren des Fotos haben?*
- *Die Schatten auf dem Foto sind riesengroß – was könnte das mit der Erzählung zu tun haben?*
- *Wie ist das Verhältnis der Figuren auf dem Foto und in der Erzählung zueinander?*

Stummes Schreibgespräch

- Welche Fragen hatten Sie bei der Lektüre der Erzählung? Notieren Sie diese Fragen neben die Illustration des Künstlers Imre Reiner zu „Peter Schlemihls wundersame Geschichte".

- Drehen Sie das Blatt um 90°. Versuchen Sie, erste Antworten, Überlegungen, weiterführende Fragen usw. zu der vor Ihnen liegenden Frage zu finden. Drehen Sie das Blatt dann weiter und kommentieren Sie die Fragen und Antworten vor sich. Wiederholen Sie diesen Vorgang noch zwei Mal.

Warum ist der Teufel grau?

Abbildung aus: Adelbert von Chamisso: Peter Schlemihls wundersame Geschichte. Mit neun Holzstichen von Imre Reiner. Ars Librorum 1964

Warum erfahren wir nichts über Schlemihls Vorgeschichte?

Mickey Katz: „I'm a Schlemiel of Fortune"

Mickey Katz (June 15, 1909 – April 30, 1985) war ein amerikanisch-jüdischer Komiker und Parodist.
Schlemihl bzw. „Schlemiel" ist bereits vor Chamissos Erzählung eine bekannte Gestalt in der jüdischen Tradition. Darauf bezieht sich auch der folgende Song von Mickey Katz „I'm a Schlemiel of Fortune". Einige Erläuterungen finden Sie in den Fußnoten, lassen Sie sich ansonsten aber nicht davon abschrecken, dass manches schwer verständlich oder unverständlich sein wird.

I'm a Schlemiel of Fortune[1]

"Thirty one red – you loose!" – "Tink you."

I'm a schlemiel of fortune, I just can't win a game,
He, when ikh schray "Mr Dealer, ikh hob a black Jack[2]", huh,
the dealer's got the same

I'm a schlemiel of fortune, man, bey mir is nich zo kayn mazel[3], humhuh,
When ikh spil kotlach, when ikh hob an ace side flush,
Think it's good, someone has a full hayzl[4]

While the wheel is spinning, spinning, spinning,
I'm never winning
Boy me hugged me in ale zaytn
While the wheel is turning, turning, turning
My heart went frank to burning

Calling doctor Kippit, I fiddle it, my dear,
I'm a schlemiel of fortune

Oh, they know me everywhere from Las Vegas to Yankes, humhuh,
When ikh spil di pferdlach on di kotlach, is happy toyte banquet[5]

(längere Instrumentalphase)

While the wheel is spinning, spinning, spinning
I'm never winning

I'm zug'n dir man, I just cannot win a part
I really feel de dreydl, dreydl, dreydl[6]
I tell you what, next I'll loose my sheitel[7]
Oy, bin ikh ayn idiot, I'm a schlemiel of fortune

Every game I play is wrong
So, I think I'm gonna beg him
Ikh bin a klam[8] Jim
I'm gonna play Ping Pong.

---

[1] Transkription nach https://www.youtube.com/watch?v=IQoqmYIweuE durch Hans-Joachim Hahn und Stefan Soldovieri
[2] die höchste Kartenkombination im Kartenspiel „Black Jack"
[3] kein Glück
[4] full house (im Poker): hier höherer Trumpf als der „ace side flush"
[5] fröhlicher Totenschmaus
[6] Kreisel
[7] Kopfbedeckung für Frauen
[8] klamm, ohne Geld

- Sammeln Sie alles, was Sie über das lyrische Ich des Songs, eben jenen „Schlemihl", erfahren, und versuchen Sie, diese Informationen mit dem Peter Schlemihl aus der Erzählung in Verbindung zu setzen.

- Wie wirkt dieser musikalische Schlemihl auf Sie? Welche Ähnlichkeiten, welche Unterschiede sehen Sie zu dem Helden von Chamissos Erzählung?

Überprüfung der Textkenntnis

Name _____

■ Notieren Sie die Nummern der Illustrationen von Adolph Menzel aus dem 19. Jahrhundert in der der Erzählung entsprechenden Reihenfolge.

■ Welches Bild käme Ihrer Ansicht nach als Motiv für einen Umschlag für „Peter Schlemihls wundersame Geschichte" infrage? Begründen Sie (Rückseite).

Illustrationen von Menzel aus: Adelbert von Chamisso: Peter Schlemihls wundersame Geschichte

Baustein 2
Die Exposition der Erzählung – der Pakt (Kap. I)

„Peter Schlemihls wundersame Geschichte" erzählt von einem Teufelspakt und von seinen Folgen. Damit steht die Erzählung in einer langen Reihe von anderen literarischen Texten, mit denen sie zwar das Thema teilt, von denen sie sich aber auch durch grundlegende Besonderheiten unterscheidet. Eine zentrale Besonderheit wird sofort am Anfang der Erzählung, in der Exposition also, deutlich: Von Anbeginn an fokussiert das Interesse des Ich-Erzählers auf die soziale Lage des sprichwörtlich („Schlemihl" hängt etymologisch mit dem jiddischen „Schlamassel" zusammen) vom Pech verfolgten Protagonisten. In ausgesprochen realistischer Erzählweise wird sofort eine Verbindung zwischen seiner sozialen Randstellung und seiner materiellen Armut hergestellt. So verweist ihn der Hausknecht des Gasthauses, in dem Schlemihl unterkommen möchte, nachdem er ihn kurz taxiert hat, in ein billiges Zimmer. Die Gesellschaft um den reichen Herrn John beachtet den Habenichts nicht weiter, und wenn Schlemihl John begeistert zustimmt, als dieser feststellt: „Wer nicht Herr ist wenigstens einer Million [...], der ist, man verzeihe mir das Wort, ein Schuft!" (S. 13, Z. 5ff.), ist der Boden für den Pakt vorbereitet. Soziale Anerkennung ist also an Reichtum gekoppelt, auch die schöne Fanny wird Schlemihl erst dann wahrnehmen, wenn er zu Geld gekommen ist. Der Teufel scheint als dienstbarer Herr in Grau, welcher die Gesellschaft mit allem Luxus und allen Annehmlichkeiten versorgt, anfangs eine bescheidene, untergeordnete Dienerrolle zu spielen. Er entpuppt sich aber, als er mit Schlemihl in Verhandlungen um seinen Schatten tritt, als Geschäftsmann. Schlemihl entscheidet sich erst dann, auf das Angebot des Grauen einzugehen, als dieser ihm unermesslichen Reichtum verspricht. So konzentriert sich die Erzählung von Anfang an auf das Verhältnis des Einzelnen zur Gesellschaft. Das Gesellschaftsthema kann anhand von Baustein 5 vor dem Hintergrund der gesamten Erzählung vertieft behandelt werden.

- Baustein 2.1 beinhaltet eine ausführliche Behandlung des Erzählanfangs als Exposition sowie einige Besonderheiten der Erzählweise Chamissos.
- Eine konzentrierte Erarbeitung des ersten Kapitels führt in Baustein 2.2 die Textanalyse der Exposition fort und vertieft sie. Im Zentrum stehen dabei
  – die erste Behandlung einiger Leitmotive und -themen des ersten Kapitels,
  – die Figur des Schlemihl,
  – die Figur des Grauen,
  – eine Analyse des Zustandekommens des Paktes.

Ab Baustein 3 wird die Lektüre der ganzen Erzählung vorausgesetzt. Bis dahin werden in den Arbeitsaufträgen, wenn nötig, zwei Varianten angeboten.

2.1 Der Erzählanfang

„Ganz realistisch und bürgerlich hebt die Erzählung an", stellt Thomas Mann in seinem Essay über Chamisso fest und fügt später hinzu: „[I]hre autobiografische, bekenntnismäßige Form trägt dazu bei, dass ihr Anspruch auf Wahrhaftigkeit und Realität strenger als beim unpersönlich fabulierenden Märchen betont scheint"[1]: Im Vergleich zu vielen zeitgenössischen Texten ist Chamissos Erzählweise gekennzeichnet von einer gewissen Nüchternheit im sprachlichen Gestus und von Realitätsnähe in den Beschreibungen. Hierin spiegelt sich sowohl die Tatsache, dass der Autor die Schriftstellerei eigentlich an den Nagel gehängt hatte, um sich den Naturwissenschaften zu widmen, als auch die Situation des Erzählers, der ja rückblickend als inzwischen erfahrener Naturwissenschaftler seine Geschichte aufschreibt (s. Kapitel XI). Auch die späteren fantastischen und märchenhaften Begebenheiten werden wie selbstverständlich erzählt. Chamisso hat immer wieder die unbeabsichtigte und unangestrengte Entstehung seiner Erzählung betont und sich gegen „künstlerische Mache" (Volker Hoffmann) abgegrenzt. Gleichzeitig zeichnet der Erzählanfang ein recht unbestimmtes Bild der äußeren Umstände: Nichts erfahren wir über die Vorgeschichte Schlemihls. Dies mag daran liegen, dass Chamisso, an den das Manuskript ja adressiert ist, über Schlemihls Lebensgeschichte bis dahin im Bilde ist. Merkwürdig bleibt aber doch, dass in der Geschichte jegliche Hinweise auf die genaue Zeit und den Ort des Geschehens fehlen. Diese Beobachtungen können in Baustein 6.1 bei der Behandlung der Gattungsfrage wieder aufgegriffen werden.

Für die Annäherung an Chamissos Erzählweise bietet **Arbeitsblatt 5**, S. 37, eine Analyse des ersten Absatzes der eigentlichen Erzählung an:[2]

- „*Ganz realistisch und bürgerlich hebt die Erzählung an*", schreibt Thomas Mann.
  Interpretieren Sie diese Aussage Thomas Manns, indem Sie den ersten Absatz von Schlemihls Erzählung (S.12, Z. 1 – 17) analysieren:
  - *Was wird erzählt? Was nicht?*
  - *Wie wird erzählt: Welches Erzählverhalten, welcher Erzählerstandort, welche Erzählform und welche Erzählhaltung zeichnen den Erzähler aus?*

Die vorgeschlagene Begrifflichkeit der Erzählanalyse richtet sich nach der Übersicht auf **Zusatzmaterial 8**, S. 147f., das den Schülerinnen und Schülern bei Bedarf ausgeteilt werden kann. Auffällig ist zum einen, dass die Erzählung unvermittelt beginnt – der Leser erfährt sehr wenig über das, was vorher war. Die „glückliche[...], jedoch für mich beschwerliche[...] Seefahrt" (S. 12, Z. 1 f.) bleibt unbestimmt, ebenso „de[r] Hafen" (S. 12, Z. 2), an dem der Erzähler an Land geht, und die Zeit, in der die Erzählung spielt.
Das personale Erzählverhalten in der Ich-Erzählform in diesem unvermittelten Erzählanfang konzentriert die Aufmerksamkeit des Lesers sofort auf das eigentliche Problem des Protagonisten, nämlich seine finanzielle Notlage: Erzählt wird („realistisch", wie Thomas Mann feststellt), dass er sich eine möglichst preiswerte Unterkunft sucht („das nächste, geringste Haus", S. 12, Z. 5) und wie ihn der Hausknecht nach einem kurzen taxierenden Blick in das preisgünstige Zimmer unterm Dach führt (S. 12, Z. 8). Auch die detaillierte Beschreibung seiner etwas schäbigen Kleidung (S. 12, Z. 13) unterstreicht seine offensichtlich miserable Lage, die nur zu „bescheidenen Hoffnungen" (S. 12, Z. 16) Anlass gibt.

Durch den Vergleich mit vier anderen Erzählanfängen auf **Arbeitsblatt 5**, S. 37 erschließen die Schülerinnen und Schüler sich einige Besonderheiten von Chamissos Erzählweise:

- *Ziehen Sie anschließend die folgenden Anfänge aus anderen berühmten Erzähltexten aus der Zeit um 1800 vergleichend hinzu und benennen Sie zentrale Unterschiede dieser Erzählanfänge zum Anfang der Erzählung „Peter Schlemihls wundersame Geschichte".*

---

[1] siehe Textausgabe, S.111, Z. 9 ff.
[2] Der Vorspann aus Briefen und dem Widmungsgedicht (S. 5 – 11) wird in Baustein 6.4 in die Arbeit einbezogen.

Baustein 2: Die Exposition der Erzählung – der Pakt (Kap. I)

In Bezug auf diese Faktoren ist Chamissos Erzählanfang von den vier Erzählanfängen auf **Arbeitsblatt 5**, S. 37, am ehesten mit dem Beginn von E.T.A. Hoffmanns „Der goldne Topf" zu vergleichen, in dem der Erzähler ebenfalls unvermittelt in das durch realistische Details anschaulich gemachte Geschehen einsteigt. Zwar sind die anderen drei Erzählanfänge auf Arbeitsblatt 5 ebenfalls in der Ich-Erzählform verfasst, sie verzichten aber auf detaillierte Beschreibungen der Außenwelt. Goethes Briefroman „Werther" erzählt aus der Gegenwart, und nicht wie Chamisso im Rückblick, Schillers „Geisterseher" thematisieren zu Anfang in allgemeiner Form die Ereignisse, von denen die Rede sein wird, E.T.A. Hoffmanns „Elixiere des Teufels" beginnen mit einem Rückblick in die Kindheit des Ich-Erzählers.

Das, was Thomas Mann als „bürgerlich" am Erzählen zu Anfang der Geschichte fasst, lässt sich konkretisieren durch eine Analyse der Erzählhaltung. Hier ist der Unterschied zu den anderen Erzählanfängen besonders deutlich. Bei Chamisso herrscht ein nüchterner, fast neutraler Berichtsstil vor. Deutlich machen lässt sich dies beispielsweise an Schlemihls knapper Reaktion auf die detaillierte Wegbeschreibung des Hausknechts: „Gut." (S. 12, Z. 11) Demgegenüber herrscht in Goethes „Werther" zu Beginn ein euphorischer Ton vor, der u. a. durch die Verwendung der Ausrufezeichen deutlich gemacht ist. Auch Schiller und E.T.A. Hoffmann verwenden zum Teil stark wertende Wörter, um Anteilnahme zu signalisieren und zu wecken (Schiller: „unglaublich", „Verirrungen des menschlichen Geistes"). Der Beginn von E.T.A. Hoffmanns „Goldner Topf" ist nicht nur in der Handlung, sondern auch im Erzählen viel temporeicher als Chamissos Beginn, was beispielsweise ein langes, die Spannung steigerndes Satzgefüge zeigt.) Vergleichbar ist Chamissos ruhiger, nüchterner Erzählungsbeginn wohl am ehesten mit dem Anfang von Hoffmanns „Elixiere des Teufels".

In tabellarischer Form sind etwa folgende Ergebnisse zu erwarten:

	„Peter Schlemihl"	„Die Leiden des jungen Werther"	„Der Geisterseher"	„Die Elixiere des Teufels"	„Der goldne Topf"
Erzählverhalten	personal	personal	auktorial	personal	auktorial
Erzählform	Ich	Ich	Ich	Ich	Er
Erzählperspektive	Innensicht	Innensicht	Innensicht	Innensicht	Außensicht
Erzählerstandort	mitten im Geschehen	mitten im Geschehen	Distanz und Rückblick	Distanz und Rückblick	mitten im Geschehen
Erzählhaltung	neutral, nüchtern, berichtend	stark wertend und emotional	neutral, berichtend, Spannung aufbauend	neutral, berichtend, Spannung aufbauend	subjektiv wertend
sonstiges	unvermittelter Erzählanfang, keine Zeit- und Ortsangaben, wiedervergegenwärtigte Vergangenheit spiegelt sich in detailreichen Beschreibungen	unvermittelter Erzählanfang, beschriebene erlebte Gegenwart, keine Zeit- und Ortsangaben, Konzentration auf den eigenen Seelenzustand, Emotionalität spiegelt sich in Satzbau (Ellipsen, Parataxe)	Rückblick auf Geschehen als Augenzeuge, nicht als Hauptperson, Spannungsaufbau durch Vorausdeutungen, hypotaktischer Satzbau unterstreicht Distanz zum erzählten Geschehen	Konzentration auf eine andere Figur (Vater), Spannungsaufbau durch Aussparen von Informationen, hypotaktischer Satzbau unterstreicht Distanz des Erzählers zum erzählten Geschehen	unvermittelter Erzählanfang, präzise Zeit- und Ortsangaben, Spannungsaufbau durch sofortige Handlung

Baustein 2: Die Exposition der Erzählung – der Pakt (Kap. I)

	„Peter Schlemihl"	„Die Leiden des jungen Werther"	„Der Geisterseher"	„Die Elixiere des Teufels"	„Der goldne Topf"
Zusammenfassung:	Der Erzähler vergegenwärtigt im Rückblick als inzwischen gealterter Naturwissenschaftler.	Der Erzähler berichtet emotional und unmittelbar aus der erzählten Gegenwart.	Der Erzähler als Augenzeuge arrangiert seine Erzählung planvoll und reflektiert im Rückblick.	Der Erzähler erzählt distanziert von (vermutlich) eigenen Erlebnissen im Rückblick.	Der Erzähler tritt als Figur nicht in Erscheinung.

Eine produktive Annäherung an Chamissos Erzählweise bietet der folgende, zusammenfassende Arbeitsauftrag:

■ *Wie könnte ein ähnlicher Anfang einer Schlemihl-Erzählung, die heute, gut 200 Jahre später, spielt, aussehen? Schreiben Sie diesen Anfang. Vielleicht wird Ihr Schlemihl trampend auf einer Autobahnraststätte ankommen, seinen Rucksack in einer Bahnhofsmission unterstellen o.Ä. Behalten Sie bei Ihrer Erzählung Chamissos Erzählperspektive, Erzählform und Erzählhaltung bei.*

Alternativ kann zusammenfassend thematisiert werden, dass Schlemihl ja im Rückblick und viele Jahre später erst seinen Bericht aufschreibt. Voraussetzung dafür ist, dass die Schülerinnen und Schüler bereits den ganzen Text gelesen haben:

■ *Wann erzählt Schlemihl seine Geschichte eigentlich? Hinweise geben der erste Brief im Vorspann und der allerletzte Absatz der Erzählung. Wie spiegelt sich dieser Erzählerstandort im Erzählanfang?*

Chamisso lässt den im Rückblick erzählenden Schlemihl nicht als Schriftsteller, sondern als Naturwissenschaftler auftreten. Dies kann in der zusammenfassenden Übersicht (S. 28f.) nachgetragen werden. Es macht einige der erzählerischen Besonderheiten zusätzlich plausibel: Zum einen sind damit Erzählform, -verhalten und -perspektive festgelegt, zum anderen wird dadurch auch die relativ nüchterne Erzählhaltung motiviert. Fragen lässt sich allerdings, warum Schlemihl sich, was genauere Orts- und Zeitangaben betrifft, hier und im weiteren Verlauf der Erzählung bedeckt hält. Diese Fragen werden in Baustein 6.1 wieder aufgegriffen, wenn die Frage, welcher Gattung der Text zuzurechnen ist, behandelt wird.

Einen Ausblick auf die ganze Erzählung bietet ein Arbeitsauftrag, der nach der Funktion dieses Erzählanfangs für die gesamte Erzählung fragt:

■ *Überlegen Sie zusammenfassend, welche Funktion die inhaltliche und sprachliche Gestaltung dieses Erzählanfangs für die gesamte Erzählung haben könnte.*

Denkbar sind unter anderem Überlegungen wie:
- Durch die betont nüchterne und recht realistisch gehaltene Erzählweise wird betont, dass es sich um eine rückblickende Darstellung aus der Perspektive eines älteren Mannes handelt, der sich v.a. mit Naturwissenschaften beschäftigt.
- Der unvermittelte Erzählanfang dient einem raschen Spannungsaufbau.
- Dadurch, dass Schlemihl auf die Darstellung seiner Vorgeschichte verzichtet, wird die Aufmerksamkeit ganz auf die „wundersame Geschichte" selbst gelenkt.

- Im Zentrum steht sofort ein zentrales Motive der ganzen Erzählung, das dadurch besonders betont wird, nämlich die Frage nach dem gesellschaftlichen Stand eines verarmten Protagonisten.

2.2 Kapitel I als Exposition – Gesellschaft, Peter Schlemihl, der Mann in Grau und der Pakt

„Peter Schlemihls wundersame Geschichte" ist der Text eines Autors (Chamisso), der seit einiger Zeit als Naturwissenschaftler tätig ist, wie auch die Erzählung eines Erzählers (Schlemihl), der auf ein insgesamt v.a. den Naturwissenschaften gewidmetes Leben zurückblickt. So könnte man den inhaltlichen Aufbau von Schlemihls wundersamer Geschichte als Beschreibung eines Experiments im naturwissenschaftlichen Sinne auffassen: Kapitel I bringt den „Versuchsaufbau": Jemand wird alles, was er sich anscheinend wünscht, zur Verfügung gestellt, er muss aber auf ein eher unscheinbares Detail, seinen Schatten, verzichten. Kapitel II – VII zeigen in der „Versuchsdurchführung", welche Folgen sich für den Protagonisten aus dieser „Versuchsanordnung" ergeben. Wenn Schlemihl am Ende von Kapitel VII schließlich „am Grabe [s]eines Lebens" steht und auf Erden weiter „kein Ziel, keinen Wunsch, keine Hoffnung" (S. 57, Z. 13 ff.) mehr hat, ist der Versuch gescheitert. Am Ende (Kapitel VIII-XI) wird erzählt, wie sich Schlemihl aus der „Versuchsanordnung" befreit, und zusammenfassend gefragt: Was lässt sich daraus lernen?

Baustein 2.2 beschäftigt sich mit Kapitel I als Beschreibung des „Versuchsaufbaus", der Exposition der Erzählung also. Anhand von **Arbeitsblatt 6**, S. 38 f. werden zentrale Motive der gesamten Erzählung eingeführt und miteinander in Verbindung gesetzt:

Offensichtlich hängt Schlemihls fehlende gesellschaftliche Anerkennung mit seiner Armut zusammen. Die dargestellte Gesellschaft wiederum bedient sich anscheinend des Teufels, um ihren Luxus zu realisieren. Der Teufel scheint Schlemihl die Möglichkeit der Zugehörigkeit anzubieten, indem er ihm unermesslichen Reichtum verspricht. Völlig unklar ist aber am Ende von Kapitel I, welche Rolle Schlemihls Schatten in dem dargestellten Zusammenhang spielen könnte. Die Erarbeitung von Kapitel I als Exposition bringt also zusammengefasst die folgenden Motive miteinander ins Spiel: Gesellschaft, Geld, Teufel und Schatten. Damit sind die Bausteine 4 und 5 inhaltlich vorbereitet.

Gruppenpuzzle, 1. Schritt (Arbeitsblatt 6)

Die weitere Untersuchung des ersten Kapitels erfolgt in zwei Schritten Zuerst beschäftigen sich die Schülerinnen und Schüler mit dem Textausschnitt auf S. 12 bis S. 16, Z. 28. Anschließend bearbeiten sie die „Paktszene". Vorgeschlagen wird, den Abschnitt bis S. 16, Z. 28 zeitlich gerafft arbeitsteilig erarbeiten und im Gruppenpuzzle auswerten zu lassen (vgl. **Arbeitsblatt 6,** S. 38 f.). Die Erarbeitung kann auch nacheinander erfolgen, dann allerdings werden sich einige Ergebnisse vermutlich überlappen.

Es bietet sich an, den Text bis S. 16, Z. 28 zu Hause lesen zu lassen. Bei Zeitmangel kann man auch die arbeitsteilige Bearbeitung der Aufgaben bereits zu Hause vorbereiten lassen. Im Unterricht werden Gruppen gebildet, um **Arbeitsblatt 6,** S. 38 f. zu bearbeiten. Wichtig ist, die Schülerinnen und Schüler anzuhalten, sich Notizen zu machen, da sie ihre Ergebnisse in den neuen Gruppen vorstellen müssen.

Gruppe 1: Zentrale Motive und Themen der Erzählung (S.12 – 16)

Die erste Gruppe beschäftigt sich mit **Arbeitsblatt 6 (a),** S. 38. Die Aufgabenstellung differenziert nach Lektürekenntnis. Als zentrales Motiv der gesamten Erzählung wird in Kapitel I

Baustein 2: Die Exposition der Erzählung – der Pakt (Kap. I)

der Zusammenhang zwischen gesellschaftlicher Zugehörigkeit und Reichtum als zentralem gesellschaftlichem Wert eingeführt:

- *Lesen Sie die ersten Seiten der Erzählung (S. 12, Z. 1 – S. 16, Z. 28) und bearbeiten Sie eine der folgenden Aufgaben. Halten Sie Ihre Ergebnisse in schriftlichen Notizen fest.*
- *Wenn Sie die ganze Erzählung schon gelesen haben: Welche für die weitere Erzählung wichtigen Motive und Themen werden gleich am Anfang angesprochen?*

Oder:

Wenn Sie die Erzählung noch nicht gelesen haben: Welche Motive und Themen könnten in der Erzählung eine wichtige Rolle spielen? Warum glauben Sie das?

Wenn die Schülerinnen und Schüler die Erzählung noch nicht gelesen haben, sind beispielsweise folgende Ergebnisse erwartbar:
- soziale Zugehörigkeit (Verlegenheit, fehlende Anerkennung und Beachtung)
- Reichtum und Armut (zur Schau gestellter Protz)
- Oberflächlichkeit der Gesellschaft (s. etwa S. 13, Z. 17 ff.)
- wahre und nicht wahre Liebe (Fanny)
- unheimliche Magie

Wenn der Text bereits gelesen wurde, können diese Ergebnisse mit weiteren Handlungselementen verknüpft werden. So wird sich Schlemihls Ansehen in der Gesellschaft schlagartig ändern, als er zu Geld gekommen ist (vgl. etwa den prunkvollen Empfang durch die Bevölkerung in Kapitel IV), auch als Mann ist er nun plötzlich attraktiv (vgl. etwa die plötzliche Zuneigung Fannys in Kapitel II und die Bereitschaft des Försters, dem wohlhabenden Schlemihl seine Tochter zur Frau zu geben (vgl. S. 39)), sein Auftreten in der Gesellschaft ist zunehmend selbstsicher (s. S. 28, Z. 21 ff.).
Hier sollte aber noch kein Wert auf eine detaillierte Sammlung von Ergebnissen gelegt werden. Es genügt, wenn den Schülerinnen und Schülern bewusst wird, dass vieles von dem, was später eine Rolle spielen wird, in der ersten Szene bereits angelegt ist.

- *Analysieren Sie den Zusammenhang von Geld und sozialer Zugehörigkeit in diesem Textabschnitt im Detail. Berücksichtigen Sie beispielsweise die Reaktionen der verschiedenen Figuren auf Schlemihl.*
- *Wie verstehen Sie den Ausspruch von Herrn Thomas John (S. 13, Z. 5 – 7)?*

Reichtum ist anscheinend das einzige Mittel, um gesellschaftliche Anerkennung zu erlangen. Auch Randfiguren wie der Portier (vgl. S. 12, Z. 22 f.) oder ein Gast, den Schlemihl anspricht (vgl. S. 15, Z. 19 ff.), sehen den ärmlichen Mann (vgl. S. 12, Z. 16 f.) skeptisch. Zwei Mal lässt ihn Thomas John mitten im Gespräch einfach stehen. Was er zu sagen hat, spielt keine Rolle (vgl. S. 13, Z. 2, S. 14, Z. 28 ff.). Dass Schlemihl sich fast noch mehr davor fürchtet, die Diener anzusprechen als die anderen Mitglieder der Gesellschaft (S. 15, Z. 17 ff.), unterstreicht seine große Unsicherheit, denn er weiß offensichtlich nicht, welcher Status ihm zukommt.
Auffällig ist die Beschreibung der verschiedenen Luxusgüter, vom Anwesen des Herrn John mit seinen Säulen (s. bereits S. 12, Z. 10 ff.) über Johns Baupläne (S. 13, Z. 3 ff.) bis hin zu dem „seltenste[n] Obst aller Zonen in den kostbarsten Gefäßen" (S. 14, Z. 25 f.). Auch alles, was der dienstbare Graue bereitstellt, ist von exquisiter Qualität („sehr schönen Dollond"

(S. 14, Z. 15) usw.). Interessant ist die moralische Aufladung des Reichtums durch Thomas John („Wer nicht Herr ist wenigstens einer Million […], der ist, man verzeihe mir das Wort, ein Schuft." (S. 13, Z. 5 ff.) Gut ist, was reich ist.

Gruppe 2: Die Hauptfigur – der Schlemihl (S. 12–16)

Die zweite Gruppe beschäftigt sich anhand von **Arbeitsblatt 6 (b)**, S. 38, mit der Hauptfigur und ihrer sprichwörtlichen Herkunft. Chamisso hat seine Hauptfigur nach einer volkstümlichen Vorlage entworfen, die durch Ungeschick, Unglück und Misslingen charakterisiert ist (vgl. auch Baustein 1, **Arbeitsblatt 3**, S. 23). Diese Grundzüge der Figur werden in Kapitel I deutlich konturiert, Schlemihls Charakter macht so zusätzlich zu seiner Situation erklärlich, warum er sich auf den Pakt einlassen wird.

■ *Lesen Sie die ersten Seiten der Erzählung (S. 12, Z. 1 – S. 16, Z. 28) und bearbeiten Sie die folgenden Aufgaben. Halten Sie Ihre Ergebnisse schriftlich fest.*

■ *Sammeln Sie Materialien für eine erste Charakterisierung der Hauptfigur.*

Schlemihl gehört nicht dazu, er wird kaum beachtet. Er verhält sich unsicher und ungeschickt (s. etwa S. 12, Z. 20 f.: Er wischt mit dem Schnupftuch den Staub von den Schuhen), ist in sich gekehrt (vgl. S. 13, Z. 23), er ist so verunsichert, dass er sich sogar fürchtet, die Bedienten anzusprechen (vgl. S. 15, Z. 17 ff.). Auffällig ist, wie gerne er anscheinend dazugehören möchte. So stimmt er zu Johns Wohlgefallen „aus vollem überströmenden Gefühl" ein, dass ein Armer ein Schuft sei (vgl. S. 13, Z. 7 ff.). Anscheinend ist Schlemihl zudem der Einzige, der die Zauberkunststücke des grauen Mannes erstaunlich und auch „unheimlich, ja graulich" (s. S. 16, Z. 7 f.) findet, er verfügt hier über eine größere Sensibilität als die anderen Mitglieder der Gesellschaft. Dies macht erklärlich, warum der Graue sich mit seinem Angebot gerade an ihn wendet.

■ *Vergleichen Sie Ihre Materialiensammlung mit der Charakterisierung des sprichwörtlich gewordenen „Schlemihl", die Chamisso selbst gibt.*

Der Schlemihl der Vorlage ist wie der Schlemihl der Erzählung jemand, der ungeschickt agiert, dem bislang anscheinend wenig gelungen ist und der seine unglückliche Situation offensichtlich nicht aus eigener Kraft ändern kann. Wenn Chamisso vom „Unglück dieses Schlemihl […], der so teuer das, was anderen hingeht, bezahlen muss" (**Arbeitsblatt 6 (b)**, S. 38, Z. 7 f.), schreibt, so entspricht das der Tatsache, dass die Fähigkeiten des Grauen niemanden außer Schlemihl erstaunen.

Gruppe 3: Die Teufelsfigur – der graue Mann (S. 12–16)

Eine dritte Gruppe arbeitet mit **Arbeitsblatt 6 (c)**, S. 38, das der Figur des grauen Mannes gewidmet ist. Dieser ist als eine Figur entworfen, die auf den ersten Blick wenig teuflisch, fast unscheinbar wirkt und recht zurückhaltend agiert. Dies spiegelt sich in der die ganze Erzählung durchgehaltenen Charakterisierung als „Mann in Grau", die eher an einen kleinen Angestellten oder Geschäftsmann denken lässt als an die Inkarnation des Bösen und so den in Kapitel I im Zentrum stehenden Zusammenhang von gesellschaftlicher Anerkennung und Geld kommentiert: Diese Normalität ist eine, in der auch der Teufel eine normale Figur ist. Er selbst wird sich später charakterisieren als „armer Teufel, gleichsam so eine Art von Gelehrten und Physikus, der von seinen Freunden für vortreffliche Künste schlechten Dank erntet und für sich selbst auf Erden keinen anderen Spaß hat, als sein bisschen Experimentieren" (S. 44, Z. 10 ff.). Das Experimentierfeld dieses Teufels, das wird schon in Kapitel I deutlich, ist v.a. die Gesellschaft. Seine Charakterisierung durch die Farbe Grau kommentiert er später so: „Der Teufel ist nicht so schwarz, als man ihn malt" (S. 59, Z. 11). Wie sein Auftreten insgesamt charakterisiert ihn seine Farbe also durch seine Nähe zur Normalität.

Die Arbeitsaufträge von **Arbeitsblatt 6 (c)**, S. 38, differenzieren wieder nach Lektürekenntnisstand:

- *Lesen Sie die ersten Seiten der Erzählung (S. 12, Z. 1 – S. 16, Z. 28): Was alles erfahren wir in diesem Abschnitt über den „grauen Mann" und was daran erscheint Ihnen rätselhaft, unwahrscheinlich, „wundersam"? Halten Sie Ihre Ergebnisse schriftlich fest.*

Der graue Mann wirkt unscheinbar („Ein stiller, dünner, hagrer, länglicher, ältlicher Mann" in einem „altfränkischen, grautaffentnen Rock" (S. 13, Z. 30 ff.), er verhält sich „devot" (S. 14, Z. 4) und „bescheiden" (S. 14, Z. 14).

- *Wie deuten Sie die unterschiedlichen Reaktionen der Figuren im ersten Kapitel auf all diese Unwahrscheinlichkeiten? Wenn Sie die ganze Erzählung bereits gelesen haben, können Sie Ihre Textkenntnisse mit einbeziehen.*

Verschiedene Deutungen sind denkbar. Zum einen bemerkt der junge Mann, als ihn Schlemihl nach dem Grauen fragt, er kenne diesen nicht (vgl. S. 15, Z. 24 f.), der Graue gehört also anscheinend nicht fest zur Gesellschaft dazu. Zum anderen verkörpert er als eine Art Diener mit seinem bescheidenen Benehmen trotz seiner anscheinend unbegrenzten Möglichkeiten das Gegenteil des gesellschaftlichen Ideals, wie es auf diesem Fest zu sehen ist. Vor dem Hintergrund der ganzen Erzählung lässt sich spekulieren, dass vielleicht auch alle anderen Gäste dieser Gesellschaft bereits ihren Pakt mit dem Grauen geschlossen haben oder dass er über die Zaubergabe verfügt, seine Zaubereien für die anderen unsichtbar zu machen, Schlemihl aber, auf den er es abgesehen hat, mit dieser Demonstration seiner Macht beeindrucken möchte.

Gruppenpuzzle, 2. Schritt (Arbeitsblatt 6)

In der zweiten Phase des Gruppenpuzzles stellen sich die Schülerinnen und Schüler in neu gebildeten Gruppen ihre Ergebnisse aus der Erarbeitung von **Arbeitsblatt 6 (a)**, **(b)** und **(c)** vor. Diese Gruppen müssen also so gebildet werden, dass in jeder Gruppe Schülerinnen und Schüler, die 6 (a), (b) und (c) bearbeitet haben, zusammenkommen. Auch bei sukzessiver Erarbeitung der Arbeitsaufträge bietet sich an, an dieser Stelle zusammenzufassen:

- *Fassen Sie zusammen: Welche zentralen Aspekte behandelt Kapitel I? Wie hängen diese zusammen? Tauschen Sie sich in neu gebildeten Gruppen über Ihre Ergebnisse aus und halten Sie diese in einer knappen, übersichtlichen Form fest, die sich an dem folgenden Schema ausrichtet.*

Die Auswertung, welche durch eine Gruppe auf Folie präsentiert und dann in gemeinsamer Diskussion im Kurs ergänzt wird, könnte etwa folgende Ergebnisse haben:

Baustein 2: Die Exposition der Erzählung – der Pakt (Kap. I)

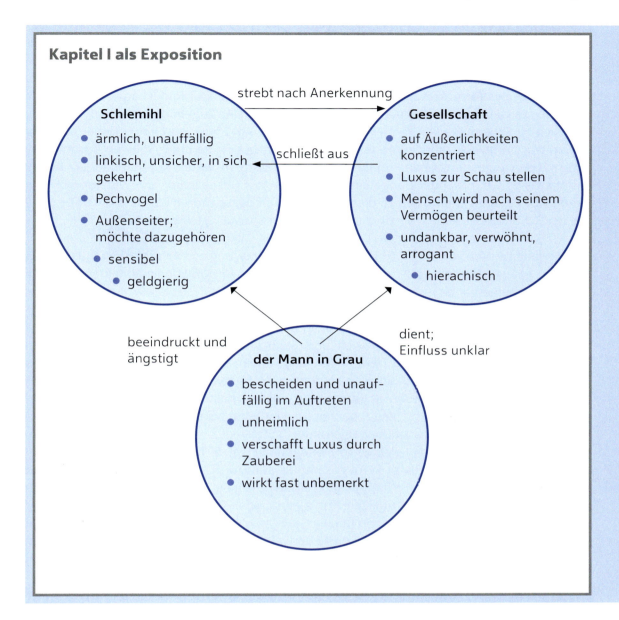

Wenn mit dem Gruppenpuzzle gearbeitet wurde, bleiben die neu gebildeten Gruppen für den nächsten Auftrag zusammen, wenn nicht, werden nun Gruppen gebildet. In Gruppen erarbeiten alle Schülerinnen und Schüler anhand der letzten beiden Arbeitsaufträge von **Arbeitsblatt 6,** S. 39 („Der Pakt mit dem grauen Mann"), den Rest von Kapitel I:

■ *Kapitel I mündet in den Pakt zwischen Schlemihl und dem Mann in Grau. Analysieren Sie im Detail, wie dieser Pakt zustande kommt (S. 16, Z. 29 – S. 19, Z.15):*

- *Wie verhalten sich die beiden Figuren? Was empfinden sie? Wie sprechen sie?*
- *Wie ist ihr Verhältnis? Ändert es sich im Laufe des Gesprächs?*
- *Wie wird die Umgebung dargestellt?*

Deutlich werden sollte, wie das, was vorher erzählt wurde, die „Paktszene" vorbereitet hat: Erst mit dem Goldsäckel, der Schlemihl durch Reichtum all das, was er vorher schmerzlich vermisst hat, nämlich gesellschaftliche Zugehörigkeit, zu versprechen scheint, bringt ihn der Mann in Grau dazu, zuzustimmen. In der mit vielen sprechenden Details ausgestalteten

„Paktszene" agiert der graue Mann wie zuvor schon als zurückhaltender, fast linkischer Geschäftsmann, welcher sich Schlemihl scheinbar unterordnet. Zusammengefasst tappt der sprichwörtlich unglückliche Schlemihl in die Falle, die sein weiteres Schicksal in der Erzählung bestimmt: Er hofft mit teuflischer Hilfe den Zugang zu einer Gesellschaft zu bekommen, deren Bedürfnisse ein dezent, von vielen nicht bemerkt agierender Teufel bedient. Schlemihls Schatten, der scheinbar unbedeutende Preis, den er für seine Zugehörigkeit entrichten muss, wird sich zu Schlemihls größtem Problem entwickeln. Am Ende von Kapitel I aber ist völlig unklar, warum etwas Unbedeutendes wie der Schatten eine zentrale Rolle im Zusammenhang mit den angesprochenen Problemen spielen könnte. Im weiteren Verlauf der Erzählung entfalten sich die in Kapitel I angelegten Aussagen zur Gesellschaft, die Widersprüche, in denen sich ein Individuum, das zu dieser Gesellschaft dazugehören will, und die Rolle, welche der Schatten bei all dem spielt, zum eigentlichen Thema (vgl. Baustein 4 und 5).

Eine genaue Lektüre von S. 16 – S. 19 kann bei der Erarbeitung von **Arbeitsblatt 6 „Der Pakt mit dem grauen Mann"**, S. 39, neben den offensichtlichen Handlungselementen folgende Beobachtungen ergeben:

- (a) Schlemihl wird vom Grauen gestellt, als er gerade abseits der Wege auf freier Rasenfläche läuft; unsicher, ob das gestattet ist, erschrickt er heftig. Er wird also in einer Umgebung gezeigt, die seine Unsicherheit und Schutzlosigkeit besonders deutlich macht. Gleichzeitig unterstreicht die freie Rasenfläche theatralisch das spätere Einrollen des Schattens (das etwa unter Bäumen ja nicht halb so effektvoll sein würde).
- (b) Die Redeweise des Grauen ist unterwürfig, auch syntaktisch umständlich und gewunden (vgl. etwa S. 17, Z. 12 ff.), wie zuvor herausgearbeitet zeigt er sich als scheinbar harmlos und zugleich undurchschaubar agierender Teufel.
- (c) Der Graue und Schlemihl erröten vor Verlegenheit (vgl. S. 17, Z. 16 f.), was bei Schlemihl nicht weiter verwundert, da er ja insgesamt als sehr unsicher eingeführt wurde. Ob der Mann in Grau mit seinem Erröten zusätzlich seine eigene Harmlosigkeit unterstreichen möchte oder ob er ehrlich verunsichert ist, bleibt unklar.
- (d) Schlemihl reagiert erst grob und familiär (s. S. 17, Z. 33 ff.); als der Graue allerdings auf die potenziellen Schätze in seiner Tasche verweist, spricht Schlemihl ähnlich gewunden wie dieser (vgl. S. 18, Z. 8 ff.). Offensichtlich hat Schlemihl Schwierigkeiten, sich auf den Grauen einzustellen, dessen Verhalten und Angebot er nicht verstehen kann.
- (e) Von allen magischen Angeboten springt Schlemihl erst auf das unendlichen Reichtum versprechende Glückssäckel an („hatte er mit einem Wort meinen ganzen Sinn gefangen" (S. 18, Z. 21 f.), da ihm dieses vielleicht einen Ausweg aus der Misere bieten kann.
- (f) Auch die „Paktszene" wird detailfreudig und realistisch erzählt (vgl. etwa die recht genaue Beschreibung des Glückssäckels (S. 18, Z. 26 ff.) oder auch, dass Schlemihl, als ihm das Glückssäckel gereicht wird, dieses erst einmal (mehrfach) ausprobiert, bevor er dann eilig zustimmt). So zeigt sich auch in dieser Szene Schlemihl als ein Erzähler, der ausgesprochen nüchtern und wirklichkeitsorientiert zurückblickt.
- (g) Der Graue lacht, nachdem er den Schatten eingerollt hat, anscheinend leise (vgl. S. 19, Z. 12). Offensichtlich erlebt er den Schattenverkauf als Triumph und ein gutes Geschäft.
- (h) Schlemihl bemerkt anschließend v.a., dass die Erde „sonnenhell" ist (S. 19, Z. 14), was seine eigene Schattenlosigkeit deutlich herausstellt.
- (i) Wenn Schlemihl abschließend feststellt, in ihm sei „noch keine Besinnung" (S. 19, Z. 14 f.), lässt sich das „noch" in einem doppelten Sinne lesen: „noch" nach der besinnungslosen Gier, die ihn bei dem Angebot grenzenlosen Reichtums gefasst hat, aber auch „noch" im Sinne dessen, was nun kommen wird.

Die Einbeziehung der Illustrationen aus der Textausgabe (S. 89 – 92), welche die „Paktszene" ganz unterschiedlich akzentuieren, ermöglicht eine vertiefte Analyse des Textausschnittes. Die Gruppen bearbeiten dazu den folgenden Arbeitsauftrag:

Baustein 2: Die Exposition der Erzählung – der Pakt (Kap. I)

■ *Auf den Seiten 89–92 der Textausgabe finden Sie eine Reihe von Illustrationen zu dieser Szene: Welche scheint Ihnen die am besten geglückte Umsetzung der literarischen Vorlage zu sein? Begründen Sie Ihre Entscheidung am Text.*

Bei der abschließenden Besprechung dieser Aufgabe sollte v.a. darauf geachtet werden, dass die Schülerinnen und Schüler die Ergebnisse ihrer Analyse der „Paktszene" einbeziehen.

Von den oben längs des Textes herausgearbeiteten Details des Ausschnittes (a) – (i) kommen jeweils die folgenden besonders zum Ausdruck:
bei Cruikshank: (a), (b), (e), (g), (h), (i)
bei Menzel: (a), (b), (e), (h), (i)
bei Preetorius: (b), (c), (g)
bei Kirchner: (a), (b), (d) sowie die sonstige Gesellschaft, v.a. die Frauen, die in den anderen Illustrationen keine Rolle spielen.
Jede der Illustrationen drückt die scheinbare Unterordnung des Grauen aus, ganz unterschiedlich ist die Reaktion Schlemihls auf das Angebot (Kirchner) bzw. den vollzogenen Handel (Cruikshank, Menzel, Preetorius) gestaltet. Auch die Kulisse, vor der sich das Geschehen entfaltet, unterscheidet sich stark: Cruikshank und Menzel deuten den Reichtum, in den Schlemihl geraten ist, durch jeweils einen Palast an, Preetorius verzichtet auf jegliche Kulisse und konzentriert sich ganz auf die beiden Figuren, Kirchner stellt auch die Gesellschaft in der „Paktszene" mit dar.

Die Ergebnisse der Analyse fasst das folgende Tafelbild knapp zusammen:

Die „Paktszene" als Höhepunkt der Exposition

Schlemihl	der Mann in Grau
Ziel:	
gesellschaftliche Zugehörigkeit	unklar
Agieren:	
• schwankt zwischen unsicherem und hochfahrendem Verhalten	• liebedienerisch, scheinbar unsicher
• versteht nicht, welche Bedeutung der Schatten haben könnte	• begründet sein Interesse an dem Schatten nicht
• gibt seiner Gier nach Reichtum nach	• triumphierendes leises Lachen
Ergebnis:	
offene Frage, ob Schlemihl sein Ziel erreicht hat	offene Frage, was die eigentlichen Ziele des Mannes in Grau sind

Die Analyse der „Paktszene" wie auch von Kapitel I als Exposition fasst der folgende Impuls für ein knappes abschließendes Unterrichtsgespräch zusammen:

■ *Wie hängt dieser Pakt mit den Themen, von denen vorher erzählt wurde, zusammen? Welche neuen Fragen wirft er auf?*

Baustein 2: Die Exposition der Erzählung – der Pakt (Kap. I)

Ein mögliches, knappes Ergebnis bietet die folgende Ergänzung des Tafelbildes:

> **Kernfrage von Kapitel I als Exposition:**
> Wie hängen gesellschaftliche Anerkennung, Geld, teuflische Macht und Schatten zusammen?

Notizen

_____
_____
_____
_____
_____
_____
_____
_____
_____
_____
_____
_____
_____
_____
_____
_____
_____
_____
_____
_____

Textanalyse: Die ersten Sätze der Erzählung

(a) Goethe: Die Leiden des jungen Werther (1774)

In seinem Briefroman beschreibt Goethe die Liebesgeschichte des jungen Werther mit einer bereits vergebenen Frau.

Am 4. Mai 1771.
Wie froh bin ich, dass ich weg bin! Bester Freund, was ist das Herz des Menschen! Dich zu verlassen, den ich so liebe, von dem ich unzertrennlich war, und froh zu sein! Ich weiß, du verzeihst mir's. Waren nicht meine übrigen Verbindungen recht ausgesucht vom Schicksal, um ein Herz wie das meine zu ängstigen? Die arme Leonore! Und doch war ich unschuldig.

Aus: Goethe: Die Leiden des jungen Werther, 1774. Hamburger Ausgabe, München 1981, Bd. 6, S. 7

(b) Friedrich Schiller: Der Geisterseher (1787 – 1789)

In seinem erfolgreichen Roman erzählt Schiller von den Intrigen einer Geheimgesellschaft.

Ich erzähle eine Begebenheit, die vielen unglaublich scheinen wird, und von der ich großenteils selbst Augenzeuge war. Den wenigen, welche von einem gewissen politischen Vorfalle unterrichtet sind, wird sie – wenn anders diese Blätter sie noch am Leben finden – einen willkommenen Aufschluss darüber geben; und auch ohne diesen Schlüssel wird sie den übrigen, als ein Beitrag zur Geschichte des Betrugs und der Verirrungen des menschlichen Geistes, vielleicht wichtig sein.

Aus: Friedrich Schiller: Sämtliche Werke. München 1993, Bd. 5, S. 48

(c) E.T.A. Hoffmann: Die Elixiere des Teufels (1815/16)

Der Mönch Medardus erschließt sich nach und nach seine eigene unheimliche Geschichte.

Nie hat mir meine Mutter gesagt, in welchen Verhältnissen mein Vater in der Welt lebte; rufe ich mir aber alles das ins Gedächtnis zurück, was sie mir schon in meiner frühesten Jugend von ihm erzählte, so muss ich wohl glauben, dass es ein mit tiefen Kenntnissen begabter lebenskluger Mann war.

Aus: E.T.A. Hoffmann: Gesammelte Werke in Einzelausgaben. Berlin 1982, Bd. 2, S. 11

(d) E.T.A. Hoffmann: Der goldne Topf (1814)

In E.T.A. Hoffmanns Erzählung gehen dem Studenten Anselmus Wirklichkeit und Einbildung beständig durcheinander.

Am Himmelfahrtstage, nachmittags um drei Uhr, rannte ein junger Mensch in Dresden durchs Schwarze Tor und geradezu in einen Korb mit Äpfeln und Kuchen hinein, die ein altes hässliches Weib feilbot, sodass alles, was der Quetschung glücklich entgangen, hinausgeschleudert wurde, und die Straßenjungen sich lustig in die Beute teilten, die ihnen der hastige Herr zugeworfen.

Aus: E.T.A. Hoffmann: Gesammelte Werke in Einzelausgaben. Berlin 1982, Bd. 1, S. 221

■ „Ganz realistisch und bürgerlich hebt die Erzählung an", schreibt Thomas Mann. Interpretieren Sie diese Aussage Thomas Manns, indem Sie den ersten Absatz von Schlemihls Erzählung (S.12, Z. 1 – 17) analysieren:

- Was wird erzählt? Was nicht?
- Wie wird erzählt: Welches Erzählverhalten, welche Erzählform, welcher Erzählerstandort und welche Erzählhaltung zeichnen den Erzähler aus?

■ Ziehen Sie anschließend die folgenden Anfänge aus anderen berühmten Erzähltexten aus der Zeit um 1800 vergleichend hinzu und benennen Sie zentrale Unterschiede dieser Erzählanfänge zum Anfang der Erzählung „Peter Schlemihls wundersame Geschichte".

Textanalyse: Kapitel I als Exposition

(a) Leitmotive und Themen der Erzählung

■ *Lesen Sie die ersten Seiten der Erzählung (S. 12, Z. 1 – S. 16, Z. 28) und bearbeiten Sie eine der folgenden Aufgaben. Halten Sie Ihre Ergebnisse in schriftlichen Notizen fest:*

- *Wenn Sie die ganze Erzählung schon gelesen haben: Welche für die weitere Erzählung wichtigen Motive und Themen werden gleich am Anfang angesprochen?*
  Oder:
  Wenn Sie die Erzählung noch nicht gelesen haben: Welche Motive und Themen könnten in der Erzählung eine wichtige Rolle spielen? Warum glauben Sie das?
- *Analysieren Sie den Zusammenhang von Geld und sozialer Zugehörigkeit in diesem Textabschnitt im Detail. Berücksichtigen Sie beispielsweise die Reaktionen der verschiedenen Figuren auf Schlemihl.*
- *Wie verstehen Sie den Ausspruch von Herrn Thomas John und die Reaktion Schlemihls darauf (S. 13, Z. 5 – 7)?*

(b) Die Hauptfigur – der Schlemihl

■ *Lesen Sie die ersten Seiten der Erzählung (S. 12, Z. 1 – S. 16, Z. 28) und bearbeiten Sie die folgenden Aufgaben. Halten Sie Ihre Ergebnisse schriftlich fest.*

- *Sammeln Sie Materialien für eine erste Charakterisierung der Hauptfigur.*
- *Vergleichen Sie Ihre Materialiensammlung mit der Charakterisierung des sprichwörtlich gewordenen „Schlemihl[1]", die Chamisso selbst gibt:*

Schlemihl [...] ist ein hebräischer Name, und bedeutet Gottlieb, Theophil oder aimé de Dieu[2]. Dies ist in der gewöhnlichen Sprache der Juden die Benennung von ungeschickten oder unglücklichen Leuten, denen nichts in der Welt gelingt. Ein Schlemihl bricht sich den Finger in der Westentasche ab, er fällt auf den Rücken und bricht das Nasenbein, er kommt immer zur Unzeit. Schlemihl, dessen Name sprichwörtlich geworden, ist eine Person, von der der Talmud[3] folgende Geschichte erzählt: Er hatte Umgang mit der Frau eines Rabbi, lässt sich dabei ertappen und wird getötet. Die Erläuterung stellt das Unglück dieses Schlemihl ins Licht, der so teuer das, was jeden anderen hingeht, bezahlen muss.

Chamisso an seinen Bruder Hyppolyte, 17.03.1821. Zitiert nach: Adelbert von Chamisso: Peter Schlemihls wundersame Geschichte. Hrsg. v. Thomas Betz und Lutz Hagestedt. Frankfurt/M. 2003, S. 98f.

(c) Der Graue

■ *Lesen Sie die ersten Seiten der Erzählung (S. 12, Z. 1 – S. 16, Z. 28): Was alles erfahren wir in diesem Abschnitt über den „grauen Mann" und was daran erscheint Ihnen rätselhaft, unwahrscheinlich, „wundersam"? Halten Sie Ihre Ergebnisse schriftlich fest.*

■ *Wie deuten Sie die unterschiedlichen Reaktionen der Figuren im ersten Kapitel auf all diese Unwahrscheinlichkeiten? Wenn Sie die ganze Erzählung bereits gelesen haben, können Sie Ihre Textkenntnisse mit einbeziehen.*

---

[1] Betonung auf der zweiten Silbe: Schle<u>mihl</u>
[2] von Gott geliebt
[3] eine bedeutende Schrift des Judentums

Zusammenfassung

■ *Fassen Sie zusammen: Welche für den weiteren Text zentralen Aspekte behandelt Kapitel I? Wie hängen diese zusammen? Tauschen Sie sich über Ihre Ergebnisse aus und halten Sie diese in einer knappen, übersichtlichen Form fest, die sich an dem folgenden Schema ausrichtet. Beschriften Sie auch die Pfeile:*

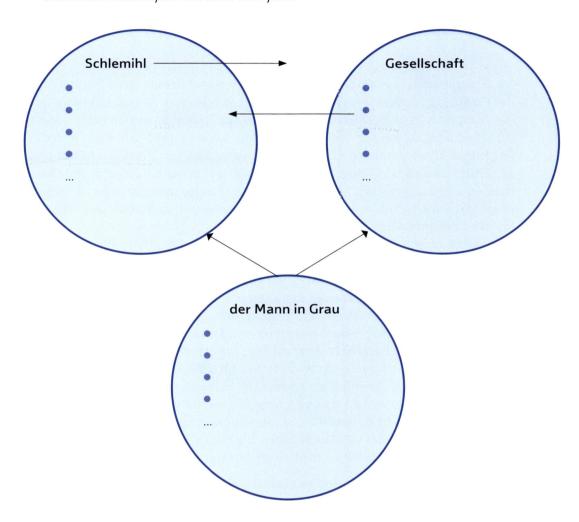

Der Pakt mit dem grauen Mann

■ *Kapitel I mündet in den Pakt zwischen Schlemihl und dem Mann in Grau. Analysieren Sie im Detail, wie dieser Pakt zustande kommt (S. 16, Z. 29 – S. 19, Z.15):*
- *Wie verhalten sich die beiden Figuren? Was empfinden sie? Wie sprechen sie?*
- *Wie ist ihr Verhältnis? Ändert es sich im Laufe des Gesprächs?*
- *Wie wird die Umgebung dargestellt?*
- *Auf den Seiten 89–92 der Textausgabe finden Sie eine Reihe von Illustrationen zu dieser Szene: Welche scheint Ihnen die am besten geglückte Umsetzung der literarischen Vorlage zu sein? Begründen Sie Ihre Entscheidung, indem Sie sich auf Ihre bisherigen Ergebnisse beziehen.*

Baustein 3

Die Erzählhandlung – Schlemihl ohne Schatten, allein und isoliert
(Kap. II – VII)

Im dritten Baustein erarbeiten die Schülerinnen und Schüler die Handlung des ersten Teils der Erzählung (Kapitel II – VII). Schnell stellt sich heraus, dass Schlemihl durch den Verkauf des Schattens das Gegenteil dessen erreicht hat, was er erreichen wollte: Statt gesellschaftlich anerkannt zu werden und sich zugehörig fühlen zu können, kann er die Früchte seines Reichtums kaum genießen, da er seine Schattenlosigkeit als einen Makel verbergen muss. Am Ende von Kapitel VII wird er von aller Welt außer seinem Freund und Diener Bendel gemieden und ausgegrenzt. Im Zentrum dieser Ausgrenzungsgeschichte steht dabei Schlemihls Liebesverhältnis mit Mina. Auch dieses scheitert schließlich, als Schlemihls Schattenlosigkeit bekannt wird.

Offensichtlich hat Schlemihl die Bedeutung seines Schattens für seine gesellschaftliche Existenz unterschätzt. Mit verschiedenen Deutungsmöglichkeiten des Schattenmotivs beschäftigt sich der Baustein 4. Am Ende der Bearbeitung von Baustein 3 aber wird bereits deutlich geworden sein, dass der Schatten v.a. in gesellschaftlichen Zusammenhängen bedeutsam ist. Wie schon in der Erarbeitung von Kapitel I verstehen die Schülerinnen und Schüler somit, dass in „Peter Schlemihls wundersame Geschichte" nicht vor allem von einem unglücklichen Einzelschicksal erzählt, sondern grundsätzlich das Funktionieren von Gesellschaft thematisiert wird: Was ist das für eine Gesellschaft, in der einem fehlenden Schatten eine solch überragende Bedeutung beigemessen wird? Die vielfältigen Deutungsmöglichkeiten, welche die Erzählung anbietet, werden in Baustein 4 und 5 behandelt, Baustein 3 hat wie schon Baustein 2 vor allem eine propädeutische Funktion. Im Fokus steht dabei ein Überblick über die Handlung der Erzählung mit der ausführlich erzählten Liebesgeschichte zwischen Schlemihl und Mina im Zentrum.

- Durch eine arbeitsteilig geraffte Erarbeitung von Textausschnitten aus den Kapiteln II – VII erschließen die Schülerinnen und Schüler den Inhalt, indem sie sich auf die zunehmend ausweglose Isolation Schlemihls konzentrieren.
- Die Behandlung von Schlemihls Liebesgeschichte mit Mina ergänzt die bisherige, vorläufige Erarbeitung der Leitmotive Gesellschaft, Geld und Schatten um das Motiv der Liebe, in dem alle Leitmotive zusammentreffen: Während seiner Liebesgeschichte genießt Schlemihl durch seinen Reichtum zugleich den Höhepunkt seiner gesellschaftlichen Anerkennung, auch scheint ein glücklicher Ausgang der Liebesgeschichte wegen seiner schier unbegrenzten Geldmittel möglich zu sein. Wenn dann aber der fehlende Schatten die Verlobung platzen lässt, scheitert das reine Gefühl also an etwas Gesellschaftlichem. Weil Chamissos Erzählung in vielfältiger Weise auf Goethes „Faust" bezogen ist, wird die Liebesgeschichte zwischen Faust und Gretchen zum Vergleich hinzugezogen. Natürlich spielt die Gesellschaft auch für das Scheitern der Liebe zwischen Faust und Gretchen eine Rolle (die drohende gesellschaftliche Ächtung lässt Gretchen ihr Kind töten und führt so schließlich zu ihrem Tod), im Zentrum dieser Liebesgeschichte aber stehen doch die widersprüchlichen Empfindungen der Liebenden, während Chamisso seine erzählerische Aufmerksamkeit auch bei der Gestaltung der Liebesgeschichte vor allem auf das Schattenmotiv und damit auf die gesellschaftliche Vermittlung der Liebe richtet.

3.1 Allein und isoliert – Schlemihl ohne Schatten

Solange sich Schlemihl in der Gesellschaft anderer befindet, ist er durch seine Schattenlosigkeit als nicht dazugehörender Außenseiter stigmatisiert. Warum eigentlich? Ein Einstiegsimpuls führt in den thematischen Zusammenhang ein:

> ■ *Entwickeln Sie zu viert oder fünft eine kleine Stegreifszene: Morgens vor der Schule, einer von Ihnen wirft keinen Schatten – Wie reagieren die anderen? Wie rechtfertigt er sich?*

Die Szenen werden nicht ausgewertet, sie dienen als Kontrastfolie zum ersten Arbeitsauftrag von **Arbeitsblatt 7**, S. 47 ff.:

> ■ *Lesen Sie den Anfang von Kapitel II (S. 19, Z. 16 – S. 23, Z. 11) und tragen Sie Ihre Ergebnisse in die Tabelle unten ein.*

In einem ersten Schritt bearbeiten die Lernenden in Einzelarbeit den Anfang von Kapitel II. Der Fokus liegt dabei auf Schlemihls Kollisionen mit der Umwelt. Sein komplizierter und rätselhafter Traum (S. 21, Z. 12 – S. 21, Z. 19) kann später im Zusammenhang mit dem Geldmotiv (Baustein 5.1) einbezogen werden (vgl. S. 79). Die Schülerinnen und Schüler halten ihre Ergebnisse auf dem Arbeitsblatt fest, diese werden anschließend gemeinsam im Unterrichtsgespräch abgeglichen und gesichert.
In einem zweiten Schritt werten die Schülerinnen und Schüler arbeitsteilig ähnliche Stellen aus dem Text bis einschließlich Kapitel VIII aus.[1] Diese Aufgabe kann als vorbereitende Hausaufgabe gegeben werden.

> ■ *Führen Sie die Tabelle fort, indem Sie arbeitsteilig die folgenden Textauszüge erarbeiten: Erläutern Sie bei der Vorstellung Ihrer Ergebnisse dem Kurs knapp den Handlungszusammenhang, in dem Ihre Stelle steht.*
> *(a) S. 26, Z. 8 – S. 27, Z. 35*
> *(b) S. 31, Z. 29 – S. 32, Z. 23, S. 36, Z. 1 – Z. 14 und S. 56, Z. 1 – 14*
> *(c) S. 40, Z. 16 – S. 41, Z. 12*
> *(d) S. 64, Z. 15 – S. 65, Z. 4*

Die situative Einbettung der jeweiligen Stellen dient implizit einer ersten Erschließung der Erzählhandlung. Die Erarbeitung erfolgt aus Zeitgründen arbeitsteilig.
Die Sammlung der Ergebnisse erfolgt in Gruppenarbeit oder im Unterrichtsgespräch. Auf eine Sicherung wird, da es sich um ein reines Sammeln von Informationen handelt, verzichtet. Lösungshinweise sind dem **Arbeitsblatt 7**, S. 48 f. angehängt.
Abschließend werden die Ergebnisse zusammenfassend im Kurs ausgewertet und kommentiert:

> ■ *Charakterisieren Sie zusammenfassend die Reaktionen der Umwelt auf Schlemihls Schattenlosigkeit. Wie lassen sich diese erklären? Verhält sich Schlemihl Ihrer Ansicht nach angemessen?*

---

[1] Die Liebesgeschichte mit Mina, in der es im Gespräch mit Minas Vater (vgl. S. 41, Z. 31 – S. 43, Z. 8) ebenfalls zu einer heftigen Auseinandersetzung um den fehlenden Schatten kommt, bleibt hier ausgespart, da die Liebesgeschichte Thema des nächsten Erarbeitungsschrittes (3.2) ist. Diese Stelle kann aber, wenn auf die Bearbeitung der Liebesgeschichte in 2.5 verzichtet werden soll, als (e) zusätzlich in die Aufgabenstellung integriert werden.

Baustein 3: (Kap. II – VII)

Die Reaktionen von Schlemihls Umwelt changieren zwischen Mitleid, Spott, Empörung und tiefem Erstaunen und charakterisieren dadurch auch die Figuren. Gemeinsam ist ihnen u. a., dass Schlemihl von allen mit Ausnahme von Bendel trotz seines Reichtums als Person abgelehnt wird.

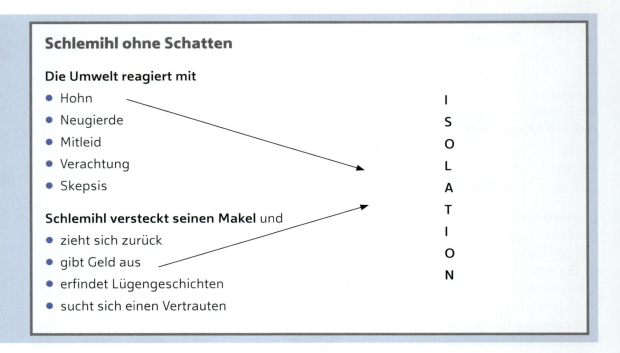

Es kann sein, dass Schülerinnen und Schüler das ganze Problem für ausgedacht, unplausibel und übertrieben halten. Dieser Reaktion wird an dieser Stelle ein Ventil gegeben. Möglich ist aber auch, dass die Geschichte als erfundene ernst genommen und gefragt wird, wie sich diese Reaktionen und Schlemihls Verhalten im Rahmen der ganzen Erzählung deuten lassen. In beiden Fällen ist es sinnvoll, auf die noch folgende gemeinsame Interpretation des Schattenmotivs zu verweisen.

3.2 Das Liebesmotiv

Ein zentraler Erzählstrang ist die Geschichte von Schlemihls großer Liebe zu Mina: Kapitel IV bis VII nehmen fast die Hälfte des Textes ein. Unmittelbar vorher berichtet Schlemihl knapp gerafft von seiner Liebesgeschichte mit Fanny (S. 28 f.), die sich als Gegenmodell zu seiner wahren Liebe lesen lässt. So stehen sich in der Erzählung wahre und scheinbare, tiefe und oberflächliche Liebe gegenüber, beide Geschichten werden in dicht aufeinander folgenden Erzählerkommentaren auch jeweils so gedeutet (vgl. S. 29, Z. 1 – 6, S. 30, Z. 22 – S. 31, Z. 4). Gleichzeitig dient das Scheitern der ersten Liebesgeschichte (Fanny entdeckt Schlemihls Schattenlosigkeit) Schlemihl als Warnung und erklärt, warum er sich nie ein Herz fasst und der ihn doch wahrhaft liebenden Mina sein Schicksal offenbart.

Wahre Liebe und Freundschaft gibt es in der Erzählung nur dann, wenn Geld keine Rolle spielt: Während Fanny, Rascal und andere an Schlemihl offensichtlich nur wegen seines Reichtums interessiert sind, sind Mina und Bendel die einzigen Figuren der Erzählung, die ihn nicht wegen seines immensen Reichtums, sondern um seiner selbst willen schätzen. Dieser Zusammenhang wird in Baustein 5 wieder aufgegriffen und in die Gesamtdeutung der Erzählung einbezogen (S. 77 f.).

Es bietet sich an, die Schülerinnen und Schüler die Liebesgeschichten Schlemihls in einer vorbereitenden Hausaufgabe rekapitulieren zu lassen:

> ■ *Lesen Sie die Kapitel III – VI und fassen Sie die Liebesgeschichten Schlemihls in ihren Stationen knapp zusammen.*

Folgende Ergebnisse sind zu erwarten:

Kapitel III: Schlemihl bildet sich ein, in Fanny, die sich plötzlich für den reich gewordenen Schlemihl interessiert, verliebt zu haben. Die Liebe scheitert, als sie seine Schattenlosigkeit bemerkt.

Kapitel IV: Schlemihl verliebt sich in einem Kurort in die schöne Försterstochter Mina. Diese Liebesgeschichte entwickelt sich zu einer ernsthaften Affäre, sodass Schlemihl und der Vater, der eine gute Partie für seine Tochter erwartet, einen Termin für den förmlichen Antrag verabreden.

Kapitel V: Rascal, der mithilfe des Grauen herausbekommen hat, dass Schlemihl keinen Schatten hat, kündigt. Auch Minas Vater möchte die Verlobung lösen, gibt Schlemihl aber noch drei Tage Zeit, seinen Schatten wiederzubekommen. Der Graue bietet Schlemihl an, ihm seinen Schatten zurückzugeben, wenn ihm dieser seine Seele überschreibt. Schlemihl weigert sich.

VI: Nachdem er drei Tage in einer Heidelandschaft verbracht hat, raubt Schlemihl ein magisches Vogelnest, das seinen Besitzer unsichtbar macht. Er eilt zum Förstergarten, wo er erneut auf den Grauen trifft. Gemeinsam beobachten sie, wie der Vater und die Mutter Mina zur Ehe mit dem sehr reichen Rascal überreden, bis diese schließlich traurig und willenlos zustimmt.

Das Unterrichtsgespräch eröffnet eine allgemeine Problematisierung:

> ■ *In der Erzählung werden zwei unterschiedliche Liebesgeschichten erzählt. Schon die unterschiedliche Länge deutet auf ihr unterschiedliches Gewicht hin. Die Affäre mit Fanny ist auf weniger als einer Seite abgehandelt, die Liebesgeschichte mit Mina nimmt gut 40 % von Schlemihls Erzählung ein. Warum bietet sich das Thema Liebe in besonderem Maße an, um die Geschichte des schattenlosen, reichen Schlemihl zu erzählen?*

Ein Grund ist sicher ein dramaturgischer: Gerade in einer intimen Beziehung ist es besonders schwierig, einen fehlenden Schatten zu verbergen. Ein anderer Grund ist, dass es hier wie auch sonst in der Erzählung (s. Baustein 5) um den Gegensatz von Schein und Sein, hier also von scheinbarer und wahrer Liebe geht. Und schließlich geht es erzählpraktisch wohl darum, Spannung zu erzeugen: Schlemihls Liebe gibt dem Grauen einen Hebel in die Hand, mit dem er Schlemihl erpressen kann.

In einem zweiten Schritt wird die vorbereitende Hausaufgabe einbezogen. Zuvor wird im Kurs die Fanny-Episode bearbeitet:

> ■ *Vor Mina hat Schlemihl bereits eine andere Liebesgeschichte. Lesen Sie S. 28, Z. 12 – S. 29, Z. 23 und analysieren Sie das Verhältnis von Schlemihl und Fanny.*

Bei der Besprechung sollte darauf geachtet werden, dass eine wichtige Rolle spielt, dass Schlemihl wegen seines plötzlichen Reichtums interessant und gewandt geworden ist (vgl. S. 28, Z. 21 – 26). Fanny spielt in Schlemihls rückblickender Wahrnehmung ein Spiel mit ihm:

Baustein 3: (Kap. II – VII)

Dass sie ihn glauben macht, er gefalle ihr, macht aus ihm „einen Narren" (S. 28, Z. 28 f.), um eine echte Herzensangelegenheit geht es dabei anscheinend nicht (s. S. 28, Z. 29 – 32). Nach dieser Vorbereitung wird die vorbereitende Hausaufgabe in die Arbeit einbezogen:

- *Inwiefern ist die Liebe zwischen Mina und Schlemihl anders, inwiefern vielleicht auch nicht?*

Die Auswertung wird erleichtert durch den folgenden Arbeitsauftrag:

- *Fassen Sie die Beziehungen Schlemihls zu Fanny und Mina abschließend in einem Schaubild zusammen. Ziehen Sie dabei die folgenden Vergleichskriterien heran: Schlemihls Reichtum, Schlemihls Geheimnis, Gefühle der Frau, Gefühle Schlemihls, Perspektive der Liebe.*

Schlemihls Lieben

Schlemihl und Fanny		Schlemihl und Mina
	Schlemihls Reichtum	
	Schlemihls Geheimnis	
	Gefühle der Frau	
	Gefühle Schlemihls	
	Perspektive der Liebesgeschichte	

Gemeinsamkeiten sind beispielsweise Schlemihls fehlende Offenheit – er offenbart sich, vielleicht vor dem Hintergrund seiner schlechten Erfahrungen mit Fanny, auch Mina nicht vollständig. Wie Fanny tritt er auch Mina von Anfang an als bedeutende, wohlhabende Figur gegenüber.

Unterschiedlich ist, dass Fanny und Schlemihl eher eine Liebelei verbindet, während sich Schlemihl und Mina lieben, was dazu führt, dass sich Schlemihl an Mina und ihre Familie binden möchte.

Schlemihls Lieben

Schlemihl und Fanny		Schlemihl und Mina
entscheidende Rolle	**Schlemihls Reichtum**	Keine entscheidende Rolle?
zufällige Entdeckung von Schlemihls Geheimnis	**Schlemihls Geheimnis**	späte Entdeckung von Schlemihls Geheimnis durch Rascal
kokette, spielerische, scheinbare Liebe	**Gefühle der Frau**	schlichte, aufrichtige, ungeschützte Liebe
eingebildete Liebe	**Gefühle Schlemihls**	wahre Liebe
Flirt	**Perspektive**	Heirat

In einem dritten Schritt wird auf **Arbeitsblatt 8,** S. 50, der für Chamissos Erzählung in vielem vorbildhafte „Faust I" von Goethe in die Bearbeitung einbezogen, um Minas Liebe zu analysieren: Beide Frauen stammen aus einfachen Verhältnissen und verlieben sich rückhaltlos in einen offensichtlich höhergestellten Mann, welcher seine Attraktivität v.a. einem Teufelspakt verdankt. Der Vergleich von Chamissos Erzählung mit Goethes Faust I, der wie schon der Vergleich der beiden Liebestexte auf **Arbeitsblatt 8**, S. 50, zeigt, vielfältig produktiv wäre, wird in diesem Unterrichtsmodell nicht weiter verfolgt. Die erste Aufgabe von **Arbeitsblatt 8,** S. 50, dient vor allem der Vorbereitung der darauf folgenden produktiven Aufgabe:

> ■ *Vergleichen Sie Gretchens Lied mit Minas Brief (S. 37, Z. 19 – S. 38, Z. 3), indem Sie Gretchen und Mina und ihre Liebe anhand dieser beiden Texte nach den folgenden Kriterien charakterisieren: allgemeine innere Situation, Sicht des Geliebten, Zukunftserwartung, sprachliche Gestaltung.*

Zu erwarten sind beispielsweise folgende Ergebnisse, die auf Folie festgehalten werden:

Mina und Gretchen – ähnliche Frauenfiguren

	Mina	Gretchen
allgemeine innere Situation	grenzenlos, schutzlos verliebt	grenzenlos, schutzlos verliebt
Sicht des Geliebten	himmelt den Geliebten an: er ist „unaussprechlich gut" (S. 37, Z. 21 f.), ist stolz auf ihn und seine Erfolge in der Welt (S. 37, Z. 26 ff.)	er ist der einzige Lebensinhalt (V. 5 – 8), sie himmelt den Geliebten an, sein Aussehen, seine Beredsamkeit, seine Küsse (V. 21 – 28)
Zukunftserwartung	Unsicherheit, ob sich die Liebe verwirklichen wird: Angst, Schlemihl nicht angemessen zu sein und ihn zu einem Opfer zu verleiten, was sie nicht möchte (S. 37, Z. 23 f.); böse Vorahnungen („Zeuch hin", S. 37, Z. 25 ff.)	allgemeine Ungewissheit (verlorene Ruhe, schweres Herz, Konjunktivgebrauch in den letzten beiden Strophen); böse Vorahnungen (letzte Strophe)
Sprachliche Gestaltung	nachgeahmte Mündlichkeit; Ellipsen, Inversionen, Interjektionen, Anaphern, schlichte Wortwahl	nachgeahmte Mündlichkeit; Wortverkürzungen, Anaphern, Inversionen, Interjektionen, schlichte Wortwahl, regelmäßiges Reimschema mit sehr kurzen Versen, Volksliedton
Zusammengefasst: Ähnlichkeiten	<ul><li>völliges Aufgehen in der Liebe</li><li>Herz steht über allem anderen</li><li>einfache Herkunft aus dem Volk</li><li>schlichter Ausdruck des eigenen Empfindens</li></ul>	

Die Ergebnisse werden gesammelt und als Folien festgehalten, um dann produktiv umgesetzt zu werden: Während Fanny, als sie die Schattenlosigkeit Schlemihls bemerkt, anscheinend bodenlos enttäuscht (s. S. 29, Z. 16 ff.) in eine Ohnmacht flüchtet (was Schlemihl zu lautem Gelächter reizt), ist Mina nach der Entdeckung von Schlemihls Schattenlosigkeit tief bedrückt und am Boden zerstört. Minas Empfindungen in dieser Szene setzen die Schülerinnen und Schüler in einen Brief an Schlemihl um. Dabei beziehen sie zwei Szenen aus dem Text in ihre Arbeit mit ein. Diese beiden Stellen (in der ersten stellt der Vater Schlemihl wegen seiner Schattenlosigkeit zur Rede, in der zweiten überreden die Eltern Mina zur Ehe mit Rascal) werden nicht getrennt analysiert, da sie sich vor dem Hintergrund der bisherigen Arbeit von selbst erschließen: Mina ist offensichtlich in Heiratsdingen nicht Herrin ihres eigenen Schicksals.

■ *Minas Vater erfährt schließlich von Schlemihls Schattenlosigkeit. Er räumt Schlemihl noch eine Frist von drei Tagen ein, in der dieser einen ordentlichen Schatten beibringen könne. Stellen Sie sich vor, dass Mina nach diesen drei Tagen und unmittelbar vor ihrer Hochzeit mit Rascal dem verschwundenen Schlemihl einen letzten Brief schreibt. Man kann sich vorstellen, dass Mina dieser Brief sehr schwerfallen würde. Sammeln Sie Ideen, erste Formulierungen, Briefanfänge usw. für diesen Brief und beziehen Sie dabei S. 41, Z. 16 – S. 43, Z. 8 und S. 51, Z. 12 – S. 52, Z. 32 mit ein. Schreiben Sie dann diesen Brief.*

Die Briefe können abschließend im Plenum oder in Kleingruppen vorgestellt und verglichen werden. Mina könnte sich tief enttäuscht, sehr traurig oder entsetzt, vielleicht auch rebellisch über die Aussicht, einen ungeliebten Mann heiraten zu müssen, zeigen. In der gemeinsamen Auswertung kann darauf verwiesen werden, dass Mina später, fromm geworden, ihren Frieden mit ihrer gescheiterten Liebesgeschichte macht (s. S. 72, Z. 31 ff.).

Notizen

Allein und isoliert – Schlemihl ohne Schatten

Der Schattenverkauf zeigt schnell heftige und für Schlemihl unerwartete Folgen. Er unternimmt alles Mögliche, um sich den Folgen zu entziehen.

- *Lesen Sie den Anfang von Kapitel II (S. 19, Z. 16 – S. 23, Z. 11) und tragen Sie Ihre Ergebnisse in die Tabelle unten ein.*
- *Führen Sie die Tabelle fort, indem Sie arbeitsteilig die folgenden Textauszüge erarbeiten: Erläutern Sie bei der Vorstellung Ihrer Ergebnisse dem Kurs knapp den Handlungszusammenhang, in dem Ihre Stelle steht.*
  (a) S. 26, Z. 8 – S. 27, Z. 35
  (b) S. 31, Z. 29 – S. 32, Z. 23, S. 36, Z. 1 – Z. 14 und S. 56, Z. 1 – 14
  (c) S. 40, Z. 12 – S. 41, Z. 12
  (d) S. 64, Z. 15 – S. 65, Z. 43
- *Charakterisieren Sie zusammenfassend die Reaktionen der Umwelt auf Schlemihls Schattenlosigkeit. Wie lassen sich diese erklären? Verhält sich Schlemihl Ihrer Ansicht nach angemessen?*

Situation	Reaktionen der Umwelt	unmittelbare Reaktionen Schlemihls

Allein und isoliert: Schlemihl ohne Schatten (Lösung)

Situation	Reaktionen der Umwelt	unmittelbare Reaktionen Schlemihls
Aufgabe 1 Schlemihl hat gerade den Schatten verkauft und begibt sich in die Stadt zurück.	Eine alte Frau weist ihn lauthals darauf hin, dass er keinen Schatten habe.	Schlemihl wirft ihr ein Goldstück hin und geht in den Schatten.
	Schildwache fragt nach seinem Schatten.	Schlemihl wird „verdrießlich" und meidet die Sonne.
	Frauen auf der Straße bemitleiden ihn.	
	Jungen (besonders ein buckliger) beschimpfen ihn und bewerfen ihn mit Schmutz.	Schlemihl flüchtet in eine Kutsche, flieht davon und weint.
Schlemihl hat sich in einem neuen Hotel einquartiert und begibt sich in einer mondhellen Nacht auf die Straße, um zu überprüfen, wie Passanten reagieren.	Frauen reagieren mitleidig, die Jugend höhnt, Männer (besonders wohlbeleibte) zeigen Verachtung, ein junges Mädchen, das anfangs Interesse zeigt, läuft davon.	Schlemihl ist tief getroffen und eilt weinend nach Hause.
Aufgabe 2 (a) Schlemihl schickt nach einem Maler, um sich einen neuen Schatten malen zu lassen.	Der Maler fragt skeptisch nach, wie Schlemihl seinen Schatten verloren habe.	Schlemihl erfindet eine Lügengeschichte (der Schatten sei ihm in Russland im Frost abhandengekommen).
	Der Maler empfiehlt, die Sonne zu meiden, und wirft Schlemihl einen vernichtenden Blick zu.	Schlemihl kann diesen Blick nicht ertragen und verhüllt sein Gesicht.
Schlemihl gesteht Bendel seine Schattenlosigkeit und bietet ihm Geld, damit dieser bei ihm bleibt.	Bendel überwindet seine Betroffenheit und verspricht, bei Schlemihl zu bleiben und diesen zu unterstützen.	Schlemihl ist gerührt und überzeugt, dass Bendel nicht aus finanziellen Gründen so handelt.
(b) Schlemihl ist in einem Badeort angekommen.	Festlicher Empfang durch die Bevölkerung, die glaubt, der König von Preußen ziehe ein.	Schlemihl verhält sich sehr vorsichtig, obwohl er sich gerne Mina nähern würde. Er lässt Bendel kostbaren Schmuck überreichen und Dukaten unters Volk werfen.
Schlemihl hat sich in dem Badeort als Graf Peter eingerichtet.		Schlemihl lebt ausgesprochen großzügig und verschwenderisch, gleichzeitig aber auch sehr vorsichtig: Er bleibt tagsüber im Haus und außer Bendel darf niemand das Zimmer betreten. Mit der Umwelt verkehrt er über Kuriere.
Nach der Enttarnung kehrt Schlemihl in sein Haus zurück und findet dort Bendel vor.	Der Pöbel hat (von Rascal angestiftet) die Fenster des Hauses eingeschlagen, Schlemihls andere Diener sind geflohen, die Polizei hat ihm eine Frist von 24 Stunden gesetzt, um die Stadt zu verlassen.	

Situation	Reaktionen der Umwelt	unmittelbare Reaktionen Schlemihls
(c) Der Diener Rascal, der sich zuvor heimlich an Schlemihl bereichert hat, kündigt.	Rascal bittet Schlemihl, ihm seinen Schatten zu zeigen.	Schlemihl versucht, seinen Diener zurechtzuweisen.
	Rascal sagt, ein ehrlicher Diener könne einem schattenlosen Herren nicht dienen, und kündigt.	Schlemihl versucht, ihn zu besänftigen, und bietet ihm Geld.
	Rascal lehnt das Geld ab und geht pfeifend davon.	Schlemihl ist erstarrt.
	Ein alter Bauer lässt sich erst auf ein freundliches Gespräch ein, bis er bemerkt, dass Schlemihl keinen Schatten hat.	Schlemihl erfindet wieder eine Lügengeschichte: Er habe den Schatten während einer Krankheit verloren.
(d) Schlemihl hat den Goldsäckel weggeworfen und sich von dem Mann in Grau getrennt.	Der Bauer stellt das Gespräch ein und verlässt Schlemihl an der nächsten Kreuzung.	Schlemihl weint und ist deprimiert.

Minas Liebe

Chamisso hat sich für seine Erzählung „Peter Schlemihls wundersame Geschichte" von Goethes „Faust I" inspirieren lassen. Wie Schlemihl macht auch der Teufelsbündner Faust ein Bürgermädchen in sich verliebt. An einer berühmten Stelle der Tragödie singt dieses Mädchen Gretchen ein Lied:

Gretchens Stube

Gretchen (am Spinnrad, allein)

Meine Ruh ist hin,
Mein Herz ist schwer;
Ich finde sie nimmer
und nimmermehr.

5 Wo ich ihn nicht hab,
Ist mir das Grab,
Die ganze Welt
Ist mir vergällt.

Mein armer Kopf
10 Ist mir verrückt,
Meiner armer Sinn
Ist mir zerstückt.

Meine Ruh ist hin,
Mein Herz ist schwer,
15 Ich finde sie nimmer
und nimmermehr.

Nach ihm nur schau ich
Zum Fenster hinaus,
Nach ihm nur geh ich
20 Aus dem Haus.

Sein hoher Gang,
Sein edle Gestalt,
Seines Mundes Lächeln,
Seiner Augen Gewalt,

Und seiner Rede 25
Zauberfluss,
Sein Händedruck,
Und ach! sein Kuss!

Meine Ruh ist hin,
Mein Herz ist schwer, 30
Ich finde sie nimmer
und nimmermehr.

Mein Busen drängt
Sich nach ihm hin,
Ach dürft ich fassen 35
Und halten ihn,

Und küssen ihn,
So wie ich wollt,
An seinen Küssen
Vergehen sollt! 40

Aus: J. W. v. Goethe: Faust I, V. 3374 – 3413

- *Vergleichen Sie Gretchens Lied mit Minas Brief (S. 37, Z. 19 – S. 38, Z. 3), indem Sie Gretchen und Mina und ihre Liebe anhand dieser beiden Texte nach den folgenden Kriterien charakterisieren: allgemeine innere Situation, Sicht des Geliebten, Zukunftserwartung, sprachliche Gestaltung.*

- *Minas Vater erfährt schließlich von Schlemihls Schattenlosigkeit. Er räumt Schlemihl noch eine Frist von drei Tagen ein, in der dieser einen ordentlichen Schatten beibringen könne. Stellen Sie sich vor, dass Mina nach diesen drei Tagen und unmittelbar vor ihrer Hochzeit mit Rascal dem verschwundenen Schlemihl einen letzten Brief schreibt. Man kann sich vorstellen, dass Mina dieser Brief sehr schwerfallen würde. Sammeln Sie Ideen, erste Formulierungen, Briefanfänge usw. für diesen Brief und beziehen Sie dabei S. 41, Z. 16 – S. 43, Z. 8 und S. 51, Z. 12 – S. 52, Z. 32 mit ein. Schreiben Sie dann diesen Brief.*

Baustein 4

Den Schatten deuten
(Kap. II – VIII)

„Es kann keinen Zweifel geben, dass die Deutung des Schattens das zentrale Problem darstellt. […] Im Einzelnen ist zu fragen:

- Was bedeutet es, einen Schatten zu haben?
- Was bedeutet es, keinen Schatten (mehr) zu haben?
- Was bedeutet es, den eigenen Schatten verkauft zu haben?"[1]

Einen wesentlichen Reiz zieht Chamissos Erzählung aus der Vieldeutigkeit des Schattenmotivs. Chamisso selbst hat sich einer Festschreibung dessen, was der Schatten zu bedeuten habe, stets entzogen, ja sich über die „besonnene[n] Leute, die […] gewohnt [sind], nur zu ihrer Belehrung zu lesen"[2], lustig gemacht (s. **Zusatzmaterial 1**, S. 139). Über seine Motive kann man nur spekulieren, am plausibelsten ist vermutlich die Erklärung, dass er selbst seiner absichtslos aus einer plötzlichen Laune heraus entstandenen Erzählung[3] nicht nachträglich eine Bedeutung unterlegen wollte, die er während der Entstehung nicht im Sinn gehabt hatte. „Wenn ich selbst eine Absicht gehabt habe, glaube ich es dem Ding nachher anzusehen, es wird dürr, es wird nicht Leben, – und es ist, meine ich, nur das Leben, was wieder das Leben ergreifen kann"[4] – für Chamisso selbst war also die Rätselhaftigkeit des Schattenmotivs eine Folge der glücklichen Kombination von absichtsloser Entstehung und Eigenleben der Erzählung.

Tatsächlich fragen sich Lesende bei der Lektüre schnell, welche allegorische Bedeutung der Schatten haben könnte, wofür er denn nun steht. Und so ist Chamissos Erzählung im Laufe der Jahrhunderte eine ganze Bibliothek von „Schlemihliana" entstanden. Warum reizt eigentlich das Schattenmotiv so stark, gedeutet zu werden? Ein Grund liegt sicher darin, dass wir unseren eigenen Schatten für unser Leben für bedeutungslos halten, es scheint fraglich, ob sein Fehlen in der wirklichen Welt ähnlich katastrophale Folgen hätte wie in der Erzählung. Denn schließlich wäre das Fehlen des eigenen Schattens ja kein Handicap wie etwa das Fehlen der Stimme, des Gesichts oder der Erinnerung. So legt eine Erzählung, in der der Verlust des Schattens derart schwerwiegende Konsequenzen hat, nahe, dass der Schatten für etwas anderes steht, und provoziert damit Deutungen.

Auch Schlemihl selbst hält die eigene Schattenlosigkeit anfangs für kein besonderes Problem, in der Paktszene reagiert er auf das Angebot, seinen Schatten zu verkaufen, ungläubig: „Er muss verrückt sein, dachte ich." (S. 17, Z. 30) Damit hat der Schatten offenkundig v.a. dadurch eine Bedeutung, dass andere ihm diese zuschreiben. Das aber unterscheidet ihn von dem, was in vielen anderen Teufelsgeschichten der Preis für die Teufelsdienste ist, dem ewigen Seelenheil nämlich. Natürlich geht es dem Teufel auch in „Peter Schlemihls wundersame Geschichte" um die Seele seines Opfers, wie später in Kapitel V klar wird, im Zentrum der Erzählung steht aber doch der vorgeschaltete Tausch Schatten gegen Reichtum. So provoziert die Erzählung durch den Kontrast von scheinbarer Bedeutungslosigkeit des Schattens und den schwerwiegenden Folgen, die dessen Fehlen in der Erzählwelt hat, quasi von selbst die Frage, worum es denn dem Erzähler nun ‚eigentlich' geht.

---

[1] Tepe/Semlow (2012 – 1), S. 8
[2] Vorwort Chamissos zur französischen Ausgabe von 1838, zitiert nach Adelbert von Chamisso (2003), S. 107
[3] Vgl. dazu die Materialien zur Entstehung in der Textausgabe, v.a. den Brief an Bernhard von Trinius vom 11.4.1829 (S. 88)
[4] Ebd., S. 88, Z. 9 ff.

Drei Deutungsansätze sind besonders einflussreich geworden: Die Standard-Deutung setzt biografisch bei Chamissos Ausnahme-Situation an: Als nach Preußen emigrierter Franzose gerät er mit Beginn der „Befreiungskriege" gegen Napoleon in einen unauflöslichen Widerspruch zwischen seinen beiden Heimatländern, zieht sich aus Berlin nach Kunersdorf zurück und gestaltet dort seinen inneren Konflikt in Form des „Peter Schlemihl". Der fehlende Schatten steht in dieser Deutung für das fehlende Vaterland. Zwei andere weitverbreitete Deutungen rücken die Tatsache ins Zentrum, dass das Fehlen des Schattens nur dadurch zum Problem wird, dass die Gesellschaft der Schattenlosigkeit solch eine überragende Bedeutung beimisst: Hier steht der Schatten also für etwas, das unabdingbar dafür ist, ein vollgültiges Leben in der Gesellschaft zu leben. In der einen Lesart verkörpert der Schatten das, was bürgerliche Solidität und gesellschaftliche Anerkennung verleiht: gesellschaftlicher Stand, Laufbahn, Perspektiven, selbstbewusste Identität usw. Das Fehlen dieser Solidität verdammt zum Außenseitertum. Diese Lesart fragt also v.a.: „Was bedeutet es, einen Schatten zu haben?" Eine andere Lesart identifiziert den Schatten mit der äußeren Ehre: Hat man diese in der Gesellschaft einmal verloren, hat man alles verloren. Diese Lesart fragt so: „Was bedeutet es, keinen Schatten mehr zu haben?"

In diesem Baustein wird folgender Erarbeitungsweg vorgeschlagen:
- Im Vorlauf beschäftigen sich die Schülerinnen und Schüler mit Besonderheiten des Schattenmotivs. Dann stellen sie eigene Überlegungen dazu an, was der Schatten bedeuten könnte, und vergleichen diese mit einem Überblick über andere Deutungsansätze.
- Anschließend lernen sie die biografischen Hintergründe der Erzählung kennen und diskutieren vor dem Hintergrund dieser Kenntnisse die Standard-Deutung des Schattenmotivs, derzufolge Chamisso darin v.a. seine eigene Heimatlosigkeit thematisiert habe.
- In zwei weiteren Erarbeitungsschritten erarbeiten und erörtern die Lernenden arbeitsteilig zwei weitere Deutungsansätz (Schatten = bürgerliche Solidität und Schatten = äußere Ehre).
- Abschließend prüfen die Schülerinnen und Schüler zusammenfassend die Stimmigkeit der erarbeiteten Positionen anhand weiterer Passagen der Erzählung oder wenden ihre Ergebnisse in einem produktiven Schreibauftrag an, der Schlemihls Schattenlosigkeit in die Jetzt-Zeit versetzt.

Damit liegt der methodische Schwerpunkt von Baustein 4 auf der Erörterungskompetenz. Wenn nur wenig Zeit zur Verfügung steht, kann das Ergebnis von 4.1 knapp zusammenfassend referiert und auf die Zusammenfassung in 4.5 verzichtet werden.

Auch wenn die Erarbeitung ergebnisoffen erfolgen kann, geht dieses Modell doch davon aus, dass eine Deutung des Schattens als äußere Ehre am ehesten kohärente und reichhaltige Ergebnisse erbringt.[1] Weitere Interpretationsansätze werden an anderen Stellen des Unterrichtsmodells aufgegriffen: Die Frage nach gesellschaftskritischen Elementen der Erzählung wird in Baustein 5 erörtert. In Baustein 7 wird anhand von Natoneks Chamisso-Roman gefragt, inwiefern der Schattenverkauf stellvertretend für das Schicksal der Juden stehen könnte. Eine neuere Lesart, derzufolge Chamisso in seiner Erzählung homoerotische Stigmatisierung gestaltet habe, findet sich in **Zusatzmaterial 2**, S. 140f. Deutungen, welche die allegorische Deutung des Schattenmotivs ablehnen und annehmen, es liege keine versteckte tiefere Bedeutung vor, werden in diesem Unterrichtsmodell nicht weiter verfolgt.

---

[1] Vgl. dazu auch die im Netz frei verfügbaren Darstellungen von Tepe/Semlow, denen dieser Baustein vielfältige Anregungen verdankt.

4.1 Der Schatten als besonderes Motiv

Schlemihls Tausch Schatten gegen Geld unterscheidet sich von anderen Teufelspaktgeschichten v.a. dadurch, dass sowohl das, was eingetauscht, als auch das, was ertauscht wird, in erster Linie gesellschaftliche Relevanz hat. Wenn beispielsweise Goethes Faust sein Seelenheil gegen Erlebnisintensität tauscht, geht es dabei doch v. a. um Faust selbst. Schlemihl aber ist in allem, was er will und tut, auf die Gesellschaft bezogen. So ist es im Übrigen folgerichtig, dass er sich später nur dadurch aus seinem Unglück befreien kann, dass er der Gesellschaft den Rücken kehrt (s. Baustein 5.4). Um diese Besonderheit des Schattenmotivs vorzubereiten, stellen die Schülerinnen und Schüler eingangs Überlegungen an, welche anderen Dinge der Teufel von Schlemihl als Tauschobjekt hätte einfordern können.

Arbeitsblatt 9 (S. 70) kann in Partner- oder Gruppenarbeit bearbeitet werden. In einem ersten Schritt sammeln die Schülerinnen und Schüler denkbare andere Varianten für ein teuflisches Tauschgeschäft. Anschließend bewerten sie diese hinsichtlich der Konsequenzen, die ein Verlust jeweils für ihr eigenes Leben hätte. Die Differenzierung nach Beeinträchtigung der Handlungsmöglichkeiten für sie selbst überhaupt einerseits, für ihr Leben im Zusammenhang mit anderen Menschen andererseits, bereitet die folgenden Aufgaben vor: Üblicherweise hängt beides eng zusammen, selbst der Gesichtsverlust dürfte von den meisten Schülerinnen und Schülern als gravierende Einschränkung überhaupt, nicht nur als Einschränkung im Kontakt mit anderen erlebt werden. Der Verlust des eigenen Schattens aber schränkt die eigenen Handlungsmöglichkeiten fast gar nicht ein.

> ■ *Auch wenn es dem Teufel eigentlich um Schlemihls Seele geht, hat er es erst einmal auf Schlemihls Schatten abgesehen. Versetzen Sie sich in die Rolle des Autors Chamisso: Auf was alles hätte es der Graue theoretisch noch abgesehen haben können? Sehkraft, Gesicht, Lachen, Empathiefähigkeit, ... – sammeln Sie eigene Ideen.*

> ■ *Wie schwerwiegend würde Sie der Verlust dieser Dinge in Ihren Handlungsmöglichkeiten einschränken? Verwenden Sie für Ihre Überlegungen die folgende Tabelle. Überlegen Sie auch, wie schwerwiegend für Sie der Verlust Ihres Schattens wäre.*

Beispielsweise können folgende weiteren Antworten erwartet werden: Hörvermögen, Tastsinn, Gesicht, Liebesfähigkeit, Schmerzempfinden usw. Eventuell fällt auch das Spiegelbild, das E.T.A. Hoffmann in seiner Erzählung „Die Abenteuer der Silvester-Nacht" einsetzen lässt (vgl. Baustein 7.1). Bei der Diskussion der jeweiligen Ergebnisse dürften die Einschätzungen weit auseinandergehen.

> ■ *Wie schwerwiegend ist der Verlust des Schattens für Schlemihl in Chamissos Erzählung? Tragen Sie „Schlemihls Schatten" in die Tabelle ein und vergleichen Sie die Konsequenzen des Schattenverlustes mit Ihren sonstigen Einträgen: Was fällt auf?*

Die Diskussion der Ergebnisse im Kurs wird vermutlich das Ergebnis bringen, dass keinen Schatten zu haben die eigenen Handlungsmöglichkeiten allenfalls minimal einschränkt, ein Beispiel wäre etwa: Jemand möchte jemand anderem mit seinem Körper Schatten geben o. Ä. Konsequenzen hätte die Schattenlosigkeit im wirklichen Leben und hat sie in „Peter Schlemihls wundersame Geschichte" v.a. im Kontakt mit anderen Menschen. Das unterscheidet den fehlenden Schatten von der fehlenden Sehfähigkeit, dem fehlenden Gesicht usw. Die Beeinträchtigung des Soziallebens ist hier jeweils eine Folge der Einschränkungen der eigenen Handlungsmöglichkeiten. Demgegenüber ist Schlemihl v.a. durch die Bedeutung, welche *die anderen* dem Schatten geben, gehandicapt.

Wenn im Kurs mit dem Baustein 2 gearbeitet wurde, kann der folgende Arbeitsauftrag eine Brücke zur Behandlung der Deutungen des Schattenmotivs bauen:

> ■ *Erinnern Sie sich an Ihre Analyse von Kapitel I als Exposition der ganzen Erzählung: Inwiefern passen die Besonderheiten des Schattenmotivs mit den dortigen Ergebnissen zusammen?*

In Baustein 2 wurde herausgearbeitet, dass im Zentrum von Kapitel I das Spannungsfeld zwischen Individuum und Gesellschaft mit den Leitmotiven Geld und gesellschaftliche Anerkennung steht. Die inzwischen herausgearbeiteten Besonderheiten des Schattenmotivs passen damit auf eine Weise zusammen, die das folgende Tafelbild in grober Form verdeutlicht:

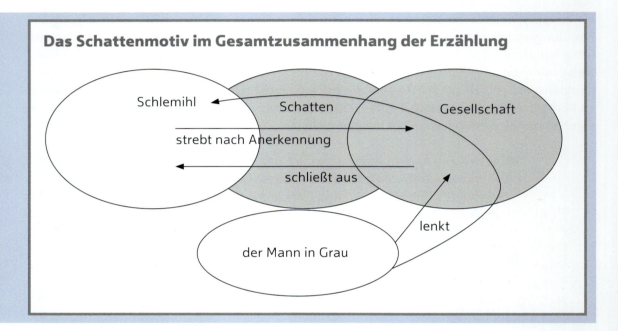

Eine Überleitung zur Deutung des Schattenmotivs bietet der folgende Impuls:

> ■ *Der Schatten spielt ganz offensichtlich in „Peter Schlemihls wundersame Geschichte" eine viel wichtigere Rolle als im wirklichen Leben. Damit scheint klar, dass der Schatten in der Erzählung für etwas anderes steht als nur für einen Schatten. Es muss etwas sein, das für uns nur in Kontakt mit anderen Menschen von Bedeutung ist: Was könnte infrage kommen?*

Die ersten Ideen der Schülerinnen und Schüler können in dem Tafelbild oben in der Ellipse für den Schatten gesammelt werden (Schatten = Anerkennung, Liebe, gesellschaftlicher Rang usw.)

Diese Sammlung von Ideen leitet über zur Bearbeitung von **Arbeitsblatt 10** (S. 71), das mit Günter de Bruyns Text „Ein schier unendliches Arbeitsfeld" einen ersten Einblick in die anscheinend unerschöpflichen Deutungsmöglichkeiten des Schattenmotivs bietet. Gleichzeitig stellt de Bruyn Chamissos Weigerung, eine Deutung des Schattenmotivs zu geben, dar. Die Schülerinnen und Schüler werden also auf die im weiteren Baustein vorgeschlagene Arbeit eingestimmt, indem sie erfahren, dass

- die Deutung des Schattenmotivs seit Langem versucht wird,
- diese Arbeit zu ganz unterschiedlichen Deutungen geführt hat,
- durch Autorenaussagen keine Hilfestellungen zu erwarten sind, da Chamisso selbst sich jeglicher Deutung enthalten hat.

Der Arbeitsauftrag fragt nach den im Text enthaltenen Deutungsansätzen für das Schattenmotiv und gibt den Schülerinnen und Schülern so eine erste Idee, in welche Richtungen eigene Deutungen beispielsweise gehen könnten:

> ■ *Sammeln Sie alle Interpretationsansätze für die Bedeutung des Schattens, die im Text genannt werden. Welcher dieser Ansätze leuchtet Ihnen am meisten ein? Geben Sie eine knappe Begründung.*

Günter de Bruyn: Deutungsansätze für den Schatten

Der Schatten steht für
- Vaterland,
- bürgerliche Solidität,
- gutes Gewissen,
- „Unbewusstes".

Diese Ergebnisse werden an der Tafel gesammelt und in knapper Form diskutiert. Zu erwarten ist beispielsweise, dass sich einige Schülerinnen und Schüler über Chamissos Biografie informiert haben und den Ansatz „Schatten als Vaterland" kommentieren können. Ob ein schlechtes Gewissen tatsächlich zu solchen Beeinträchtigungen im Sozialleben wie den in der Erzählung vorgestellten führt, könnte bezweifelt werden. Dass es dem Schlemihl der Erzählung nicht gelingen kann, ohne Schatten ein bürgerliches Leben zu führen, könnte vor dem Hintergrund der Arbeit mit Baustein 3 unmittelbar einleuchten. Da einige dieser Ansätze im Folgenden vertieft werden, kann man die Diskussion dieser Ansätze knapp halten und die Ergebnisse offen lassen.

Exkurs: Chamissos Weigerung, eine eigene Deutung zu geben

Chamisso selbst hat sich zeitlebens dagegen gewehrt, sich auf eine Deutung festlegen zu lassen (vgl. de Bruyn auf **Arbeitsblatt 10**, S. 71, s. a. **Zusatzmaterial 1**, S. 139, Z. 5–10). Wenn Chamissos Weigerung, eine eigene Deutung des Schattenmotivs zu geben, im Unterricht thematisiert werden soll, bietet sich eine gemeinsame Lektüre seines Briefes an Bernhard von Trinuis mit folgendem Arbeitsauftrag an:

> ■ *Chamisso hat sich zeitlebens geweigert, sich auf eine Deutung des Schattenmotivs festlegen zu lassen. Stellen Sie Vermutungen an, warum. Vergleichen Sie anschließend Ihre Überlegungen mit Chamissos Aussagen in einem Brief an Bernhard von Trinius (Textausgabe, S. 88).*

Der Brief an Trinius gibt zu der Frage folgende Antworten:

- Chamisso glaubt, dass Absichten einen Text leblos machen: Ein so lebendiger Text wie seine Erzählung sei eben nicht nach einem vorgefertigten Plan mit vorgefertigter Bedeu-

tung, sondern ursprünglich allein zum Vergnügen von Hitzigs Familie entstanden (S. 88, Z. 9 ff.).
- Als Autor ist sich Chamisso viel mehr als seine Leser der Zufälligkeiten der Entstehung seines Textes bewusst. Dies wird deutlich durch die angeführten stofflichen Quellen (S. 88, Z. 15 ff.).

4.2 Die Entstehung der Erzählung – Schatten = Heimat und Vaterland?

Auch wenn sich keine direkten Aussagen des Autors selbst finden lassen, legt die Entstehung von „Peter Schlemihls wundersame Geschichte" doch nahe, das Schattenmotiv durch die besonderen biografischen Hintergründe ihrer Entstehung zu deuten. Materialien zur Entstehungsgeschichte finden sich in der Textausgabe in einem biografischen Abriss (S. 77 ff.) sowie in der Darstellung Günter de Bruyns (S. 84 f.). Knapp gefasst geht es um Folgendes: Chamisso wird in Frankreich geboren, nach der Emigration der Familie nach Deutschland lernt er die deutsche Sprache und tritt mit 17 Jahren in die preußische Armee ein, in der er in Hameln 1805/1806 als Leutnant gegen Napoleons Truppen gekämpft hätte, wenn die Festung Hameln nicht kampflos übergeben worden wäre. Mit Beginn der „Befreiungskriege", an denen auch Preußen beteiligt ist, gerät Chamisso in der zunehmend antifranzösischen und zugleich patriotischen Stimmung in eine unangenehme Lage und fühlt sich in Berlin fremd: Gegen Frankreich kämpfen möchte er nicht, gleichzeitig fühlt er sich aber seinem neuen Heimatland nicht weniger verbunden als seinem alten. Diese Stimmung fasst er in die knappe Formel: „Nein, die Zeit hat kein Schwert für mich."[1] Er zieht sich auf Vermittlung von Freunden nach Kunersdorf, 70 Kilometer nordöstlich von Berlin, zurück, wo er seine 1812 an der Berliner Universität begonnenen botanischen Studien fortführt. Hier schreibt er, einem offensichtlich plötzlichen Antrieb folgend, „Peter Schlemihls wundersame Geschichte", ursprünglich gedacht als kleine Erzählung für die Kinder seines Freundes Eduard Hitzig.
Diese biografischen Hintergründe legen nahe, Chamisso habe mit der Geschichte des schattenlosen Peter Schlemihl seine eigene Situation als jemand ohne eindeutiges Vaterland dichterisch beschreiben wollen. Auf den ersten Blick wirkt diese Deutung, da sie so offensichtlich mit Chamissos Biografie und den Hintergründen der Entstehung zusammenpasst, bestechend: Tatsächlich wird ja erzählt, wie Schlemihl nach dem Verlust des Schattens überall zum Fremden wird, tatsächlich fehlt nur ihm, was ansonsten alle haben, und tatsächlich liegt, wie anscheinend für Chamisso 1813 auch, der einzige Ausweg darin, der Gesellschaft auszuweichen. Gleichzeitig aber wirft diese Deutung Unstimmigkeiten auf: Während Schlemihl seinen Schatten für unermesslichen Reichtum verkauft, wurde Chamisso aus seinem Heimatland vertrieben, ohne dafür eine vergleichbare Leistung zu erhalten. Und auch das der Erzählung vorangestellte Widmungsgedicht stellt klipp und klar fest: „Den Schatten, der mir angeboren/Ich habe meinen Schatten nie verloren" (S. 11, V. 4 f.). Knapp gefasst bietet dieser Deutungsansatz eine plausible Deutung der Erfahrung des Schattenverlustes, nicht aber des Schattenverkaufs.

Die Behandlung dieses Deutungsansatzes kann mit **Arbeitsblatt 11**, S. 72, erfolgen. Für einen ersten Zugriff machen sich die Lernenden zuerst mit der Biografie Chamissos im Allgemeinen und dem Deutungsansatz im Groben vertraut. Anschließend lernen sie die Hintergründe der Entstehung des Textes kennen, sie brauchen diese Kenntnisse, um den Text von Christoph Gottlieb Hüser (Textausgabe, S. 93 f.), welcher explizit die These Chamisso = Schlemihl/Schatten = Vaterland vertritt, verstehen und diskutieren zu können. Dabei bietet

---
[1] Chamisso, 1864, S. 369

sich an, dass sie die ersten drei Aufgaben einzeln und die weiteren Aufgaben in Gruppen bearbeiten.

Den Überblick über Chamissos Biografie erarbeiten die Schülerinnen und Schüler anhand des folgenden Arbeitsauftrages auf **Arbeitsblatt 11**, S. 72:

> ■ *Lesen Sie die Chamisso-Biografie in der Textausgabe (S. 77–80): Welche Deutung des Schattenmotivs wird hier vorgeschlagen? Wie wird diese Deutung anhand der Biografie plausibilisiert?*

Aus der Biografie ergibt sich, Chamisso habe mit dem Schlemihl einen „starken inneren Zwiespalt" (S. 77, Z. 20) darstellen wollen. Dieser habe v.a. während des deutsch-französischen Krieges 1813–15 in seiner Zugehörigkeit zu zwei Vaterländern bestanden. In der Erzählung habe Chamisso das vor allem durch das Unglück seines von Misstrauen und Ausgrenzung verfolgten Protagonisten ausgedrückt.

Anschließend vertiefen die Schülerinnen und Schüler diese Vorinformationen, indem sie sich mit Günter de Bruyns Text „Chamisso 1813" (Textausgabe, S. 84f.) auseinandersetzen. Ein möglicher Arbeitsauftrag ist dann:

> ■ *Inwiefern spiegelt sich dieser behauptete „Zwiespalt" in der Entstehung von „Peter Schlemihls wundersame Geschichte", wie sie Günter de Bruyn in seinem Text „Chamisso 1813" darstellt (Textausgabe, S. 84f.)?*

De Bruyns Text „Chamisso 1813" beschreibt Chamissos Leben in den sogenannten „Befreiungskriegen" ab 1812. In Berlin herrscht eine weitverbreitete patriotische, antifranzösische Stimmung, die all jene, die sich dieser Stimmung nicht anschließen wollen oder, weil sie keine Deutschen sind, gar nicht anschließen können, ausschließt. Chamisso zieht sich deshalb nach Kunersdorf zurück, wo er eher spielerisch „Peter Schlemihls wundersame Geschichte" als kleine, private Geschichte für die Kinder seines Freundes Hitzig schreibt.

Eine vorläufige Ergebnissicherung an der Tafel könnte folgendermaßen aussehen:

Biografische Hintergründe der Erzählung „Peter Schlemihls wundersame Geschichte"

Chamisso

als Franzose	**und Deutscher**
• französische Herkunft	• deutsche „Wahlheimat"
• französische Muttersprache	• ausgezeichnete Deutschkenntnisse
• Liebe zur französischen Kultur	• Liebe zur deutschen Kultur
• Verehrung für Napoleon	

↓

Zwiespalt → Rückzug aus Berlin: „Peter Schlemihls
Fremdheit   wundersame Geschichte" (1813)

deutsch-französischer Krieg („Befreiungskriege") 1813–15
- Zuspitzung der antifranzösischen Stimmung in Berlin
- patriotische Begeisterung = Ausschluss alles Nichtdeutschen

Anschließend setzen sich die Schülerinnen und Schüler anhand von **Arbeitsblatt 11** (S. 72) in Einzelarbeit mit dem Text des Deutschlehrers Christoph Gottlieb Ludwig Hüser aus dem Jahre 1847 auseinander. Dieser ist ein besonders exponierter Vertreter der These, Chamisso habe mit seinem „Schlemihl" die eigene Heimatlosigkeit thematisieren wollen.

- *Erläutern Sie Hüsers These, dass es „unmöglich" (S. 93, Z. 9) sei, Heimat und Vaterland aufzugeben, ohne in das „leere Nichts" zu kommen (Z. 12). Wie schätzt er Chamisso in diesem Zusammenhang ein?*

- *Die Zeiten haben sich seit 1847 geändert. Sammeln Sie von Ihrer heutigen Position aus Argumente für und gegen Hüsers allgemeine Überlegungen zur Bedeutung der nationalen Herkunft.*

Hüser vertritt, zeitgebunden, die These, dass die nationale Herkunft wie eine Art zweite Natur zu einem Menschen dazugehöre. Nur „ganz verwaschene Charaktere" (S. 93, Z. 13) könnten ohne Heimat leben, ohne ins „leere Nichts" (Z. 12) zu kommen. Der Textzusammenhang (er schreibt, man könne von seiner nationalen Herkunft nicht „abstrahieren" (Z. 12)) wie auch die Metaphorik legen nahe, dass für Hüser jemand, der seine Identität nicht über die natürlich-naheliegende Nationalität zu bestimmen versucht, aus überspitzter Intellektualität oder unzureichend starker Heimatliebe heraus handelt. Das Ergebnis ist für Hüser fehlende Bodenhaftung (Z. 14) und letztlich ein leeres Leben. So bedauert Chamisso für Hüser, dass er an den Geschehnissen 1813 „nicht tätigen Anteil nehmen durfte" (S. 94, Z. 4f.). Im Umkehrschluss bedeutet also das Leben mit Heimat, dazuzugehören und mitwirken zu können. Chamisso unterscheidet sich seiner Ansicht nach insofern von solchen „verwaschene[n] Charakteren, als er als starker, eigener Charakter in seinem eigenen, für diesen Charakter unpassenden Vaterland keine Erfüllung finden konnte und sich so eine neue Heimat in Deutschland suchen musste.

Eine auf das Wesentliche verknappte Zusammenfassung von Hüsers Position bietet das folgende Tafelbild:

Hüser: Der Schatten als Heimat und Vaterland

Vaterland und Heimat selbstverständliche Lebensvoraussetzung		Existenz ohne Heimat und Vaterland unnatürlich
tätigen Anteil nehmen am Leben	**Chamisso:** kein Vaterland mehr/noch kein Vaterland → innere Zerrissenheit → „Peter Schlemihls wundersame Geschichte"	fehlende Bodenhaftung, Gefahr eines Lebens im „leeren Nichts"
Existenz mit Schatten		**Existenz ohne Schatten**

Die abschließende Diskussion von Aufgabe 4 von **Arbeitsblatt 11**, S. 72, wird ganz unterschiedliche Aspekte zur Sprache bringen. Deutlich werden wird oft schon durch die Kurszusammensetzung, dass in Zeiten von Europa und Globalisierung eine starre Position wie die Hüsers allein alltagspraktisch nicht durchzuhalten und letztlich inzwischen absurd ist. Trotzdem könnte sicherlich zur Sprache kommen, dass die Zugehörigkeit zu zwei verschiedenen Kulturen nicht nur Möglichkeiten bietet, sondern auch Schwierigkeiten schafft. Da die Diskussion v.a. der Vorbereitung der darauffolgenden Auseinandersetzung mit Hüsers Schlemihl-Lektüre dient, kann sie knapp gehalten werden. Ausbaumöglichkeiten bietet Baustein 7, der sich mit heutigen „Chamisso-Autoren" beschäftigt.

Vor dem Hintergrund seiner Sicht der Nation als naturgegebener Grundlage des Einzelnen wie seiner Lesart Chamissos als singulär widerständigen Charakters entfaltet Hüser seine Interpretation des „Schlemihl":

> ■ *Arbeiten Sie Hüsers Interpretation des „Peter Schlemihl" heraus.*

Sein Vaterland zu verkaufen ist „des Teufels", der einzige Ausweg aus dem dabei entstehenden Zwiespalt ist Rückzug und Einsamkeit. Zusammengefasst stellt er fest, Chamisso habe mit der Situation des schattenlosen Schlemihl seine eigene Situation des „vaterlandslosen Dichters" gestaltet. Zwar gibt auch Hüser einschränkend zu, man könne nicht umstandslos „Schatten" durch „Vaterland" ersetzen (S. 94, Z. 19ff.), schließt aber, dass es Chamisso im Grunde genommen, „nach Abzug der zufälligen Umstände, die ihn [den Helden der Erzählung] umgeben" (Z. 22f.), v.a. um die Darstellung seines Schicksals gegangen sei.

Anschließend diskutieren die Schüler und Schülerinnen Hüsers These. Dabei beziehen sie sich v.a. auf die in Baustein 2 bereits gründlich erarbeiteten Passagen (Kap. I und Teile von Kap. II), können aber auch den ganzen Text für ihre Überlegungen verwenden.

> ■ *Erörtern Sie Hüsers Interpretation des Schattenverkaufs: Was spricht für, was gegen seine Deutung? Konzentrieren Sie sich auf die biografischen Hintergründe und auf Kapitel I sowie den Anfang von Kapitel II (bis S. 20, Z. 21) der Erzählung. Versuchen Sie dann, auch andere Textpassagen einzubeziehen. Belegen Sie die Argumente, die sich direkt auf die Erzählung beziehen, je nach Bedarf in allgemeiner („Kap. II") oder präziser („S. x, Z. y") Form.*

Als Hilfestellung für eine Präsentation der Gruppenergebnisse dient die Vorlage auf **Arbeitsblatt 11,** S. 72, welche die Lernenden auf Folie übertragen, bearbeiten und anschließend präsentieren.

Ein sehr umfänglicher Lösungsvorschlag ist:

Hüser: Schattenverlust = Heimatverlust

Kernthese: Chamisso hat v.a. sein eigenes Schicksal in verallgemeinerter Form gestaltet.

plausibel, weil	nicht plausibel, weil
Biografische Hintergründe: • zwei Heimaten. • Schreibanlass: Zwiespalt zwischen beiden Heimatländern in der zugespitzten Situation der Befreiungskriege • Außenseiterposition Schlemihls = Außenseiterposition Chamissos in Berlin • Rückzug Chamissos nach Kunersdorf = auch Schlemihl muss der menschlichen Gesellschaft immer wieder ausweichen (Kap. II u. a.) • Schlemihl lebt am Ende der Erzählung allein (Kap. X, XI) *Weitere Argumente:* • Schatten und Heimat sind gleichermaßen gegeben und selbstverständlich	*Biografische Hintergründe:* • Warum hat sich Chamisso dann zeitlebens geweigert, diese Deutung zu geben? • Wie erklärt sich der Schattenverkauf? Chamisso hat keine dem Reichtum vergleichbare Gegenleistung erhalten. • Widmungsgedicht: „Den Schatten, der mir angeboren/Ich habe meinen Schatten nie verloren" (S. 11, Z. 4f.) • Auch sonst wird Chamisso öfter dem unglücklichen Schlemihl entgegengesetzt (S. 21, Z. 12ff., S. 63, Z. 22, S. 75, Z. 1 ff.). *Weitere Argumente:* • Wie lässt sich das eigentliche Ziel des Teufels, Schlemihls Seele, deuten, wenn ein wesentlicher Teil unserer Seele die Heimat ist? • Wie passt Schlemihls utopischer Traum allgemeiner Schattenlosigkeit zu der Einsicht in die Notwendigkeit von Heimat? (S. 63, Z. 17 ff.)

Zusammengefasst:
- plausible Deutung des Schattenverlustes, wenig plausible Deutung des Schattenverkaufs
- insgesamt plausible Deutung der biografischen Situation Chamissos

4.3 Schatten = bürgerliche Solidität?

Die Analyse des Deutungsansatzes, welcher den Schattenverlust Schlemihls als Analogie zu Chamissos Situation zwischen zwei Heimatländern liest, hat vor allem zwei Grundschwierigkeiten ergeben: Zum einen wird Schlemihl in der Erzählung immer wieder Chamisso gegenübergestellt, zum anderen lässt sich so der Verkauf des Schattens nicht kohärent interpretieren. Beide Schwierigkeiten haben ihren Grund darin, dass Schlemihl umstandslos als Verkörperung des Autors und seiner Biografie gelesen wird. Deshalb werden nun zwei Ansätze geprüft (**Arbeitsblatt 12**, S. 73, **Arbeitsblatt 13**, S. 74f.), welche textimmanter vorgehen, also die Erzählung eher in ihrer Eigenwelt ernst nehmen und aus den Gegebenheiten der Erzählung selbst eine Deutung des Schattens versuchen. Auch Thomas Manns Ansatz, den Schatten als bürgerliche Solidität zu verstehen (**Arbeitsblatt 12**, S.73), greift allerdings auf Chamissos Biografie zurück. Dies liegt daran, dass er Schlemihls Schicksal mit seinem eigenen Verständnis der Rolle des Künstlers in Verbindung setzt und dabei auch Chamissos Leben als Folie für seine Sicht des Künstlers als „unbürgerlicher" Existenz einsetzt. Darüber hinaus aber bietet auch Manns Ansatz eine Fülle von textimmanenten Interpretationsmöglichkeiten. Zusammengefasst fragt dieser Ansatz danach, was es bedeutet, einen Schatten zu haben. Es lassen sich mit diesem Ansatz eine Vielzahl stimmiger Parallelen im Text finden, Schwierigkeiten wirft aber beispielsweise Manns Fokussierung auf die *bürgerliche* Solidität auf – einen Schatten haben doch alle Menschen, welche „allgemeine Solidität" könnte dann aber gemeint sein? Eine weitere grundlegende Schwierigkeit besteht darin, dass in diesem Ansatz die Rolle des Geldes unklar bleiben muss: Erwirbt nicht Schlemihl gerade durch seinen märchenhaften Reichtum eine wesentliche Grundvoraussetzung für Anerkennung in einer bürgerlichen Gesellschaft?

Wie schon in 4.2 erarbeiten die Schülerinnen und Schüler zuerst die Ansätze, um sie dann schwerpunktmäßig an ausgewählten Kapiteln mit Ausblicken auf den ganzen Text zu überprüfen. Bei Zeitmangel bietet sich eine arbeitsteilige Erarbeitung der beiden Ansätze an, **Arbeitsblatt 12** (S. 73) und **13** (S. 74 f.) sind entsprechend angelegt.

Thomas Manns Lesart (Textausgabe, S. 95 f.) bezieht sich direkt auf Chamissos Vorwort zur französischen Ausgabe aus dem Jahre 1838 (vgl. **Zusatzmaterial 1**, S. 139). Chamisso belustigt sich hier erst über die verschiedenen Versuche, den Schatten zu deuten, verweist darauf, dass er selbst doch auch nicht Bescheid wisse, gibt dann aber vor, sich erst auf die vielen Anfragen hin wissenschaftlich mit dem Schatten beschäftigt zu haben. Dabei sei herausgekommen, dass der Schatten „etwas Wirkliches" sei (Z. 21) : „Es ist also das Wirkliche, von dem in der wundersamen Geschichte Peter Schlemihls die Rede ist. Die Finanzwissenschaft belehrt uns hinreichend über die Bedeutung des Geldes, die des Schattens hingegen ist weniger allgemein anerkannt. Meinen unvorsichtigen Freund hat es heftig nach dem Gelde gelüstet, dessen Wert er kannte, und er hat nicht an das Solide gedacht. Er wünscht, dass wir von der Lektion, die er teuer bezahlt hat, profitieren, und seine Erfahrung ruft uns zu: Denkt an das Solide[1]." Von der Wortbedeutung ausgehend bestimmt Mann das „Solide" als „menschliche[...] Standfestigkeit" und „bürgerliche[s] Schwergewicht" (S. 95, Z. 3) und spezifiziert es als „regelrechte Laufbahn", „regelrechte Zukunft" (Z. 10 f.), zusammengefasst als das, „was man zu verehren habe, wenn man unter den Menschen leben wolle" (S. 96, Z. 19 f.). Dabei interpretiert er den Schatten über die biografischen Erfahrungen des Künstlers Chamisso, der eben dieses bürgerliche Schwergewicht bis zur Entstehung des Schlemihl schmerzlich vermisst habe. Da den Schülerinnen und Schülern die biografischen Hintergründe für eine Einschätzung fehlen, konzentrieren sich die Aufgaben auf die verallgemeinerte Übertragung von Manns Lesart. Zur Erabeitung von Thomas Manns Verständnis der bügerlichen Existenz wird der kleine, ironische Text von Robert Walser hinzugezogen (s. Textausgabe, S. 97), demzufolge der Schatten gerade dadurch, dass ihn jeder hat, das beruhigende Gefühl vermitteln kann, normal zu sein: „Durchschnittlich zu sein, muss jeden Vernunftbegabten beglücken" (S. 97, Z. 11 f.).

■ *Beschreiben Sie anhand der beiden Texte von Thomas Mann und Robert Walser die Gegensätze zwischen bürgerlicher und nicht bürgerlicher Existenz.*

Thomas Mann: Bürgerlichkeit wird mit „Solidität" gleichgesetzt, diese mit „Standfestigkeit" (S. 95, Z. 3) und „Schwergewicht [...]" (S. 95, Z. 3). Man darf annehmen, dass das, was Cha-

---

[1] Im französischen Originaltext: „songez au solide". Im Lat. bedeutet „solidus" als Adjektiv „dicht", „fest", „gediegen", „wesentlich", als Substantiv bezeichnet es „Kapital" bzw. eine Goldmünze.

misso Manns Ansicht nach vermisste, für bürgerlich gelten soll: Schulbildung, „Stand und Geschäft", „Laufbahn" und „regelrechte Zukunft", sich „auszuweisen" zu vermögen (alle S. 95, Z. 7 – 11). All das läuft in der Verehrung des Geldes zusammen (S. 96, Z. 19 f.).
Dem gegenüber stehen „wunde[s] Ichgefühl" (S. 95, Z. 12), Chamissos Fähigkeit, überall heimisch werden zu können (S. 96, Z. 6), die ausführlich dargestellten Zweifel an der eigenen Identität (S. 96, Z. 11 – 16).
Zusammenfassend unterscheidet Mann zwischen Bürgern (Philistern) und unbürgerlichen (Künstler-)Existenzen, die sich allenfalls durch Ironie zu schützen vermögen.

Robert Walser: Die Einschränkungen zu Beginn des Textes skizzieren unbürgerliche Aspekte: unangestrengt zu sein, Erwartungen zu enttäuschen, Ansprüchen nicht zu genügen. Demgegenüber lässt sich alles, was mit dem Schatten verbunden ist, auf den knappen Nenner „normal" und „[d]urchschnittlich" sein (S. 97, Z. 11) bringen. Auffällig ist auch, dass das vielfältig ausdeutbare „im Leben siegen" und der Begriff „Genie" dem Begriff des „ehrlichen" Schattens gegenübergestellt werden. Zusammenfassend verbindet Walser offensichtlich mit dem Begriff des Bürgerlichen alles, was redlich und durchschnittlich ist.

■ *Arbeiten Sie Thomas Manns Interpretation des „Peter Schlemihl" heraus. Ziehen Sie die Informationen zu Chamissos Leben (Textausgabe S 77 – 80) hinzu.*

- Der Schatten steht für das, was man braucht, um innerhalb einer bestimmten Gesellschaft als vollgültiges Gesellschaftsmitglied angesehen zu werden (S. 96, Z. 17 ff.).
- Denen, die integriert sind, stehen als Schattenlose die *Außenseiter* gegenüber. Mann zählt folgende Gründe auf, warum jemand zum Außenseiter werden kann: Herkunft aus einem fremden Land, fehlende berufliche Perspektiven und materielle Grundlagen (S. 95, Z. 11 ff.).
- Er fasst all das in den Begriffen „Unbestimmtheit" und „Unwirklichkeit" zusammen, die für ihn Chamissos wie auch Schlemihls Lebensgefühl charakterisieren (S. 96, Z. 13 ff.).

Eine knappe Zusammenfassung der Ergebnisse bietet das folgende Tafelbild, das als Grundlage für die sich anschließende Erörterung dienen kann. Bei arbeitsteiliger Erarbeitung werden beide Ansätze im Plenum an der Tafel gesichert (zum zweiten Ansatz (Schatten = äußere Ehre) s. Tafelbild, S. 65).

Thomas Mann, Robert Walser: Der Schatten als bürgerliche Solidität

bürgerliche Existenz		unbürgerliche Existenz
– Zugehörigkeit zur Gesellschaft		– Außenseiterstatus
– gefestigte Existenz durch • Laufbahn und Zukunft • gesellschaftlichen Stand • Wohlstand	Hohn und Verachtung →	– „wundes Ich-Gefühl" durch • unklare gesellschaftliche Position
– beruhigende Normalität und Durchschnittlichkeit		– hohe Ziele („im Leben siegen", „Genie sein")
Existenz mit Schatten		**Existenz ohne Schatten**

Anschließend bearbeiten die Schülerinnen und Schüler in Einzelarbeit den folgenden Arbeitsauftrag und lesen dazu die entsprechenden Textpassagen noch einmal.

> ■ *Erörtern Sie Thomas Manns Interpretation: Was spricht für, was gegen seine Deutung?*
> *Konzentrieren Sie sich in Ihren Überlegungen v.a. auf die folgenden Ausschnitte: aus „Peter Schlemihls wundersame Geschichte": S. 22, Z.16 – S. 23, Z. 8, S. 51, Z. 12 – S. 52, Z. 32, S. 55, Z. 21 – S. 57, Z. 16. Suchen Sie dann weitere Argumente anhand der ganzen Erzählung.*

In Gruppenarbeit vergleichen und diskutieren die Schülerinnen und Schüler ihre Ergebnisse und bereiten eine Präsentation (beispielsweise auf Folie oder einem für alle kopierten Arbeitsblatt) vor:

> ■ *Tauschen Sie sich über Ihre Ergebnisse aus. Übertragen Sie dann die Resultate in eine Grafik, die sich an der folgenden Vorlage orientiert.*

Beispielsweise sind folgende Ergebnisse denkbar:

Thomas Mann: Schatten = bürgerliche Solidität

plausibel, weil	nicht plausibel, weil
Stimmige Parallelen im Text: • besonders Männer mit breitem Schatten verachten Schlemihl (S. 22, Z. 33 f.) • Vorwurf von Minas Vater, sie getäuscht und „heruntergebracht" zu haben (S. 42, Z. 14) • Schlemihl ohne Schatten für Vater keine geeignete Partie, sondern „Abenteurer" (S. 51, Z. 22) • bürgerliche Existenz (Schatten) ist etwas anderes als menschliche Existenz (Seele) (Kap. V) • Polizei weist den schattenlosen Schlemihl als „verdächtig" aus der Stadt (S. 56, Z. 12 ff.) **Weitere Argumente:** • Schlemihls Außenseiterposition ist durchgängiges Thema der Erzählung • Schlemihl auch am Ende nicht in die bürgerliche Gesellschaft integriert	• Besitzt man bürgerliche Solidität (wie Schatten) von Geburt an oder muss/kann man sie sich erarbeiten? • Rolle des Geldes unklar: Schlemihl erwirbt doch z.T. Sozialprestige? Gleichzeitig hat er am Anfang, ohne gesellschaftliche Anerkennung, einen „prächtigen Schatten"? • Warum „bürgerliche" Solidität? Einen Schatten haben doch alle Menschen?
Zusammengefasst: • in vielem plausible Deutung von Schlemihls Außenseiter-Sein, keine plausible Deutung seines Außenseiter-Werdens	

4.4 Schatten = „äußere Ehre"?

Im Gegensatz zu Thomas Manns Deutung verzichten die auf **Arbeitsblatt 13,** S. 74 f., vorgestellten Ansätze vollständig auf die Einbeziehung von Chamissos Biografie. Peter Tepe und Tanja Semlow haben in den letzten Jahren Forschungsberichte zur Deutung des Schattenmotivs in der Erzählung „Peter Schlemihls wundersame Geschichte" vorgelegt, die verschiedene Deutungsansätze nach der Methode der kognitiven Hermeneutik auf Interpretationskonflikte hin untersuchen (s. Literaturliste, S. 156). Für ziemlich überzeugend halten sie den Ansatz, den Schattenverlust als Verlust der „äußeren Ehre" zu interpretieren, wie er erstmals von Julius Schapler in seiner Dissertation 1893 vertreten wurde. Traditionell wird der Ehrbegriff als doppelter verstanden. Der „äußeren Ehre", bei der es um das Ansehen in der Gesellschaft, den guten Ruf, die äußere Integrität also geht, wird die „innere Ehre", also das eigene Selbstbewusstsein, etwas zu taugen, die innere Integrität der eigenen Persönlichkeit, gegenübergestellt. Diesem Ansatz zufolge versucht der graue Mann, Schlemihls innere Ehre zu zerstören (seine Seele zu bekommen), indem er Schlemihl seine äußere Ehre (den Schatten) verlieren lässt. Das teuflische Angebot besteht darin, die äußere Ehre wiederherzustellen, wenn Schlemihl (wie der in der Gesellschaft hoch geachtete Thomas John) seine innere Ehre preisgibt. Mit diesem Ansatz lässt sich die in den beiden anderen Ansätzen nicht erklärbare Rolle des Geldes integrieren: Schlemihl hat demzufolge seinen Reichtum unehrenhaft erworben und wird deshalb trotz seines Reichtums aus der Gesellschaft ausgegrenzt, wenn sein Ehrverlust (seine Schattenlosigkeit) offenkundig wird. Für diese Lesart lassen sich eine Vielzahl von passenden Textbelegen finden und auch Schlemihl selbst spricht ja mehrfach von seiner „Schuld" (S. 56, Z. 32 f., S. 67, Z. 11 f.).
Ein Nachteil des Ansatzes besteht möglicherweise darin, dass er die spezifischen Entstehungsbedingungen von Chamissos Erzählung, da er auf die Einbeziehung der textexternen biografischen Entstehungsbedingungen verzichtet, nicht berücksichtigen kann.

Die Lernenden erschließen sich den zugrunde liegenden doppelten Ehrbegriff mithilfe eines Textauszuges von Harald Weinrich (**Arbeitsblatt 13**, S. 74 f.).

■ *Arbeiten Sie die Grundzüge des Begriffs „äußere Ehre" aus dem Text des Literaturwissenschaftlers Harald Weinrich heraus und suchen Sie eigene Beispiele für Ehrverlust. Überlegen Sie dann, was der Begriff „innere Ehre" bedeuten könnte.*

- Man hat den individuellen und den sozialen Wert der Ehre unterschieden. Dem äußeren Wert entspricht die Anerkennung der Öffentlichkeit, dass man 'etwas taugt', „unabhängig vom tatsächlichen Wert der Person" (Z. 7).
- Die Ehre als selbstverständliche gesellschaftliche Voraussetzung wird erst spürbar, wenn man sie verliert. Der Ehrverlust stößt aus der Gesellschaft aus: „Ehre verloren, alles verloren" (Z. 17).

Beispiele für Ehrverlust können z. B. sein: Steuerbetrug, sexuelle Fehltritte, Meineide usw. Öffentliche jüngere Beispiele sind etwa die Steueraffäre um Uli Hoeneß, die Kinderpornografie-Affäre um Sebastian Edathy, die Affäre um angebliche unrechtmäßige Zuwendungen an den ehemaligen Bundespräsidenten Christian Wulff: Jeder dieser Fälle führte zu einer breiten öffentlichen Diskussion und zum Ausschluss aus den jeweiligen gesellschaftlichen Zusammenhängen, die in diesen Fällen mit einer Funktion verbunden waren.
Die individuelle, „innere Ehre" ist demgegenüber gewissermaßen der gute Ruf, den man sich selbst gegenüber genießt, sie könnte beispielsweise als gutes Gewissen, persönliche Integrität, Selbstachtung oder mit Weinrich als „tatsächliche[r] Wert der Person" (Z. 7) gefasst werden.

■ *Erarbeiten Sie die Interpretation von Tepe/Semlow und Schapler in Bezug auf das Schattenmotiv (s. Textausgabe, S. 98–100).*

Beispielsweise sind folgende Ergebnisse denkbar:

- Weder Tepe/Semlow noch Schapler nehmen Bezug auf die Biografie Chamissos. Sie argumentieren allein textimmanent.
- Der Schatten steht für den „guten Ruf" (S. 98, Z. 6 f.) bzw. die „äußere Ehre" (S. 99, Z. 10), der Verlust des Schattens für den Verlust des „primären Ruf[s] der Unbescholtenheit" (S. 98, Z. 8).
- Das Vergehen Schlemihls ist in strafrechtlicher wie auch „sittlicher" Hinsicht unbedeutend (S. 99, Z. 7 ff.).
- Im Unterschied zu Thomas John hat Schlemihl nur die äußere, nicht die innere Ehre preisgegeben. Es kostet ein „Aufgebot äußerster Willenskraft" (S. 100, Z. 9), die innere Ehre zu retten.

Eine knappe Zusammenfassung der Ergebnisse bietet das folgende Tafelbild, das als Grundlage für die anschließende Erörterung dienen kann. Bei arbeitsteiliger Erarbeitung werden beide Ansätze im Plenum an der Tafel gesichert (zum anderen Ansatz s. Tafelbild, S. 62).

Tepe/Semlow/Schapler: Schatten als äußere Ehre

Verlust der äußeren Ehre Verlust der unabdingbaren Voraussetzung für soziale Anerkennung („Ehre verloren, alles verloren")	Verlust der inneren Ehre Verlust der unabdingbaren Voraussetzung für Selbstachtung und persönliche Integrität	
✓	–	Peter Schlemihl
–	✓	Thomas John
Verlust des Schattens	Verlust der Seele	

Anschließend bearbeiten die Schülerinnen und Schüler in Einzelarbeit den folgenden Arbeitsauftrag:

■ *Erörtern Sie diese Deutung. Was spricht dafür, was dagegen? Konzentrieren Sie sich in Ihren Überlegungen auf S. 43, Z. 13 – S. 44, Z. 32, S. 52, Z. 29 – S. 54, Z. 18 und S. 59, Z. 14 – S. 60, Z. 32. Suchen Sie dann weitere Argumente anhand der ganzen Erzählung.*

In Gruppenarbeit vergleichen und diskutieren die Schülerinnen und Schüler ihre Ergebnisse aus Aufgabe 3 von **Arbeitsblatt 13**, S. 74 f., und bereiten eine Präsentation (beispielsweise auf Folie oder einem für alle kopierten Arbeitsblatt) vor:

■ *Tauschen Sie sich über Ihre Ergebnisse aus. Übertragen Sie dann die Resultate in eine Grafik, die sich an der folgenden Vorlage orientiert.*

Schapler/Tepe/Semlow: Schattenverlust als verlorene „äußere Ehre"	
plausibel, weil	nicht plausibel, weil
Stimmige Parallelen in den Textauszügen: • Schlemihl misst Seele mehr Wert bei als Schatten (S. 44, Z. 19 f.) • nur äußere Ehre zeigt sich (wie Schatten) in der äußeren Wirklichkeit (S. 44, Z. 24 ff.) • Schlemihl spricht von einem „übereilten Fehltritt" und einem „Fluch" (S. 53, Z. 16) • als er wieder einen Schatten hat, begegnet ihm die Welt mit Ehrerbietung (S. 59, Z. 21 f., S. 60, Z. 11 f.) *Weitere Argumente:* • Schatten und äußere Ehre hat jeder Mensch von Geburt an • äußere Ehre und Schatten beziehen Wert allein aus Bedeutsamkeit, die andere ihnen beimessen • Schlemihl am Anfang ohne bürgerliche Reputation; erst mit Verkauf des Schattens Objekt von offenem Spott, Herablassung, Beleidigung und Unverständnis • Ablehnung nur, wenn seine Schattenlosigkeit offenbar wird • der Verkauf des Schattens könnte auch als unehrenhaft erworbener Reichtum gedeutet werden	• für biografische Deutungen (Chamissos Situation 1813) wenig stimmig
Zusammengefasst: • plausible Deutung von Schattenverlust und Schattenverkauf, wenig plausible Deutung bei dem Versuch, den Text biografisch zu lesen	

4.5 Den Schatten deuten – Zusammenfassung

Als Zusammenfassung werden zwei verschiedene Varianten angeboten. In der ersten Variante beschäftigen sich die Lernenden analytisch mit drei weiteren Textausschnitten, in der zweiten setzen sie ihre Ergebnisse in einem produktiven Schreibauftrag um.

Variante 1

In einer kurzen Zusammenfassung beschäftigen sich die Lernenden mit drei weiteren interessanten kurzen Textstellen, die aller Voraussicht nach in der bisherigen Diskussion keine

Rolle gespielt haben dürften. Die Textausschnitte geben durchaus unterschiedliche Deutungsmöglichkeiten her, dabei dürfte wohl auch hier der Schatten am plausibelsten als „äußere Ehre" zu deuten sein. Allerdings wirft v.a. der zweite Textausschnitt einige Schwierigkeiten auf.

In Textausschnitt (1) (S. 35, Z. 21 – 30) geht es um einen Geschäftsmann, der sich durch betrügerischen Bankrott bereichert hat. Er möchte mit Schlemihls Reichtum wetteifern, zieht aber schließlich gegenüber dessen unbegrenzten finanziellen Möglichkeiten den Kürzeren.

In Textausschnitt (2) (S. 26, Z. 8 – S. 27, Z. 3) wird erzählt, wie Schlemihl einen berühmten Maler bestellt, damit dieser ihm einen Schatten malen soll. Auf dessen Rückfrage, wie er denn um seinen Schatten gekommen sei, erfindet Schlemihl eine Münchhausen-Geschichte: Der Schatten sei ihm in Russland abhandengekommen, da er in der grimmigen Kälte angefroren sei. Daraufhin lehnt der Maler das Ansinnen mit der Begründung ab, dass seine malerischen Fähigkeiten für jemand, der so unachtsam mit seinem Schatten umgehe, nicht hinreichten.

In Textausschnitt (3) (S. 27, Z. 4 – Z. 35) erfährt der Leser oder die Leserin, dass Schlemihl seinem treuen Diener Bendel seine Schattenlosigkeit gesteht. Dieser ist entsetzt, verspricht aber, „recht, und nicht klug" zu handeln (S. 27, Z. 30) und Schlemihl zu unterstützen.

Die Schülerinnen und Schüler bearbeiten den folgenden Arbeitsauftrag. Bei Zeitmangel bietet sich eine arbeitsteilige Erarbeitung an:

> ■ *Analysieren Sie das Schattenmotiv in den drei folgenden Ausschnitten vor dem Hintergrund der verschiedenen Deutungsansätze, mit denen Sie sich beschäftigt haben. Welche Deutungsansätze führen hier am ehesten zu plausiblen und widerspruchsfreien Ergebnissen?*
> *1. S. 35, Z. 21 – 30*
> *2. S. 26, Z. 8 – S. 27, Z. 3*
> *3. S. 27, Z. 4 – Z. 35*

Lösungshinweise:

Der Einfachheit halber werden die Deutungsansätze mit Buchstaben versehen:
(A): Schatten = Vaterland und Heimat
(B): Schatten = bürgerliche Solidität
(C): Schatten = „äußere Ehre"

(1): Der Handelsmann hat sich zwar legal verhalten, aber mit seinem Betrug doch gegen bürgerliche Moralvorstellungen verstoßen. Demzufolge lässt sich die Tatsache, dass er zwar einen „breiten, obgleich etwas blassen Schatten" (S. 35, Z. 23) wirft, schlüssig mit (B) und (C) deuten: Noch hat er seine Solidität und seine „äußere Ehre" nicht vollständig verloren, aber doch von beidem ein wenig eingebüßt.

(2) Schlemihls Versuch, einen Maler zu beauftragen, ihm einen Schatten zu malen, ist zugleich der Versuch, einen künstlichen Schattenersatz zu erlangen. Die technische Rückfrage des Malers, ob Schlemihl einen klar konturierten „Schlagschatten" meine, lässt sich so deuten, dass die technischen Möglichkeiten, einen künstlichen Schatten herzustellen, stark eingeschränkt sind. Deutungen dieses künstlichen Schattenersatzes stoßen in allen drei Ansätzen auf Schwierigkeiten: Was sollte denn nach (A) ein Vaterlandsersatz, was nach (B) der Ersatz für bürgerliche Solidität und was nach (C) ein Ersatz für „äußere Ehre" sein können? Insofern bestätigt diese Textstelle ex negativo alle drei Deutungsansätze: So wie es in der Erzählwelt nicht denkbar ist, einen künstlichen Schattenersatz malerisch herzustellen, ist es auch in der wirklichen Welt, auf welche die drei Deutungsansätze verweisen, nicht möglich,

einen künstlichen Ersatz für die drei Gegenstücke des Schattens herzustellen. Auch wenn Schlemihls Geschichte, wie er seinen Schatten verloren habe, von dem Maler nicht rundherum bezweifelt wird, ist diese doch auch in der Erzählwelt so unwahrscheinlich, dass sie offensichtlich erfunden ist. Demzufolge reagiert der Maler ablehnend und rät, seinen Schattenverlust zu verbergen. Auch dieser Ratschlag lässt sich mit allen drei Deutungsvarianten plausibel erklären, beispielsweise: Er sollte nicht über seine Ehrverfehlung sprechen (C), seine fehlende Solidität (B) oder sein Fremder-Sein (A) geheim halten.

(3) Bendel reagiert auf die Nachricht, dass sein Herr über keinen Schatten verfügt, mit offenkundigem Entsetzen, gleichzeitig aber voller Mitleid. Dieses Mitleid lässt sich v.a. mit (B) und (C), vielleicht aber auch mit (A) in Deckung bringen (wenn nämlich Bendel fest davon ausgeht, dass kein Vaterland zu haben einen tiefgreifenden Mangel darstellt). Plausibler sind allerdings auch hier die Variante (B) und (C), da er als Diener eines Herren ohne bürgerlichen Stand (B) um seine Anstellung fürchten muss und als Diener eines Herren ohne äußere Ehre (C) mit dessen Ehrlosigkeit in Verbindung gebracht werden könnte. Dass er sich dafür entscheidet, bei seinem Herrn zu bleiben, ja ihn tatkräftig zu unterstützen, weist auf seinen eigenen Ehrbegriff hin und ist v.a. mit Ansatz (C) plausibel zu erklären: „[I]ch werde", sagt er, „recht, und nicht klug handeln, ich werde bei Ihnen bleiben, Ihnen meinen Schatten borgen" (S. 27, Z. 30 f.): Auch Bendel unterscheidet offensichtlich zwischen der „äußeren Ehre", der entsprechend zu handeln klug ist, weil es einem dann in der Welt besser geht, und der „inneren Ehre", derzufolge es unmoralisch ist, jemand, der in große Not geraten ist, zu verlassen. Dass Bendel später mit dem ihm von Schlemihl überlassenen Geld das „Schlemihlium" gründen wird, um sich damit in treuem Angedenken an seinen ehemaligen Herren um Kranke und Obdachlose zu kümmern (vgl. Kapitel XI, S. 72, Z. 21), unterstützt vielleicht eher eine Deutung seines Mitgefühls durch (B), da er sich hier v.a. um Menschen kümmert, die ihre bürgerliche Solidität verloren haben. In der hier behandelten Szene allerdings ist in Bezug auf (B) zu fragen, wie denn ein Diener, und damit jemand ohne besonderes bürgerliches Ansehen, mit seinem kleinen Schatten seinem Herren helfen kann. Mit (C) hingegen lässt sich dieses Hilfsangebot plausibel in Verbindung bringen: Auch wenn alle Welt sich von Schlemihl, der seine „äußere Ehre" verloren hat, abwendet, hält sein Diener doch treu zu ihm und gibt ihm damit ein Stück seiner „äußeren Ehre" zurück.

Variante 2

Der folgende Schreibauftrag bietet sich (vielleicht auch fakultativ) für eine Bearbeitung in einer längerfristigen Hausaufgabe an. Sinnvoll ist aber, dass die Schülerinnen und Schüler ihre ersten Einfälle im Unterricht in Gruppen austauschen und anreichern.
Zu Beginn von Kapitel VII spricht Schlemihl Chamisso an und reflektiert sein Unglück. Vorher ist er Zeuge der Verlobung von Mina mit Rascal geworden, der Graue bedrängt ihn, ihm nun endlich seine Seele zu vermachen, um zu retten, was noch zu retten ist. Hier heißt es:

„Lieber Freund, wer leichtsinnig nur den Fuß aus der geraden Straße setzt, der wird unversehens in andere Pfade abgeführt, die abwärts und immer abwärts ihn ziehen; er sieht umsonst die Leitsterne am Himmel schimmern, ihm bleibt keine Wahl, er muss unaufhaltsam den Abhang hinab, und sich selbst der Nemesis opfern" (S. 53, Z. 11 ff.).

Diese Textstelle bietet sich für einen produktiven Schreibauftrag an, der die Handlung ins Heute verlegt und die Schüler auffordert, ihre Kenntnisse eines der drei Deutungsansätze zu aktivieren:

■ *Lesen Sie S. 53, Z. 11 – 16. Machen Sie sich die aktuellen Umstände klar, von denen Schlemihl hier spricht. Schreiben Sie dann einen Brief eines heutigen Peter Schlemihl an einen Freund/eine Freundin, in dem dieser in einer ähnlich verhängnisvollen Situation nachdenklich davon erzählt, wie er entweder (a) seine Heimat/sein Vaterland, (b) seine bürgerliche Solidität oder (c) seine äußere Ehre eingebüßt hat. Übertragen Sie dafür Ihnen passend erscheinende Handlungselemente aus „Peter Schlemihls wundersame Geschichte" in die heutige Zeit (z. B.: Ein Finanzjongleur hat einen Finanzcrash hervorgerufen und verliert deshalb seine Geliebte usw.).*

Notizen

Besonderheiten des Schattenmotivs

- Auch wenn es dem Teufel eigentlich um Schlemihls Seele geht, hat er es erst einmal auf Schlemihls Schatten abgesehen. Versetzen Sie sich in die Rolle des Autors Chamisso: Auf was alles hätte es der Graue theoretisch noch abgesehen haben können? Sehkraft, Gesicht, Lachen, Empathiefähigkeit, ... – sammeln Sie eigene Ideen.

- Wie schwerwiegend würde Sie der Verlust dieser Dinge in Ihren Handlungsmöglichkeiten einschränken? Verwenden Sie für Ihre Überlegungen die folgende Tabelle. Überlegen Sie auch, wie schwerwiegend für Sie der Verlust Ihres Schattens wäre.

- Wie schwerwiegend ist der Verlust des Schattens für Schlemihl in Chamissos Erzählung? Tragen Sie „Schlemihls Schatten" in die Tabelle ein und vergleichen Sie die Konsequenzen des Schattenverlustes mit Ihren sonstigen Einträgen: Was fällt auf?

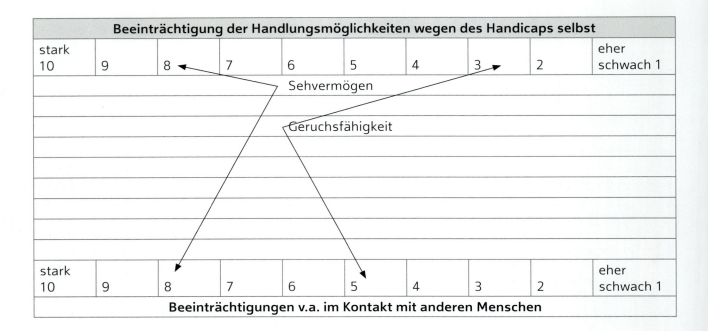

„Was nun aber der Schatten bedeutet …"

Günter de Bruyn: Ein schier unendliches Arbeitsfeld

Was nun aber der Schatten bedeutet, um dessen Verlust sich hier alles dreht, lässt der Text in der Schwebe, und der Leser, den Schlemihls Schicksal persönlich etwas anzugehen scheint, aber nicht weiß warum, wird bei Fachleuten nachzuschlagen versuchen und dabei auch auf den Titel „Bibliotheca Schlemihliana" stoßen, der schon den riesigen Umfang des über die kurze Novelle Geschriebenen erahnen lässt. Denn nicht nur die Liebhaber der Literatur sind seit fast[1] zweihundert Jahren von dieser märchenhaften und doch dem Leben so nahen Geschichte begeistert, sondern auch jene, die Literatur beruflich analysieren, unterrichten und interpretieren, weil sie hier ein schier unendliches Arbeitsfeld finden, das sich von jeder Generation und jeder Denkrichtung her neu bearbeiten lässt. Haben die Zeitgenossen Chamissos vor allem versucht, herauszufinden, nach welchen realen Personen die fiktiven gezeichnet wurden, so hat man sich später vorwiegend an die Frage nach der Bedeutung des Schattens gehalten und, je nach Denkrichtung, sehr unterschiedlich beantwortet, immer mit dem, das einem selbst am wichtigsten schien. Da ist bei dem einen Ausleger mit dem Schatten das Vaterland, bei anderen die bürgerliche Solidität, das gute Gewissen oder gar das individuelle Unbewusste verloren, und bei allen diesen politischen, philosophischen, moralischen, soziologischen

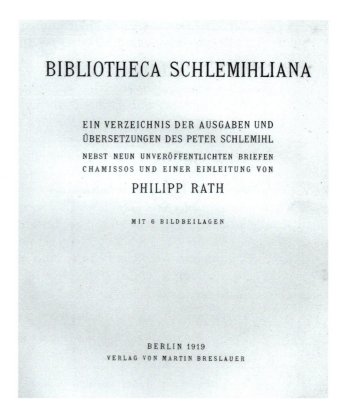

oder psychologischen Auslegungen wird, wie üblich, der Autor gar nicht gefragt. Dieser aber hat immer, und er lebte noch lange, bis 1838 nämlich, jede Absicht, Moral oder Lehrhaftigkeit der Geschichte geleugnet und die Zufälligkeit ihrer Entstehung betont.

Günter de Bruyn: Die Zeit der schweren Not. Frankfurt/M.: S. Fischer 2010, S. 292 f.

[1] De Bruyns Text erschien 2010.

> ■ Sammeln Sie alle Interpretationsansätze für die Bedeutung des Schattens, die im Text genannt werden. Welcher dieser Ansätze leuchtet Ihnen am meisten ein? Geben Sie eine knappe Begründung.

Deutungsansatz Schatten = Heimat

1. Lesen Sie die Chamisso-Biografie in der Textausgabe (S. 77–80): Welche Deutung des Schattenmotivs wird hier vorgeschlagen? Wie wird diese Deutung anhand der Biografie plausibilisiert?

2. Inwiefern spiegelt sich dieser behauptete „Zwiespalt" in der Entstehung von „Peter Schlemihls wundersame Geschichte", wie sie Günter de Bruyn in seinem Text „Chamisso 1813" darstellt (Textausgabe, S. 84 f.)?

Die These, dass der Schattenverlust in der Erzählug „Peter Schlemihls wundersame Geschichte" den Verlust des Vaterlandes symbolisiert, ist die berühmteste Deutungsvariante. Im Folgenden diskutieren Sie diesen Ansatz, indem Sie sich vor dem Hintergrund dessen, was Sie über Chamissos Lebenshintergründe erarbeitet haben, mit Auszügen aus einer Schrift des Deutschlehrers Hüser aus dem Jahre 1847 auseinandersetzen. Die dazugehörigen Textauszüge finden Sie in der Textausgabe auf S. 93 f.

3. Erläutern Sie Hüsers These, dass es „unmöglich" (S. 93, Z. 9) sei, Heimat und Vaterland aufzugeben, ohne in das „leere Nichts" zu kommen (Z. 12). Wie schätzt er Chamisso in diesem Zusammenhang ein?

4. Die Zeiten haben sich seit 1847 geändert. Sammeln Sie von Ihrer heutigen Position aus Argumente für und gegen Hüsers allgemeine Überlegungen zur Bedeutung der nationalen Herkunft.

5. Arbeiten Sie Hüsers Interpretation des „Peter Schlemihl" heraus.

6. Erörtern Sie Hüsers Interpretation des Schattenverkaufs: Was spricht für, was gegen seine Deutung? Konzentrieren Sie sich auf die biografischen Hintergründe und auf Kapitel I sowie den Anfang von Kapitel II (bis S. 20, Z. 21) der Erzählung. Versuchen Sie dann, auch andere Textpassagen einzubeziehen. Belegen Sie die Argumente, die sich direkt auf die Erzählung beziehen, je nach Möglichkeit in allgemeiner („Kap. II") oder präziser („S. x, Z. y") Form.

Hüser: Schattenverlust = Heimatverlust	
Kernthese: …	
plausibel, weil	nicht plausibel, weil
Biografische Hintergründe: • Rückzug Chamissos nach Kunersdorf – zunehmender Rückzug Schlemihls (Kap. II) • … **Weitere Argumente:** • …	**Biografische Hintergründe:** • Widmungsgedicht: „Den Schatten, der mir angeboren/Ich habe meinen Schatten nie verloren" (S. 11, Z. 4 f.) • … **Weitere Argumente:** • Wie lässt sich das eigentliche Ziel des Teufels, Schlemihls Seele, deuten, wenn ein wesentlicher Teil unserer Seele die Heimat ist?
Zusammengefasst:	

Deutungsansatz Schatten = bürgerliche Existenz

Gerade Schriftstellerkollegen wie Thomas Mann und Robert Walser betonen das „unbürgerliche" Element des schattenlosen Schlemihl. Die entsprechenden Texte finden Sie in der Textausgabe auf S. 95 – 97.

Einzelarbeit (1)

1. Beschreiben Sie anhand der beiden Texte von Thomas Mann und Robert Walser die Gegensätze zwischen bürgerlicher und nicht bürgerlicher Existenz.

2. Arbeiten Sie Thomas Manns Interpretation des „Peter Schlemihl" heraus. Ziehen Sie die Informationen zu Chamissos Leben (Textausgabe, S. 77 – 80) hinzu.

Einzelarbeit (2)

3. Erörtern Sie Thomas Manns Interpretation: Was spricht für, was gegen seine Deutung? Konzentrieren Sie sich in Ihren Überlegungen v.a. auf die folgenden Ausschnitte S. 22, Z. 16 – S. 23, Z.11, S. 51, Z. 12 – S. 52, Z. 32, S. 55, Z. 21 – S. 57, Z. 16 aus „Peter Schlemihl". Suchen Sie dann weitere Argumente anhand der ganzen Erzählung.

Gruppenarbeit

4. Tauschen Sie sich über Ihre Ergebnisse aus. Übertragen Sie dann die Resultate in eine Grafik, die sich an der folgenden Vorlage orientiert.

Thomas Mann: Schatten = bürgerliche Solidität	
plausibel, weil	**nicht plausibel, weil**
Stimmige Parallelen in den Textauszügen: • … • … **Weitere Argumente:** • Schlemihls Außenseiterposition ist ein durchgängiges Thema der Erzählung • …	• Besitzt man die bürgerliche Solidität (wie den Schatten) von Geburt an oder muss/kann man sie sich nicht manchmal auch erarbeiten? • … • …

Zusammengefasst:

• …

• …

Deutungsansatz Schatten = Ehre

„Ehre" ist ein Begriff, der sich nicht von selbst versteht. Deshalb lernen Sie vorbereitend einige Aspekte dieses Begriffs kennen. Anschließend beschäftigen Sie sich mit Deutungen des Schattenmotivs in Zusammenhang mit dem Ehrbegriff. Die entsprechenden Texte finden Sie in der Textausgabe auf S. 98–100.

Einzelarbeit (1)

1. *Arbeiten Sie die Grundzüge des Begriffs „äußere Ehre" aus dem Text des Literaturwissenschaftlers Harald Weinrich heraus und suchen Sie eigene Beispiele für Ehrverlust. Überlegen Sie dann, was der Begriff „innere Ehre" bedeuten könnte.*

Harald Weinrich: Über Ehre

Die Philosophen, die als Erste über die Ehre nachdachten (Aristoteles, Thomas von Aquin), stellten sie sich als einen zugleich individuellen und sozialen Wert vor. Es sollte bei dem, der etwas taugt, auch die Öffentlichkeit davon überzeugt sein, dass er etwas taugt. So definierten sie die Ehre als „Lohn der Tugend". Die spanischen Dramatiker dann, die mehr als alle anderen die Ehre
5 zu ihrer Sache gemacht haben, verstanden die Ehre anders. Sie sahen […] in der Ehre oder dem Ehrenpunkt […] vorwiegend oder ausschließlich einen sozialen Wert. Ehre war ihnen die soziale Billigung der Umwelt, unabhängig vom tatsächlichen Wert einer Person. Erst dieser konsequente Schritt hin zu dem, was man heute gelegentlich die „äußere Ehre" nennt, erlaubte die Ausbildung des Ehrenkodex in jener rigorosen Form, wie er dann von den anderen europäischen Nationen
10 rezipiert worden ist.
[…] Die Ehre, die man hat, macht sich […] nicht besonders bemerkbar; sie ist da wie das Licht oder die Sonne – so die beliebtesten Bilder für die Ehre –, und man erfreut sich ihres Glanzes mit Selbstverständlichkeit. Erst im Verlust zieht die Ehre die öffentliche Aufmerksamkeit auf sich. Dann ist – und schon der Verdacht reicht dafür aus – die Ehre durch einen Makel befleckt, und man zeigt
15 mit Fingern auf den Ehrlosen, der nun in der Schande leben muss, wenn er es nicht vorzieht, das Leben ohne Ehre von sich zu werfen. Denn mit dem Verlust der Ehre gehen auch alle anderen Werte verloren: „Ehre verloren, alles verloren".

<small>Harald Weinrich: Die fast vergessene Ehre. In: Ders.: Literatur für Leser. München: dtv 1986, S. 203 f.</small>

2. *Erarbeiten Sie die Interpretation von Tepe/Semlow und Schapler in Bezug auf das Schattenmotiv (s. Textausgabe, S. 98–100).*

Einzelarbeit (2)

3. *Erörtern Sie diese Deutung. Was spricht dafür, was dagegen? Konzentrieren Sie sich in Ihren Überlegungen auf S. 43, Z. 13 – S. 44, Z. 32, S. 52, Z. 29 – S. 54, Z. 18 und S. 59, Z. 14 – S. 60, Z. 32. Suchen Sie dann weitere Argumente anhand der ganzen Erzählung.*

Gruppenarbeit

4. *Tauschen Sie sich über Ihre Ergebnisse aus. Übertragen Sie dann die Resultate in eine Grafik, die sich an der folgenden Vorlage orientiert.*

Schapler/Tepe/Semlow: Schattenverlust als verlorene „äußere Ehre"	
plausibel, weil	**nicht plausibel, weil**
stimmige Parallelen in den Textauszügen:	
weitere Argumente: • Schatten und äußere Ehre hat jeder Mensch von Geburt an • …	

Zusammengefasst:

Baustein 5

„Peter Schlemihl" als gesellschaftskritischer Text (Kapitel VIII–IX)

Mit Eintritt „des 19. Jahrhunderts zielt die historische Entwicklung auf die umfassende Durchrationalisierung der Welt unter dem Vorsitz der bürgerlichen Klasse und ihres ökonomischen Prinzips. Dagegen treten die romantischen Formen individualitätsbewusster Subjektivität an; das romantische Individuum, zumal das einsame, scheint der letzte Ort wirklicher Erfahrung zu sein. Peter Schlemihls Glück und Unglück gibt dafür das Beispiel."[1] Sind also die gesellschaftlichen Werte, all das, was gesellschaftliche Reputation verschafft, in „Peter Schlemihls wundersame Geschichte" eigentlich ‚teuflische' Scheinwerte? Ist eine selbstverwirklichte, unentfremdete Existenz nur außerhalb der Gesellschaft möglich? Immer wieder ist die Erzählung als gesellschaftskritischer Text gelesen worden. Im Zentrum steht dabei die Rolle des Geldes in der Erzählung.

Geld spielt eine zentrale Rolle von Anfang an (s. Baustein 2). Und noch in den letzten Sätzen der Erzählung gibt Schlemihl seinem Leser mit auf den Weg: „Du aber, mein Freund, willst du unter Menschen leben, so lerne verehren zuvörderst den Schatten, sodann das Geld." (S. 75, Z. 4 ff.) Geld macht aus dem Pakt vor allem ein Geschäft, und aus dem (schwarzen) Teufel einen (grauen) Geschäftsmann. Geld korrumpiert die dargestellte bürgerliche Gesellschaft und macht sie inhuman. Wer wie Thomas John oder Rascal zu Reichtum kommt, hat dafür dem Teufel seine Seele vermacht oder ist ein Schurke.

Historisch reagiere Schlemihls Geschichte mit ihrer teuflischen Geldvermehrung, so der Literaturwissenschaftler Winfried Freund, auf die historische Situation in Preußen um 1800, als durch eine vermehrte Ausgabe von Papiergeld die Gefahr der Inflation rapide zugenommen habe und das ‚Scheinhafte' des Geldes in den Augen der Zeitgenossen offenkundig geworden sei (s. **Zusatzmaterial 3**, S. 142).[2] Dass hier auch von einer aktuellen Problematik die Rede ist, zeigt die jüngere Vergangenheit. So liegt vor dem Hintergrund der weltweiten Wirtschafts- und Finanzkrise seit 2008 eine reaktualisierende Lektüre nahe.

Diese Gesellschaft zwingt Schlemihl ein von ihr entfremdetes Leben auf. Und auch wenn sich Schlemihl am Ende der Erzählung vom Goldsäckel und damit von dem Teufel freimacht, kann ihm ein halbwegs unentfremdetes Leben nur außerhalb der Gesellschaft gelingen.

Dieser Baustein behandelt ab 5.4 auch die letzten drei Kapitel der Erzählung. Er konzentriert sich auf die folgenden Aspekte:

- die zentrale Rolle des Geldes in der Erzählung: Inwiefern kritisiert die Erzählung die zentrale Rolle des Geldes in der bürgerlichen Gesellschaft als ‚teuflisch'?
- das Bild der Gesellschaft, welches die Erzählung entwirft: Inwiefern entlarvt die Geschichte des Paktes als Geschäft die Gesellschaft als inhuman?
- eine Frage nach der Aktualität der Erzählung: Wie lässt sich die Erzählung als Kommentar zur neuen Wirtschafts- und Finanzkrise lesen?
- eine Diskussion des Wendepunktes am Ende von Kaptel VIII: Inwiefern ist Schlemihls Situation im ersten Teil der Erzählung eine entfremdete? Was ändert sich am Ende von Kapitel VIII?

---

[1] Dagmar Walach: Chamisso: Peter Schlemihls wundersame Geschichte. In: Erzählungen und Novellen des 19. Jahrhunderts, Bd. 1. Stuttgart: Reclam 1988, S. 240
[2] Vgl. Winfried Freund: Adelbert von Chamissos „Peter Schlemihl", Paderborn: Schöningh Verlag 1980, S. 15 f.

- Die Deutung der letzten drei Kapitel der Erzählung erfolgt als Zusammenfassung der in diesem Baustein vorgeschlagenen Aspekte: Inwiefern ist Schlemihls Entfremdung am Ende der Erzählung aufgehoben, inwiefern ist sie unaufhebbar?

Bei Zeitknappheit kann auf Abschnitt 5.3 und 5.4 verzichtet werden. Der in Kapitel 5.3 behandelte Text von Michael Bienert eignet sich auch für eine Klausur (textgebundene Erörterung) (s. auch **Zusatzmaterial 9**, S. 155).

5.1 Das Motiv Geld als zentrales Motiv der Gesellschaftskritik in der Erzählung „Peter Schlemihls wundersame Geschichte"

„Wer nicht Herr ist wenigstens einer Million", fasst Thomas John seine Philosophie zusammen, „der ist, man verzeihe mir das Wort, ein Schuft." (S. 13, Z. 5 ff.) Geld ist ein durchgängiges Thema in der Erzählung (selbst vom abseits lebenden Schlemihl am Ende wird erzählt, dass er sich seinen Lebensunterhalt durch den Verkauf von Elfenbein verdient (S. 70, Z. 6 ff.). Ein historischer Hintergrund ist wohl in dem Aufkommen des Papiergeldes um 1800 zu sehen (s. **Zusatzmaterial 3**, S. 142). Geld ist in der Erzählung die entscheidende Triebkraft für viele Akteure (**Arbeitsblatt 14**, S. 95) und anscheinend auch für die Gesellschaft als Ganze: Menschengruppen werden als vom Glanz des Geldes geblendet gezeigt, so verehrt in Kapitel I die geladene Gesellschaft Thomas John für seinen Luxus und seine glänzenden Projekte, in Kapitel IV feiert das jubelnde Volk Graf Peter, der Dukaten und Gold regnen lässt (S. 32, Z. 21 ff., S. 34, Z. 19 f.). Besonders deutlich wird die korrumpierende Macht des Geldes in den Figuren Thomas John und Rascal. Allein Bendel und Mina entziehen sich der teuflischen Macht, wenn sie später mit dem von Schlemihl hinterlassenen Geld eine wohltätige Stiftung einrichten. Schlemihl selbst bewegt sich zwischen beiden Polen: Anfangs fasziniert möchte er den Handel schon in Kapitel II dann am liebsten wieder rückgängig machen (vgl. S. 23, Z. 15). Frei wird er erst, als er am Ende von Kapitel VIII den Goldsäckel in den Abgrund wirft.

Ins Thema des Bausteins einführen kann ein offener Impuls:

> ■ *Inwiefern ist „Peter Schlemihls wundersame Geschichte" Ihrer Ansicht nach gesellschaftskritisch?*

Erwartet werden kann bspw.: Man braucht Geld, um ein anerkanntes Mitglied der Gesellschaft zu sein; viele Personen, die über Einfluss verfügen, sind als negative Figuren gezeichnet; viele Figuren verhalten sich opportunistisch; Geld ist anscheinend ein zentrales Machtmittel des Teufels.

In einer ersten Annäherung nähern sich die Lernenden dem zentralen Thema Geld durch ein Chamisso-Zitat:

> ■ *„Der Herrschaft Zauber aber ist das Geld ..."* – *Wie verstehen Sie dieses Zitat aus einem Chamisso-Gedicht in der Überschrift dieses Arbeitsblattes?*

Die Mehrdeutigkeit von „Zauber" macht auch das Zitat mehrdeutig: Zum einen könnte man vermuten, Geld sei das, was Macht und Einfluss so anziehend macht. Vielleicht ist auch gemeint, dass erst Geld politische Macht möglich macht. Der Zusammenhang, aus dem das Zitat stammt, legt die zweite Deutung nahe. Es steht in Chamissos Gedicht „Die Giftmischerin", in dem eine zum Tode verurteilte Giftmischerin u. a. sagt:

Baustein 5: „Peter Schlemihl" als gesellschaftskritischer Text (Kapitel VIII–IX)

„Es sinnt Gewalt und List nur dies Geschlecht;
Was will, was soll, was heißet denn das Recht?
Hast du die Macht, du hast das Recht auf Erden.
Selbstsüchtig schuf der Stärkre das Gesetz,
Ein Schlächterbeil zugleich und Fangenetz
    Für Schwächere zu werden.
Der Herrschaft Zauber aber ist das Geld:
Ich weiß mir Bessres nichts auf dieser Welt,
    Als Gift und Geld."[1]

Die Besprechung des Zitats bereitet zweierlei vor, zum einen die Untersuchung der zentralen Rolle des Geldes in der Erzählung, zum anderen die Thematisierung des Zusammenhangs von Geld und gesellschaftlichen Verhältnissen. Die später behandelten Texte von Feudel und Bienert sehen in der Thematisierung dieses Zusammenhangs das zentrale gesellschaftskritische Potenzial der Erzählung. Diese Lesart bereitet ein Arbeitsauftrag auf **Arbeitsblatt 14**, S. 95, vor, mit welchem die Schülerinnen und Schüler die zentralen Figuren der Erzählung nach der Rolle, welche das Geld für ihr Handeln spielt, sortieren:

■ *Sortieren Sie die folgenden Figuren der Erzählung in das Koordinatensystem ein: Thomas John, Bendel, Rascal, Mina, Minas Vater, der Handelsmann (S. 35).*

	Geld sehr wichtig	Geld eher unwichtig
eher negative Figur	Thomas John Rascal	
eher positive Figur	der Handelsmann Minas Vater	Mina Bendel
===> S c h l e m i h l ===>		

Schlemihl ist die einzige Figur der Erzählung, deren Verhältnis zum Geld sich im Laufe der Erzählung verändert: Stimmt er anfangs Thomas John begeistert zu, dass ein Armer ein Schuft sei (S. 13, Z. 7 f.), trennt er sich später freiwillig von seinem Reichtum, um sich von dem Einfluss des Grauen freizumachen. Einen Höhepunkt seiner Verfallenheit an die teuflische Macht des Geldes bezeichnet die Textstelle S. 20, Z. 31 – S. 21, Z. 25, in welcher Schlemihl wie Dagobert Duck in seinem neuen Reichtum badet. Nach dieser Textstelle fragt ein Arbeitsauftrag auf **Arbeitsblatt 14**, S. 95:

■ *An welche Stelle des Textes erinnert Sie der Cartoon? Wie lässt sich Schlemihls Verhältnis zum Geld in dieser Situation charakterisieren? Wie verändert sich seine Einstellung zum Geld im Laufe der Erzählung? Zeichnen Sie auch Schlemihl in das Koordinatensystem ein.*

Nachdem gemeinsam geklärt wurde, um welche Textstelle es geht, ist es sinnvoll, diese Passage noch einmal gemeinsam zu lesen.
Das Geld ist hier eine Art Fetisch, es wird in seiner ganzen Abstraktheit gezeigt, denn es macht nicht satt und nicht warm, das mechanische Anhäufen von Reichtum ist in dieser Szene reiner Selbstzweck, es versetzt Schlemihl in enorme Begeisterung und Euphorie, die allerdings kurz darauf in Katerstimmung umschlägt und so an eine Art Rauschmittel denken lässt. Gemeinsam kann weiterführend überlegt werden:

---
[1] Chamisso (1981), Bd. 1, S. 222

Baustein 5: „Peter Schlemihl" als gesellschaftskritischer Text (Kapitel VIII–IX)

■ *Wie erklären Sie sich Schlemihls Verhalten in dieser Stelle? Und warum träumt er ausgerechnet in dieser Situation von Chamisso, zudem von einem toten Chamisso?*

Kaum reich geworden scheint Schlemihl deutlich zu werden, dass er durch Reichtum allein nicht glücklich geworden ist. Die Reminiszenz an den alten Freund Chamisso, der inmitten der zwei sinnvolleren Beschäftigungen nachgeht (Literatur und Naturwissenschaft), lässt sich so als im Traum realisiertes Gegenbild deuten. Weiterführende Deutungen[1] verweisen auf den marxistischen Verdinglichungsaspekt, demzufolge durch das Geld alles (Gefühle, Zeit, Beziehungen usw.) zur Ware wird. Diese Verdinglichung wird als Erstarrung gezeigt: „Die Berührung mit jener entfremdeten und entfremdenden Wirklichkeit führt nicht selten gerade im Traum zur Lähmung."[2] Chamisso wird durch eine trennende Glastür gezeigt, der unmittelbare Kontakt ist unterbrochen, der Traum zeigt so das momentane Selbstgefühl Schlemihls.

Nach dieser Vorbereitung beschäftigen sich die Schülerinnen und Schüler mit den beiden Protagonisten der Erzählung, auf welche das Geld einen besonders verderblichen Einfluss ausübt, mit Thomas John und Rascal. Beide werden in der Erzählung als Charaktere gezeichnet, bei denen gesellschaftlicher Schein und ihr nur für wenige sichtbares eigentliches Sein stark auseinanderfallen:

■ *Vor allem der Geschäftsmann Thomas John und Schlemihls Diener Rascal sind vom Geld besessen. Beide sind in Wirklichkeit ganz anders, als sie der Gesellschaft erscheinen. Arbeiten Sie diesen Unterschied heraus. Berücksichtigen Sie dafür die folgenden Textpassagen: Thomas John: S. 12, Z. 18 – S. 13, Z. 15; S. 62, Z. 25 – 33. Rascal: S. 34, Z. 21 – Z. 30; S. 51, Z. 12 – S. 52, Z. 2; S. 56, Z. 3 – 22. Welches Urteil spricht die Erzählung schließlich über diese beiden Figuren?*

Die Erarbeitung kann zu folgendem Ergebnis kommen:

Die Rolle des Geldes für Schein und Sein der Figuren

Thomas John	Rascal
	scheint
glänzend (S. 12, Z. 26 u. a.)	reich (S. 51, Z. 24 ff.)
selbstzufrieden (S. 12, Z. 26 f.)	sparsam und klug (S. 51, Z. 30)
	ist in Wirklichkeit
nur durch teuflische Macht reich (S. 62, Z. 30 ff.)	ein Dieb (S. 34, Z. 21 ff.)
	hinterhältig (S. 56, Z. 9 ff.)
	endet
als verdammtes Opfer des Teufels (S. 62, Z. 30 ff.)	durch Hinrichtung (S. 72, Z. 24 f.)

---

[1] Vgl. Dagmar Walach: Chamisso: Peter Schlemihls wundersame Geschichte. In: Erzählungen und Novellen des 19. Jahrhunderts. Bd. 1. Stuttgart: Reclam 1988, S. 247
[2] Ebda.

Zusammenfassend charakterisieren die Schülerinnen und Schüler die Rolle des Geldes als teuflisches Instrument mit dem folgenden Arbeitsauftrag:

> ■ *Offensichtlich ist das Geld in der Erzählung ein Instrument, mit welchem der Teufel manche Figuren und vielleicht auch die Gesellschaft insgesamt steuern kann. Wie beeinflusst das Geld zusammengefasst Thomas John und Rascal wie auch die Gesellschaft insgesamt?*

Zu erwarten sind beispielsweise folgende Ergebnisse:

Der Einfluss des Geldes in „Peter Schlemihls wundersame Geschichte"

Geld

- verdirbt die menschlichen Beziehungen
- verdirbt den Charakter
- macht nicht glücklich
- verbirgt das wirkliche Sein der Figuren

→ ist ein wichtiges Instrument des Teufels

Zusammenfassend lässt sich feststellen, dass der Graue mit dem Geld anscheinend ein wirksames Instrument zur Verfügung hat, mit dem er die Figuren und die gesellschaftlichen Werte in seinem Sinne lenken kann.

5.2 Der Pakt als Geschäft

Bei der verhängnisvollen Rolle des Geldes knüpft der Text des ostdeutschen Chamisso-Spezialisten Werner Feudel auf **Arbeitsblatt 15**, S. 96, aus dessen 1988 in Leipzig erschienener Chamisso-Biografie an. Der Text hat eine antikapitalistische, bürgertumskritische Stoßrichtung, die zur kritischen Erörterung einlädt. Er fußt auf einem einschlägigen Marx-Zitat, welches das Geld als Schatten des wirklichen Handels begreift und so der Bedeutung des Schattens eine andere Wendung gibt: „Der Handel hat den Schatten vom Körper getrennt und die Möglichkeit eingeführt, sie getrennt zu besitzen", zitiert der frühe Marx einmal Henri de Saint-Simon, einen Frühsozialisten, mit dem Chamisso bekannt war.[1] Die Bedeutung des Geldes ist also wie die des Schattens nur ein gesellschaftlicher Schein. Feudel kommt zu dem Ergebnis, die in der Erzählung dargestellten Normen des bürgerlichen Zusammenlebens seien „bösartig" und „inhuman" (Z. 33). Dazu deutet er den Pakt zwischen dem Grauen und Schlemihl als Geschäft, den Schatten als Ware und das Geld als außerhalb der Moral stehende, entscheidende Triebkraft der Erzählung. Da methodisch in diesem Baustein die textgebundene Erörterung im Zentrum steht, erfolgt die Erarbeitung dieses recht anspruchsvollen Textes in einem Dreischritt: Textverstehen, Herausarbeiten der Argumentationsstruktur, Erörterung.

---

[1] Karl Marx: Grundrisse der Kritik der politischen Ökonomie. Marx-Engels-Werke (MEW), Band 42. Berlin/Ost 1983, S. 146

■ *Verstehen Sie zuerst, was Feudel eigentlich sagt. Bearbeiten Sie dazu die folgenden Arbeitsaufträge, die Sie einmal durch den Text führen.*

■ *Sammeln Sie alle Stellen, in denen Feudel Vorschläge formuliert, wie das Schattenmotiv zu deuten sein könnte (Schatten = ?).*

Das Schattenmotiv ist „mehr oder minder zufällig" entstanden (Z. 3), hat aber „Symbolwert" (Z. 6), Wert und Bedeutung des Schattens offenbaren sich erst im Sozialen (Z. 6ff.); er hängt mit Konventionen und Reputation (Z. 21ff.) zusammen, der Schatten steht (allgemein und unspezifisch) für das, was den „Grad der sozialen Einordnung in die bürgerliche Gesellschaft bestimmt" (Z. 26f.).

■ *Was unterscheidet Schlemihls „Geschäft" von dem „Pakt" im Volksbuch?*

Das Geschäft kann nur durch ein neues Geschäft rückgängig gemacht werden (Z. 14ff.), die ganze Geschichte und Schlemihls Verhängnis drehen sich so um einen durch Geld vermittelten Handel (und nicht etwa, wie im Volksbuch, durch einen durch magische Kräfte vermittelten Pakt).

■ *Welches Bild der Gesellschaft wird laut Feudel in „Peter Schlemihls wundersame Geschichte" gezeichnet?*

Die zugrunde liegenden bürgerlichen Normen beruhen auf „Besitz und Konventionen" (Z. 22), sie sind „bösartig" und „inhuman" (Z. 33).
Bei der Auswertung sollte darauf geachtet werden, dass eine Wiedergabe der Inhalte eines argumentierenden Textes allein noch keine Analyse des Gedankenganges bedeutet. Deshalb wird der Text in der nächsten Aufgabe auf seine zentrale These hin noch einmal untersucht. Die Auswertung sollte im Plenum stattfinden.

■ *Angenommen, der grau hinterlegte Satz sei die Kernthese von Feudels Text. Mit welchen Argumenten wird diese in dem Text begründet?*

Ein mögliches Ergebnis gibt das folgende Tafelbild:

Werner Feudel: Gesellschaftskritik in „Peter Schlemihls wundersame Geschichte"

Kritische Haltung des Autors gegenüber der bürgerlichen Gesellschaft:
- Der Schatten steht für bürgerliche Konventionen und Reputation.
- Der Schatten wird zur Ware, der Pakt zum Geschäft (bürgerliche Reputation gegen Geld).
- Der einzig denkbare Ausweg ist ein anderes Geschäft (Geschäfte und Geld bestimmen die bürgerliche Gesellschaft grundlegender als irgendetwas anderes).
- Moral, die Herkunft des Geldes spielt in der bürgerlichen Gesellschaft keine Rolle.

→ Die Normen des bürgerlichen Zusammenlebens sind
- „bösartig" (ohne Moral).
- „inhuman" (der Mensch wird in der bürgerlichen Gesellschaft zur Ware).

■ *Überzeugt Sie Feudels Lesart? Erläutern und kommentieren Sie den grau hinterlegten Satz vor dem Hintergrund von Chamissos Erzählung.*

Baustein 5: „Peter Schlemihl" als gesellschaftskritischer Text (Kapitel VIII–IX)

Für die Sammlung von Erörterungsansätzen bietet sich eine Gruppenarbeitsphase an. Viele Überlegungen werden an die bisherige Arbeit (v.a. an Baustein 3 und 4) anknüpfen. Wie intensiv die Ergebnisse anschließend im Plenum gesammelt und ausgewertet werden, sollte davon abhängen, ob die anderen Erörterungstexte (**Arbeitsblatt 16**, S. 97f.) im Unterricht behandelt werden oder nicht. Wenn diese behandelt werden, genügt eine schülerzentrierte Sammlung von Argumenten als erster Zugang, da eine detaillierte Auswertung aller im Folgenden aufgeführten Argumente zu Redundanzen und Wiederholungen führen würde.

> Der Schatten steht für bürgerliche Konventionen und Reputation.

Diese These haben die Lernenden bereits behandelt, wenn sie sich in Baustein 3 mit der Position Thomas Manns befasst haben (vgl. S. 60ff.).

> Der Schatten wird zur Ware, der Pakt zum Geschäft (bürgerliche Reputation gegen Geld).

- Möglicherweise fragen die Schülerinnen und Schüler, worin genau der Unterschied bestehen soll, wenn doch auch der Faust des Volksbuches anscheinend v.a. materielle Gegenleistungen für seine Seele erhält. In Chamissos Erzählung scheint jedoch stärker als in anderen Texten das Geld als höchster gesellschaftlicher Wert festzustehen.
- Der Teufel agiert zurückhaltend, geschäftlich, sachlich, als Mann in Grau (und nicht etwa in Schwarz).
- Zur Aufhebung des unglücklichen Zusammenhangs kommt es erst, als Schlemihl das Geld von sich weist; das Geschäft lässt sich nicht rückgängig machen, Schlemihl spielt hier das Geschäft sozusagen nicht mehr mit und kommt erst dadurch zu sich.
- Auch Chamisso selbst weist in einer (freilich vielleicht ironischen) Kommentierung (s. **Zusatzmaterial 1**, S. 139) darauf hin, man möge das Geld nicht unterschätzen.

> Moral, die Herkunft des Geldes spielt in der bürgerlichen Gesellschaft keine Rolle.

- Feudel führt Rascal als Beispiel an. Immerhin sind Minas Eltern gerne bereit, ihre Tochter dem Schurken und ehemaligen Diener zur Frau zu geben, da er über die entsprechenden Finanzmittel und einen Schatten verfügt (s. Textausgabe, S. 51, Z. 16 ff.).
- Auch Thomas John, der, wie sich später herausstellt, sein Geld mithilfe des Teufels erworben hat, genießt in Kapitel I des Buches hohe gesellschaftliche Reputation.
- Erinnert werden kann an den betrügerischen Bankrotteur, den Schlemihl zugrunde richtet (s. Textausgabe, S. 35, Z. 21 ff.).
- Andererseits verwenden Mina und Bendel später ihr Geld für wohltätige Zwecke, indem sie das Schlemihlium gründen (und so einen moralischen Umgang mit Geld als denkbaren Ausweg vorführen).

> Die Normen des bürgerlichen Zusammenlebens sind
> „bösartig" (ohne Moral),
> „inhuman" (der Mensch wird in der bürgerlichen Gesellschaft zur Ware).

Feudels Kernthese wird v.a. durch das Verhalten der Figuren bestätigt:
- das Auftreten von Thomas John in Kapitel I,
- das Verhalten der Festgesellschaft in Kapitel I,
- das Verhalten der Straßenjungen in Kapitel II,
- das Verhalten von Minas Vater, der sich v.a. durch Geld in der Brautwahl lenken lässt und Mina einem offensichtlichen Schurken zur Frau gibt,

- auch Mina ist in ihrem Verhalten uneindeutig (s. S. 42, Z. 3 ff.); zudem leistet sie ihrem Vater keinen Widerstand,
- das Verhalten des Pöbels, als Schlemihl aus der Stadt verwiesen wird (S. 56, Z. 8 ff.).

Denkbare Einwände sind beispielsweise:
- Bendel ist ein treuer Freund;
- Bendel und Mina verkörpern ein Gegenmodell, wenn sie am Ende gemeinnützig tätig werden;
- auch der alte Freund Chamisso ist in der Erzählung anscheinend eine Figur, für die all das Negative der Gesellschaft nicht gilt.

Zusammenfassend lässt sich eine ganze Reihe von Argumenten für Feudels Lesart der Erzählung als gesellschaftskritischem Text finden. Ein positives Gegenmodell verkörpern die Figuren, für die Geld keine Rolle spielt.

5.3 „Peter Schlemihls wundersame Geschichte" und die aktuelle Wirtschafts- und Finanzkrise

Eine aktualisierte Lesart des Geldmotivs vor dem Hintergrund der neuen weltweiten Finanzkrise dient auf **Arbeitsblatt 16**, S. 97 f., als Beispieltext für das Einüben textgebundener Erörterungen.

Michael Bienert liest in seinem Text (s. Textausgabe, S. 100 f.) „Peter Schlemihls wundersame Geschichte" v.a. als Geschichte einer wundersamen Geldvermehrung und stellt sie so in Zusammenhang mit der wundersamen Geldvermehrung durch Börsen und Spekulationsgeschäfte. Die zentrale Parallele liegt für ihn darin, dass man nicht denken solle, „man könne unendliche Reichtümer anhäufen, ohne dafür einen hohen Preis entrichten zu müssen", es handle sich um einen „teuflischen Irrtum" (S. 101, Z. 10 ff.). Damit greift dieser Text den scheinhaften Verblendungszusammenhang des Geldes, der in Baustein 5.1 in Zusammenhang mit Schein und Sein zentraler Figuren der Erzählung bearbeitet wurde, auf und stellt diesen in einen größeren, politischen Kontext: Geld, das nicht durch wirkliche Waren gedeckt ist, ist im gesellschaftlichen Zusammenhang eine gefährliche Täuschung. Allerdings vertritt in dieser Lesart Chamissos Erzählung nicht die Ansicht, man könne durch Abschaffung des Geldes in einen paradiesischen Urzustand zurückkehren. Die Selbstbefreiung vom Geld (wie in Schlemihls Fall) oder der Einsatz des Geldes für wohltätige Zwecke sind aber zwei „vernünftige und bescheidene Optionen, die Welt ein wenig bewohnbarer zu machen" (S. 101, Z. 23 ff.).

Für die Erörterung wird die folgende Aufgabenstellung vorgeschlagen:

> ■ *2009 brachte der Publizist und Literaturwissenschaftler Michael Bienert Chamissos Erzählung von Peter Schlemihl in Zusammenhang mit der neuen Wirtschafts- und Finanzkrise (s. Textausgabe, S. 100 f.).*
> *Erörtern Sie, inwiefern Michael Bienerts Deutung der Rolle des Geldes in „Peter Schlemihls wundersame Geschichte" zutrifft.*
> *Erarbeiten Sie zunächst die Positionen Bienerts.*
> *Erörtern Sie dann Bienerts Text in Bezug auf „Peter Schlemihls wundersame Geschichte".*

Im Folgenden wird auf **Arbeitsblatt 16**, S. 97 f., eine kleinschrittige Erabeitungsweise vorgestellt, mit welcher die einzelnen Schritte einer textgebundenen Erörterung eingeübt werden können (s.a. **Zusatzmaterial 7**, S. 146). Dabei bearbeiten die Schülerinnen und Schüler die Aufgaben 1 – 4 in Einzelarbeit, anschließend werden die Ergebnisse im Kurs verglichen und diskutiert.

■ *Welche der folgenden Deutungshypothesen trifft/treffen am ehesten auf Bienerts Text zu?*

Am ehesten zutreffend ist (1). (2) und (4) treffen zwar Teile von Bienerts Argumentation, sind aber zu unspezifisch und allgemein. (3) überzieht Bienerts konkrete und textbezogene Argumentation ins Weltanschauliche.

■ *Unten finden Sie eine Reihe von paraphrasierten Aussagen aus Bienerts Text. Belegen Sie diese Aussagen, indem Sie die dazugehörigen Zeilenangaben dahinter notieren.*

(a) Die aktuellen Geschehnisse zeigen die Aktualität von Schlemihls Handel Geld gegen persönliche Integrität: S. 100, Z. 6 – 9.
(b) Die klassischen Deutungen sind nicht falsch: S. 100, Z. 12 – 15.
(c) Bienert setzt nicht beim Schattenmotiv, sondern beim Paktmotiv an: S. 100, Z. 15 – S. 101, Z. 3.
(d) Die Blendung des Protagonisten ähnelt der heutigen Verblendung der Akteure auf den Finanzmärkten: S.101, Z. 4 – 9.
(e) Eine Parallele zwischen beiden besteht darin, dass das Geld kein reales Zahlungsmittel, sondern ganz abstrakt ist: S.101, Z. 4 – 9.
(f) So wie in Schlemihls Säckel vermehrt sich heute auf den Kapitalmärkten das Geld rasend: S. 101, Z. 4 – 5.
(g) Die einzige Lösung ist die Befreiung von der Abhängigkeit von Geld und Geldgier: S. 101, Z. 13 – 14.
(h) Es gibt kein Zurück in einen „paradiesischen Zustand vor dem Sündenfall": S. 101, Z. 22 – 23.
(i) Die Erzählung zeigt bescheidene Auswege aus dem Verhängnis in den Bereichen Wissenschaft und Wohltätigkeit: S.101, Z. 23 – 25.

Argumentationsstruktur:

■ *Im Folgenden finden Sie zwei Ansätze für eine Rekonstruktion der Argumentationsstruktur. Entscheiden Sie sich für diejenige, die Ihnen am plausibelsten den Text wiederzugeben scheint, und ergänzen Sie sie. Lassen Sie die Aussagen weg, die sich nicht sinnvoll in das Schema einfügen, und überlegen Sie, welche Funktion sie für den Text haben könnten.*

(B) ist wenig sinnvoll.

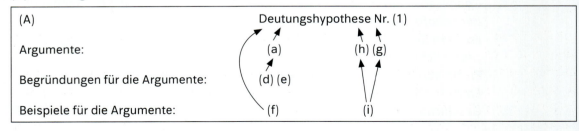

Nicht sinnvoll einzufügen sind (b) und (c): Beide dienen nur der Abgrenzung von Bienerts Position gegen andere Positionen, nicht aber der Argumentation selbst.

■ *Analysieren Sie wesentliche sprachliche Gestaltungsmittel des Textes und ihre Funktion.*

z. B.:
- populärwissenschaftlicher Text (Wechsel von kurzen thetischen Sätzen (S. 100, Z. 1–6) und Hypotaxen (etwa S. 100, Z. 10 – S. 101, Z. 3), sachlicher Stil, Vermeiden von Fachjargon: breiter Leserkreis, Zielgruppe aber Gebildete
- Hyperbeln dramatisieren die Aussage („verheerenden" (S. 101, Z. 10), „maßloser" (S. 101, Z. 10), „unendliche" (S. 101, Z. 11) usw.)
- Metaphern veranschaulichen Aussagen („geblendet" (S. 101, Z. 5), „ins Rollen brachte" (S. 101, Z. 9) usw.)

Anschließend erarbeiten die Schüler und Schülerinnen in Gruppen anhand der folgenden beiden Arbeitsaufträge Argumente für eine Erörterung von Bienerts Text entsprechend der Aufgabenstellung und diskutieren mögliche Kontextualisierungen:

■ *Wählen Sie die Argumente aus, die Sie erörtern wollen.*
Sammeln Sie eigene Überlegungen, mit denen Sie diese Argumente kritisieren, bekräftigen oder ausbauen wollen.
Stützen Sie Ihre eigenen Überlegungen durch die Erzählung.

Erörtert werden können bspw. die Argumente (a), (d), (e), (g), (h), (i).
Im Allgemeinen kann dabei z. B. thematisiert werden:

- Bienerts Lesart des Schattenverkaufs (Verlust von persönlicher Integrität),
- die Parallele zwischen Schlemihls unendlichem Reichtum und dem, was heute an den Finanzmärkten passiert,
- die skizzierten Auswege (Unabhängigkeit vom Geld, persönliche Vorhaben),
- die Frage, welche anderen Varianten es für Schlemihl (und vielleicht für die Geldmanager heute) hätte geben können/geben könnte.

Die Erörterung von Bienerts Überlegungen könnte

- auf Schlemihls Ausgangssituation verweisen (Randfigur der Gesellschaft),
- Schlemihls Situation nach dem Schattenverkauf einbeziehen (weiterhin am Rand der Gesellschaft, persönliche Beziehungen verunglücken in aller Regel),
- Schlemihls anscheinende Befreiung (Kapitel VIII) berücksichtigen.

Im Einzelnen bspw.:

(a): Die aktuellen Geschehnisse zeigen die Aktualität von Schlemihls Handel Geld gegen persönliche Integrität:
Schlemihl verkauft seine Seele (= tiefere persönliche Integrität? innere Ehre?) nicht; vielleicht ist „persönliche Integrität" doch eine etwas unscharfe Deutung? Vielleicht geht es eher um so etwas wie „öffentliche Integrität" („äußere Ehre", s. Baustein 4.3) o. Ä.?

(d): Die Blendung des Protagonisten ähnelt der heutigen Verblendung der Akteure auf den Finanzmärkten:
Erörtert werden kann der Begriff der „Verblendung": Wie steht es mit dem gesellschaftlichen Ansehen in einer Gesellschaft, in der Geld über alles geht? Muss dieses Geld rechtmäßig erworben worden sein oder spielt das für das gesellschaftliche Ansehen keine Rolle? Auch heute noch haben Bankmanager in der breiten Öffentlichkeit ein schlechtes Ansehen. Schlemihl ist nur am Anfang der Erzählung vom Geld „geblendet", danach möchte er es loswerden, der Teufel lässt ihn aber nicht.

(e): Eine Parallele zwischen beiden besteht darin, dass das Geld kein reales Zahlungsmittel, sondern ganz abstrakt ist:
An einigen Stellen des Textes wird das unbegrenzt zur Verfügung stehende Geld nicht als Zahlungsmittel behandelt, so, wenn Schlemihl sich zu Beginn des zweiten Kapitels im Geld wälzt und darin einschläft (S. 20, Z. 31 ff.), wenn er Geld unters jubelnde Volk werfen lässt (S. 32, Z. 21 ff., S. 34, Z. 19 f.).

(g): Die einzige Lösung ist die Befreiung von der Abhängigkeit von Geld und Geldgier:
Der zentrale Textbeleg ist der Höhepunkt im VIII. Kapitel. Danach ist der Graue weg und der Bann anscheinend gebrochen, denn von der Schattenlosigkeit ist nicht mehr die Rede.

(i): Die Erzählung zeigt bescheidene Auswege aus dem Verhängnis in den Bereichen Wissenschaft und Wohltätigkeit:
Textbelege finden sich v.a. im letzten Teil der Erzählung. Schlemihl kommt zu sich, auch Mina und Bendel tun Gutes.

■ *Schließlich wird von Ihnen erwartet, dass Sie Ihre Ergebnisse in einen größeren Zusammenhang stellen und kontextualisieren. Im Folgenden finden Sie dafür einige mögliche Ansätze:*

- Epoche der Romantik (z. B.: Die Behandlung des Themas Geld in der Erzählung ist recht unmärchenhaft realistisch.) (vgl. auch Baustein 6.2)
- Bienerts Bezug auf die Aufklärung (S. 101, Z. 20 ff.) (z. B.: Gibt es weitere Elemente der Erzählung, die aufklärerische Züge tragen? Ist die Erzählung insgesamt, was das Geldthema angeht, eher optimistisch oder pessimistisch?)
- Chamissos Biografie (z. B.: Stützt Chamissos Biografie, dass es sich bei dem von Bienert behandelten Thema tatsächlich um die zentrale Frage des Textes handelt?) (vgl. auch Baustein 4.2)
- „Peter Schlemihls wundersame Geschichte" zusammengefasst (z. B.: Handelt es sich um ein „Märchen", wie Bienert schreibt (S. 101, Z. 9), oder eher um etwas anderes?) (vgl. auch Baustein 6.2)

Die Hinweise hinter den möglichen Kontexten sollten den Schülerinnen und Schülern ausreichend Anregungen für eine eigenständige Kontextualisierung geben.

Sinnvoll ist, die Lernenden abschließend den Erörterungsteil und seine Kontextualisierung schriftlich verfassen zu lassen und diese Texte entweder einzusammeln oder in Partnerarbeit gegenlesen und kommentieren zu lassen.

5.4 Schlemihls Entfremdung

In seiner Interpretation der Erzählung kommt der Literaturwissenschaftler Winfried Freund zu dem Ergebnis: „Die ideale bürgerliche Lebensweise fußt [...] auf der Synthese von Geld und Moral [...]. Die kapitalistische Entfremdung, in der Novelle personifiziert im Grauen, bedroht diese Synthese [...]."[1] Ursächlich für Schlemihls Leiden sei also „[d]ie kapitalistische Entfremdung", die Schlemihl (wie alle anderen Angehörigen einer kapitalistisch wirtschaftenden Gesellschaft) aus einem ursprünglichen, natürlichen, besseren Zustand herauskatapultiert habe. Interpretationen wie diese fußen auf dem Entfremdungsbegriff von Karl Marx. Für den jungen Marx ist der Mensch in der kapitalistischen Gesellschaft sich selbst, der Ge-

---
[1] Winfried Freund: Adelbert von Chamissos „Peter Schlemihl". Paderborn, Schöningh 1980, S. 34

sellschaft und seiner Tätigkeit entfremdet, da er nicht arbeitet und produziert, um sich selbst zu realisieren. In den arbeitsteiligen Produktionsverhältnissen werde seine Arbeitskraft (und damit seine potenzielle Selbstverwirklichung) zur Ware: Das, was er produziere, die anderen Menschen, für die er produziere – alles trete ihm feindlich und entfremdet entgegen. Lösung verheiße allein die Veränderung der Produktionsverhältnisse. Das Geld spielt in diesem Zusammenhang eine zentrale Rolle als Inbegriff der Entfremdung, die es als „verkehrende Macht" realisiert (vgl. dazu **Zusatzmaterial 3**, S. 142).

Die Berliner Philosophin Rahel Jaeggi hat den Entfremdungsbegriff 2005 neu gefasst. Dabei setzt sie den Fokus auf die Perspektive des erlebenden Subjekts. Diese Lesart des Entfremdungsbegriffs wird auf **Arbeitsblatt 17**, S. 99 ff., benutzt, um Schlemihls Situation am Ende der Erzählung zu analysieren.

Grundsätzlich kann gegen diese Lesart von Schlemihls Unglück eingewendet werden, dass Schlemihl im Unterschied zu allen anderen Figuren der Erzählung ja gar keine Möglichkeit habe, ein „nicht entfremdetes Leben" in der Gesellschaft zu leben, insofern sei die Entfremdung hier kein gesellschaftliches, sondern ein rein individuelles Problem. Andererseits aber bestätigt das Ende der Erzählung die Tauglichkeit des Entfremdungsbegriffs für eine Analyse von Schlemihls Existenz. Denn tatsächlich gelingt es Schlemihl ja nur außerhalb der Gesellschaft, ein selbstbestimmtes, insofern unentfremdetes Leben zu führen.

Jaeggi beschreibt Entfremdung als einen Prozess und Zustand, der in manchem Ähnlichkeit mit der aus der Psychologie bekannten „Depersonalisation" hat, ein Zustand, in dem es dem Subjekt nicht mehr gelingt, sich die Welt selbstbestimmt so anzueignen, dass es das eigene Leben und das, was ihm wichtig ist, als Selbstzweck erlebt. Die Erfahrung von Entfremdung hat dann folgende Facetten:

- das Gefühl, Dinge nicht selbst zu fühlen oder zu wollen, sondern unauthentisch als eigentlich fremd erlebten Rollenbildern nachzustreben;
- das Gefühl von Fremdbestimmung, zumindest fehlender Selbstbestimmung;
- emotionale Gleichgültigkeit.

Jaeggi schlägt einen Erklärungsansatz dieser Empfindungen vor, demzufolge sich Entfremdung in gestörten Selbst- und Weltbezügen zeige: Es fehle an Produktivität in der Aneignung der Welt, des Lebens, der Dinge, die man anscheinend will, der zu spielenden Rollen usw. Stattdessen herrsche eine Tendenz zur Instrumentalisierung von Lebenszielen, Personen, Erlebnissen usw. zu anderen als den eigenen Zwecken. Zu fragen sei, wie gesellschaftliche Institutionen beschaffen sein müssten, in denen sich Subjekte in unentfremdeter Form mit anderen in Beziehung setzen könnten.

Als Gegenbegriff zu „Entfremdung" fungiert hier „Selbstverwirklichung". Diese sehr offenen Begriffe eignen sich, um zum einen Schlemihls Situation vor seiner Lossagung vom Grauen zu analysieren, zum anderen seine Situation danach kritisch zu untersuchen: Inwiefern verändert sich seine Situation im letzten Teil der Erzählung eigentlich grundlegend?

In einem ersten Schritt erarbeiten die Schülerinnen und Schüler in Einzelarbeit Jaeggis Entfremdungsbegriff und suchen Passagen in Kapitel VIII, die mit Jaeggis Begriff zusammenpassen oder ihm widersprechen.

> ■ *Sammeln Sie die Merkmale von „Entfremdung", die Jaeggi anführt, und versuchen Sie, diese durch eigene Beispiele zu erläutern.*
>
> ■ *Suchen Sie Phänomene von „Entfremdung" (oder auch – „Nicht-Entfremdung") in Kapitel VIII der Erzählung.*

In einem zweiten Schritt sammeln die Lernenden ihre Ergebnisse und diskutieren, inwiefern Schlemihls Situation als „Entfremdung" zutreffend beschrieben ist.

■ *Stellen Sie Ihre Ergebnisse in tabellarischer Form zusammen und kommen Sie zu einer begründeten Einschätzung: Inwiefern ist Schlemihls Situation in Kapitel VIII eine von „Entfremdung"?*

Diese Aufgabe können die Schülerinnen und Schüler in Gruppenarbeit bearbeiten. Voraussetzung dafür ist die Kenntnis von Kapitel VIII. Die Relektüre dieses Kapitels kann als vorbereitende Hausaufgabe gegeben werden. Alternativ kann, nachdem Jaeggis Entfremdungsbegriff gemeinsam erarbeitet wurde, Kapitel VIII gemeinsam im Kurs gehört werden. Im Netz ist eine Hörfassung frei verfügbar.[1]

In tabellarischer Form sind etwa folgende Ergebnisse zu erwarten:

Schlemihls Entfremdung

Jaeggi: Entfremdung	Schlemihl in Kapitel VIII
das eigene Leben als fremdes erleben (vgl. Z. 2 f.)?	ja: Schlemihl – ist „seltsam zumut" (S. 59, Z. 20) – hat „den Tod im Herzen" (S. 60, Z. 12 ff.), obwohl er doch scheinbar alles hat, was er braucht – weiß nicht, wie es enden soll (S. 60, Z. 32) Schlemihls Erleben ist unerträglich zerrissen (S. 61, Z. 9 ff.).
Gefühl von Fremdbestimmung (Z. 6 ff.)?	ja: der Graue – lenkt die Wiederbegegnung (S. 57, Z. 21 ff.) – lässt Schlemihl keine Wahl (S. 59, Z. 2 f.) – verlockt Schlemihl mit dem Schatten (S. 59, Z. 14 f.) – bearbeitet Schlemihl unablässig, ihm seine Seele zu verkaufen (S. 60, Z. 17 ff.)
fehlende Selbstbestimmung und Kontrolle über das eigene Leben (vgl. Z. 6 ff.)?	ja: Schlemihl – kann nicht mit dem Schatten entkommen (S. 59, Z. 28 – S. 60, Z. 7) ja/nein: – muss mit dem verhassten grauen Mann herumziehen – ist abhängig (S. 60, Z. 21 ff.)? nein: Schlemihl – ist fest entschlossen, seine Seele nicht herzugeben (S. 60, Z. 29 ff.) – lässt sich schließlich nicht mehr erpressen (S. 61, Z. 18 f.) Zusammengefasst: Der Graue tauscht den Schatten nicht gegen das Säckel zurück (S. 62, Z. 5) = der Graue hat Einfluss auf Schlemihl über den Geldsäckel (S. 62, Z. 17 f.).
fehlende Offenheit und Anschlussfähigkeit der eigenen Erfahrungen (vgl. Z. 15 ff.)?	nein: Schlemihl – erkennt die eigene Abhängigkeit (S. 60, Z. 22 f.) – erkennt, dass er gegen die innere Zerrissenheit angehen muss (S. 61, Z. 11 f.) – erkennt Thomas Johns Verdammnis (S. 62, Z. 28 ff.)
	↓ **Gegenmaßnahmen**
einziges Mittel zur Befreiung: drastische Maßnahmen (vgl. Z. 61 f.)	Schlemihl wirft den Geldsäckel fort ==> der Graue verschwindet (S. 62, Z. 33 ff.)

---

[1] https://librivox.org/peter-schlemihls-wundersame-geschichte-by-adelbert-von-chamisso/ [15.08.2015]

Baustein 5: „Peter Schlemihl" als gesellschaftskritischer Text (Kapitel VIII–IX)

Die Ergebnisse können von einer Gruppe auf Folie gesammelt und in der anschließenden gemeinsamen Auswertung im Kurs korrigiert und ergänzt werden. Abschließend werden die Ergebnisse gemeinsam zusammengefasst, z.B.:
Einerseits zeigt Schlemihls Situation starke Züge von Entfremdung: Er ist dem Grauen ausgeliefert und kann nicht so leben, wie er gerne leben würde, er leidet und fühlt sich zerrissen. Andererseits bringt Schlemihl gegen den Grauen seinen „graden Sinn", eine innere Stimme in Stellung (S. 58, Z. 9), sodass es diesem nicht gelingt, Schlemihls Seele zu gewinnen (S. 58, Z. 19 f.). Schlemihl bleibt letztlich emotional autonom und bei sich; außerdem nimmt er seine Situation klar und aufrichtig mit sich selbst wahr. So gelingt es ihm, sich aus der Abhängigkeit von dem Grauen zu lösen.

Anschließend fassen die Schülerinnen und Schüler ihre bisherige Arbeit zum Verhältnis von Individuum und Gesellschaft in der Erzählung „Peter Schlemihls wundersame Geschichte" zusammen, indem sie grundsätzlich fragen, ob Schlemihl *wegen* oder *von* der Gesellschaft entfremdet ist:

> ■ *In dem folgenden Ausschnitt stellt Jaeggi zwei prinzipiell unterschiedene Sichtweisen von Entfremdung gegenüber. Welche dieser beiden Sichtweisen scheint Ihnen eher für Peter Schlemihls Geschichte in den ersten acht Kapiteln zuzutreffen?*

Für beide Sichtweisen lassen sich gute Gründe anführen, ein mögliches Tafelbild könnte so aussehen:

Schlemihl ist

von der Gesellschaft entfremdet, da	durch die Gesellschaft entfremdet, da
• er einen Teil von sich verbergen muss und so ein zurückgezogenes, eingeschränktes Leben führt; • er nach der Aufdeckung seines Geheimnisses aus der Stadt verwiesen wird; • seine Pläne, mit einer Heirat eine bürgerliche Existenz zu führen, scheitern.	• es die Gesellschaft ist, welche die Bedeutung des Schattens festlegt; • er sich nur wegen der fehlenden gesellschaftlichen Anerkennung zu dem Tausch Schatten gegen Geldsäckel entschieden hat; • die Gesellschaft den entscheidenden Wert Geld und Reichtum setzt; • die Gesellschaft ihm als Außenseiter anscheinend keine „Resozialisierungs-Chance" einräumt.

Alternativ können manche Schülerinnen und Schüler auch einen produktiven Schreibauftrag bearbeiten, der auf einem anderen Weg zu ähnlichen Ergebnissen kommen wird:

> ■ *Schlemihl wehrt sich und wirft den Geldsäckel fort (S. 62, Z. 25 – S. 63, Z. 5). Diese Stelle markiert einen Wendepunkt in seiner Entfremdungsgeschichte. Schreiben Sie auf, welche Gedanken und Empfindungen Schlemihl in diesem Augenblick durch den Kopf gehen. Formulieren Sie diesen Text als Anrede an Chamisso in der Art wie auf S. 20, Z. 31 ff. oder S. 53, Z. 5 ff. Beziehen Sie einige Momente aus den ersten acht Kapiteln mit ein, die Ihnen wesentlich zu sein scheinen (also etwa die Ankunft am Anfang, die Arroganz von Thomas John, die erste Nacht auf dem Geldhaufen, die Liebe zu Mina usw.)*

In der abschließenden gemeinsamen Auswertung werden die Ergebnisse der beiden Arbeitsaufträge vorgestellt und verglichen. Dabei kann der folgende Arbeitsauftrag die Auswertung beider Arbeitsaufträge parallelisieren oder eingesetzt werden, wenn nur der produktive Auftrag bearbeitet wurde:

- *In dem oben angeführten kleinen Ausschnitt aus ihrem Buch stellt Jaeggi zwei prinzipiell unterschiedlichliche Sichtweisen von Entfremdung gegenüber. Welche dieser beiden Sichtweisen findet sich eher in Ihrem Text?*

In einer abschließenden Transferphase kann gefragt werden:

- *Wenn Sie Schlemihl als v.a. **von** der Gesellschaft entfremdet gedeutet haben – Welche Ratschläge hätten Sie ihm am Ende von Kapitel VIII (also nachdem er den Geldsäckel fortgeworfen hat) gegeben, um in Zukunft ein besseres Leben zu führen?*

- *Wenn Sie Schlemihl als v.a. **durch** die Gesellschaft entfremdet gedeutet haben – Welche Ratschläge hätten Sie ihm am Ende von Kapitel VIII (also nachdem er den Geldsäckel fortgeworfen hat) gegeben, um in Zukunft ein besseres Leben zu führen?*

Diese Aufgabe kann in einer kurzen Stillarbeits- oder Gruppenarbeitsphase bearbeitet werden.

Möglicherweise unterscheiden sich die Antworten dadurch, dass im ersten Fall Schlemihl empfohlen wird, sein Verhalten in der Gesellschaft zu ändern (also sich stärker oder weniger stark anzupassen, in Bendels und Minas wohltätiger Einrichtung mitzuarbeiten o.Ä.), und im zweiten Fall geraten wird, sich zu wehren und zu versuchen, die gesellschaftlichen Verhältnisse zu ändern (also beispielsweise seine Geschichte aufzuschreiben und dabei zu formulieren, was alles schiefläuft in der Gesellschaft).

Je nach Interesse kann diese Phase ausführlicher oder ganz kurz gehalten werden, sie dient auch der Vorbereitung der Behandlung der letzten drei Kapitel der Erzählung.

5.5 Zusammenfassung: Das Ende der Erzählung

Offensichtlich lebt Schlemihl am Ende mit seinem Pudel Figaro (S. 73, Z. 31) und seinem „Surrogat [...] Nicotiana" (S. 70, Z. 18) zufriedener als in der ganzen Erzählung zuvor. Die Siebenmeilenstiefel ermöglichen ihm ein tätiges Leben als Naturforscher, in dem er „die Erde, ihre Gestaltung, ihre Höhen, ihre Temperatur, ihre Atmosphäre in ihrem Wechsel, die Erscheinungen ihrer magnetischen Kraft, das Leben auf ihr, besonders im Pflanzenreiche, gründlicher kennengelernt, als vor [ihm] irgendein Mensch" (S. 74, Z. 12ff.). Die Ergebnisse seiner Forschungen wird er der Berliner Universität vermachen (S. 74, Z. 28f.). So hat Schlemihl am Ende seine Bestimmung gefunden, kann ein selbstverwirklichtes Leben aber nur außerhalb der Gesellschaft führen. Die Kluft zwischen einem Einzelnen wie Schlemihl und einer Gesellschaft wie der in der Erzählung dargestellten bleibt auch am Ende der Erzählung unaufgehoben und wird nicht harmonisiert. Nur in einem Traum (S. 63, Z. 17–30) kann Schlemihl mit anderen Menschen in Harmonie leben, unter der Bedingung allgemeiner Schattenlosigkeit. Diese Textpassage ist offen ausdeutbar: Vielleicht träumt Schlemihl tatsächlich von einer Welt, in der alle mit dem gleichen Makel versehen sind und sich deshalb nicht weiter daran stören. Vielleicht erhofft er sich auch eine Welt, in der alle störenden Barrieren und Projektionen aus gesellschaftlichen Normen und Erwartungen abgeschafft sind – eine Welt, in der die Menschen als das, was sie sind, und nicht als das, was sie zu sein scheinen, friedlich miteinander leben. Dass Schlemihl in seinem Traum feststellt: „[E]s hatte aber keiner einen Schatten, und, was seltsamer war, es sah nicht übel aus" (S. 63, Z. 23 f.), unterstützt diese Lesart.

Im Folgenden werden zwei Varianten zur Behandlung des Endes der Erzählung angeboten. Variante 1 bezieht sich auf die Erarbeitung von Schlemihls Entfremdung in Baustein 5.4, Variante 2 kann auch eingesetzt werden, wenn 5.4 nicht bearbeitet wurde, und fragt danach, ob die Geschichte ein glückliches Ende hat.

Variante 1: Lebt Schlemihl am Ende ein nicht entfremdetes Leben?

Die Lektüre der letzten drei Kapitel der Erzählung steht unter der Fragestellung: Inwiefern lebt Schlemihl am Ende ein unentfremdetes, selbstbestimmtes, selbstverwirklichtes Leben? Als Folie zur Beantwortung dieser Frage wird ein kleiner Textausschnitt von Rahel Jaeggi (s. **Arbeitsblatt 17**, S. 101: „Nicht entfremdet sein ...") angeboten, in dem Jaeggi ein nicht entfremdetes Leben durch die beiden folgenden Grundzüge charakterisiert:

- selbstbestimmt seine eigenen Projekte verfolgen,
- sich mit seiner Tätigkeit identifizieren.

Die Lektüre der letzten drei Kapitel sollte als Hausaufgabe gegeben werden. Ein vorbereitender Leseauftrag ist:

> ■ *Lesen Sie die Kapitel IX bis XI. Inwiefern gelingt es Schlemihl, nachdem er sich von dem Grauen losgesagt hat, ein weniger entfremdetes Leben zu führen?*

In der Folge wird zuerst der letzte Abschnitt des **Arbeitsblattes 17**, S. 101, gemeinsam gelesen.

> ■ *Was macht für Rahel Jaeggi ein nicht entfremdetes Leben aus?*

Nicht entfremdet zu leben heißt für sie, selbstbestimmt zu leben und sich mit den eigenen Projekten zu identifizieren. Dies muss nicht unbedingt ein glückliches Leben sein und schließt Konflikte nicht aus.

In einer kurzen, vorentlastenden Transferphase kann gefragt werden:

> ■ *Fehlen für Sie Aspekte eines nicht entfremdeten, „guten" Lebens? Wenn ja, welche?*

Möglicherweise nennen die Schülerinnen und Schüler Aspekte wie soziale Kontakte (Freundschaft o. Ä.), Erfolg in der selbst gewählten Tätigkeit, die eigene Lebensgeschichte als sinnvolle Geschichte erleben o. Ä.

> ■ *Wer lebt Ihrer Ansicht nach nach diesen Maßstäben ein nicht entfremdetes Leben?*

Anschließend bearbeiten die Schülerinnen und Schüler in Partner- oder Gruppenarbeit die durch die Hausaufgabe vorbereitete Aufgabe:

> In dem folgenden Text skizziert Jaeggi auch, was ein nichtentfremdetes Leben ausmachen könnte. Erörtern Sie: Inwiefern gelingt es Peter Schlemihl am Ende der Erzählung (Kap. IX – XI), nach diesen Kriterien ein „nichtentfremdetes" Leben zu führen?

Mögliche Ergebnisse (jeweils in der Reihenfolge ihres Auftretens in der Erzählung) sind:

Schlemihl hat am Ende der Erzählung seine Entfremdung überwunden:

- Er ist (fast) glücklich (S. 63, Z. 7 ff.), als er sein Glückssäckel los ist (selbstbestimmt).
- Er findet als Naturforscher schlagartig und eindeutig seine Bestimmung (S. 67, Z. 9 – 20) und identifiziert sich mit seinen Vorhaben.
- Er weiß ab nun, was er zu tun hat (er findet eine Unterkunft (S. 67, Z. 31 f.), findet eine eigene Finanzierung (S. 70, Z. 5 ff.) und agiert also selbstbestimmt.
- Er ist als Naturforscher fleißig (S. 70, Z. 11 ff. u. a.) und identifiziert sich mit seinen Vorhaben.
- Er leidet nicht mehr unter der Isolation von den Menschen (S. 70, Z. 18 ff.).
- Das SCHLEMIHLIUM ist zumindest indirekt ein positives Ergebnis seines Lebens (S. 72, 13 ff.), seine Vergangenheit also ein wenig ins Sinnvolle aufgehoben.
- Am Lebensende scheint ihm seine Tätigkeit als Naturforscher sinnvoll und produktiv gewesen zu sein (S. 74, Z. 10 – 29).

Schlemihl hat am Ende der Erzählung seine Entfremdung nicht vollständig überwunden:

- Der alte Mann erinnert ihn an seine Schattenlosigkeit und Schlemihl weint (S. 65, Z. 3 f.).
- Er meidet daraufhin die Menschen und bleibt in der Isolation.
- Alles, was er erforscht, muss doch Fragment bleiben (S. 69, Z. 1 – 4), seine selbst gewählte Tätigkeit ist also nicht völlig erfolgreich.

Zusammengefasst: Schlemihl lebt am Ende der Erzählung nach den Maßstäben von Jaeggi ein unentfremdetes Leben, das aber zugleich doch, da es außerhalb der Gesellschaft gelebt werden muss, trotz seiner Erträge für die Gesellschaft auch als defizitäres angesehen werden dürfte: Schlemihl gelingt es zwar, seine Entfremdung durch die Gesellschaft aufzuheben, indem er sich aus der Gesellschaft zurückzieht, zugleich aber bleibt er doch von der Gesellschaft entfremdet, da er außerhalb ihrer leben muss. So lebt er nur teilweise selbstbestimmt.

Variante 2: Hat die Erzählung ein glückliches Ende?

Ergänzend oder alternativ zu der Zusammenfassung im Hinblick auf die Entfremdung kann, gerade wenn der Entfremdungsansatz nicht oder nur ansatzweise behandelt wurde, eine Zusammenfassung über eine arbeitsteilige Erarbeitung von drei Textstellen aus dem Ende der Erzählung erfolgen:

> Inwiefern hat die Erzählung ein glückliches Ende? Lösen sich Schlemihls Probleme am Ende der Erzählung? Untersuchen Sie arbeitsteilig die folgenden Textstellen und beziehen Sie die letzten drei Kapitel in Ihre Überlegungen ein:
> (1) Schluss der Erzählung (S. 74, Z. 6 – S. 74, Z. 29)
> (2) Schlemihls Traum (S. 63, Z. 12 – S. 63, Z. 30)
> (3) Dialog Bendel – Mina (S. 72, Z. 28 – S. 73, Z. 20)

(1) Am Ende der Erzählung führt Schlemihl ein arbeitsames und wissenschaftlich ertragreiches Einsiedlerleben. Die Ergebnisse seines Forschens wird er der Öffentlichkeit zugänglich machen. Im Vergleich zu seiner vorherigen, ziellosen Existenz führt er also ein erfülltes Leben, er ist allein, fühlt sich aber anscheinend nicht einsam (vgl. S. 70, Z. 18 ff.); allerdings ist er sich bewusst, dass seine Forschungen bei allem Erfolg doch nur fragmentarisch bleiben müssen (S. 69, Z. 2).

(2) Auch nachdem er den Goldsäckel weggeworfen hat, lebt Schlemihl doch weiterhin ohne Schatten und leidet darunter (vgl. S. 64, Z. 15 – S. 65, Z. 4). Ein echtes Happy End in Bezug auf seinen Schatten erlebt er nur im Traum. Interessanterweise träumt er nicht, dass er wieder über einen Schatten verfügt, sondern dass alle Welt keinen Schatten hat. Erst in dieser Situation kommt es zu vollkommener Harmonie: Er sieht alle seine Freunde und auch andere Menschen in einer Atmosphäre von „Blumen und Lieder[n], Liebe und Freude, unter Palmenhainen" (S. 63, Z. 24 f.). Eine Aufhebung seines Problems in der wirklichen Welt aber bleibt ihm versagt.

(3) Das Geld, das er Bendel zur Verfügung gestellt hat, trägt wohltätige Früchte, da seine Freunde Mina und Bendel es sinnvoll angewendet und ein Hospiz eingerichtet haben. Beide denken gerne und warmherzig an Schlemihl, der also nicht von aller Welt vergessen ist und dessen Schattenverkauf so indirekt schließlich doch auch gute Folgen hat. Beide trauern den weltlichen Freuden nicht nach und hoffen auf das Himmelreich (S. 73, Z. 7 ff.).

In einer zweiten Arbeitsphase werden Dreiergruppen mit je einer Vertreterin/einem Vertreter von (1), (2) und (3) gebildet:

> ■ *Tauschen Sie sich über Ihre Ergebnisse aus. Interpretieren Sie dann vor dem Hintergrund Ihrer Ergebnisse und Ihrer Beschäftigung mit der ganzen Erzählung das Ende der Erzählung (S. 75, Z. 1 – 7).*

Zusammenfassend stellt Schlemihl fest, dass seine Erzählung eine nützliche Lehre enthalte: Prinzipiell gebe es zwei Möglichkeiten der Lebensführung:

- eine „unter den Menschen" (S. 75, Z. 5), für die man den Schatten und das Geld verehren müsse;
- eine andere, in der man sich selbst und seinem „bessern Selbst" (S. 75, Z. 7) lebe.

Gefragt werden kann, ob durch dieses Ende einer der beiden Lebensformen der Vorzug gegeben wird:
Anscheinend entstehen Probleme in der Gesellschaft anderer Menschen erst dann, wenn jemand den Schatten (in welcher Deutung auch immer) und das Geld gering schätzt. Schlemihl hat beides erfahren: wie schwierig es ist, ohne einen Schatten, und auch, am Anfang der Erzählung, wie schwierig es ist, ohne Geld zu leben. Das Ende könnte ironisch gemeint sein (und erinnert an das Vorwort zur französischen Ausgabe, s. **Zusatzmaterial 1**, S. 139).
Die Existenz, welche dem „besseren Selbst" (also vielleicht jenem Teil von sich, den Schlemihl niemals dem Teufel vermachen wollte) gewidmet ist, beschreibt vermutlich die einzige Form, die jemandem bleibt, der sich den gesellschaftlichen Spielregeln nicht beugen möchte: das zu realisieren, was er tatsächlich möchte.

Zusammenfassend scheinen sich so am Ende ein Leben in der Gesellschaft und ein der eigenen Selbstverwirklichung gewidmetes Leben unversöhnlich und einander ausschließend gegenüberzustehen.

Baustein 5: „Peter Schlemihl" als gesellschaftskritischer Text (Kapitel VIII–IX)

 Ein mögliches Tafelbild der gemeinsamen Endbesprechung könnte so aussehen:

Peter Schlemihl am Ende – ein Happy End?

ja	nein
er lebt zufrieden	er lebt allein
seine Forschung ist ertragreich	seine Forschung bleibt Fragment
seine Forschung wird der Öffentlichkeit zur Verfügung gestellt	er muss auf jegliche öffentliche Anerkennung verzichten
sein Geld trägt wohltätige Früchte	

**Leben in der Gesellschaft und selbstverwirklichtes Leben schließen sich gegenseitig aus
– Harmonie allein im Traum –**

Notizen

„Der Herrschaft Zauber aber ist das Geld …"

- „Der Herrschaft Zauber aber ist das Geld" – Wie verstehen Sie dieses Zitat aus einem Chamisso-Gedicht in der Überschrift dieses Arbeitsblattes?
- Sortieren Sie die folgenden Figuren der Erzählung in das Koordinatensystem ein: Thomas John, Bendel, Rascal, Mina, Minas Vater, der Handelsmann (S. 35).

	Geld sehr wichtig	Geld eher unwichtig
eher negative Figur		
eher positive Figur		

- An welche Stelle des Textes erinnert Sie der Cartoon? Wie lässt sich Schlemihls Verhältnis zum Geld in dieser Situation charakterisieren? Wie verändert sich seine Einstellung zum Geld im Laufe der Erzählung? Zeichnen Sie auch Schlemihl in das Koordinatensystem ein.

- Vor allem der Geschäftsmann Thomas John und Schlemihls Diener Rascal sind vom Geld besessen. Beide sind in Wirklichkeit ganz anders, als sie der Gesellschaft erscheinen. Arbeiten Sie diesen Unterschied heraus. Berücksichtigen Sie dafür die folgenden Textpassagen: Thomas John: S. 12, Z. 18 – S. 13, Z. 15, S. 62, Z. 25 – 33. Rascal: S. 34, Z. 21 – Z. 30, S. 51, Z. 12 – S. 52, Z. 2, S. 56, Z. 3 – 22. Welches Urteil spricht die Erzählung schließlich über diese beiden Figuren?

- Offensichtlich ist das Geld in der Erzählung ein Instrument, mit welchem der Teufel manche Figuren und vielleicht auch die Gesellschaft insgesamt steuern kann. Wie beeinflusst das Geld zusammengefasst Thomas John und Rascal wie auch die Gesellschaft insgesamt?

Werner Feudel: Der Pakt als Geschäft (1988)

So gewiss Chamisso eine allegorische[1] Dichtung fernlag und der Anlass zur Verwendung des Schattenmotivs mehr oder minder zufällig war, so gewiss kommt dem Schattenverlust im Rahmen der Geschichte ein allgemeinerer, über die Handlung hinausweisender Symbolwert zu. [...] [Der] Wert [des Schattens] und seine Bedeutung werden erst in den Beziehungen des Helden zu seinen Mitmenschen offenbar. Auslösendes Moment des Geschehens ist die fantastische Fiktion, dass der Schatten tauschbar ist, zur Ware wird, die man gegen Geld verkaufen kann. Es ist in der Geschichte nicht mehr von einem Pakt im Sinne des Volksbuches[2] die Rede, sondern von einem Handel, einem Geschäft, das, einmal abgeschlossen, durch nichts mehr rückgängig zu machen ist, es sei denn durch ein neues Geschäft unter anderen Bedingungen. Daraus ergibt sich die persönliche Problematik des Helden und zugleich auch der soziale, gesellschaftskritische Aspekt der gesamten Geschichte. [...]

Der Schatten hat [...] etwas mit der von überkommenen Konventionen, von Herkunft und Besitz, Rang und Gewohnheiten abhängigen bürgerlichen Reputation zu tun, mit jenen unwägbaren, vom Dichter absichtlich nicht näher ausgeführten Faktoren, von denen der Grad der sozialen Einordnung in die bürgerliche Gesellschaft bestimmt wird. Dabei ist es gleichgültig, ob das Geld oder der Besitz rechtmäßig oder unrechtmäßig erworben sind, wie das Beispiel des Betrügers Rascal zeigt. [...] Die dargestellten, auf Besitz und Konventionen beruhenden Normen bürgerlichen Zusammenlebens erscheinen als bösartig, inhuman [...]. Wenn mit diesen Ausführungen der Sinn des Schattenmotivs auch nicht festzulegen, allenfalls zu umschreiben ist, so kann man dennoch den Schatten als „Symbol aller bürgerlichen Solidität und menschlichen Zugehörigkeit ansehen", wie es Thomas Mann formuliert,[3] und die Schattenlosigkeit des Helden, sieht man sie im Zusammenhang mit der in der gesamten Geschichte zum Ausdruck kommenden sehr kritischen Haltung Chamissos gegenüber den erwähnten Normen bürgerlichen Zusammenlebens, im weitesten Sinne als dichterisches Gleichnis für die problematisch gewordenen Umweltbeziehungen des Einzelmenschen innerhalb der bürgerlichen Gesellschaft [...].

Werner Feudel: Adelbert von Chamisso. Leipzig, 1988, Reclam, S. 80–85

---

[1] Allegorie: bildliche, figürliche Darstellung eines abstrakten Begriffs (z. B. blinde Frau für Gerechtigkeit)
[2] Z. B. des Volksbuches über Dr. Faust: Der Teufel verspricht Faust, ihm 24 Jahre zu dienen und ihm jeden Wunsch zu erfüllen, dafür bekommt er anschließend Fausts Seele. Faust genießt daraufhin das Leben in vollen Zügen, verfügt über magische Kräfte und verkehrt mit den Großen der Welt.

[3] Siehe Textausgabe, S. 96.

■ *Verstehen Sie zuerst, was Feudel eigentlich sagt. Bearbeiten Sie dazu die folgenden Arbeitsaufträge, die Sie einmal durch den Text führen:*
- *Sammeln Sie alle Stellen, in denen Feudel Vorschläge formuliert, wie das Schattenmotiv zu deuten sein könnte (Schatten = ?).*
- *Was unterscheidet Schlemihls „Geschäft" von dem „Pakt" im Volksbuch?*
- *Welches Bild der Gesellschaft wird laut Feudel in „Peter Schlemihls wundersame Geschichte" gezeichnet?*

■ *Angenommen, der grau hinterlegte Satz sei die Kernthese von Feudels Text. Mit welchen Argumenten wird diese in dem Text begründet?*

■ *Überzeugt Sie Feudels Lesart? Erläutern und kommentieren Sie den grau hinterlegten Satz vor dem Hintergrund von Chamissos Erzählung.*

„Peter Schlemihls wundersame Geschichte" und die neue Wirtschafts- und Finanzkrise

Übung zur textgebundenen Erörterung

Gesetzt den Fall, Ihnen wird die folgende Klausuraufgabe gestellt:

2009 brachte der Publizist und Literaturwissenschaftler Michael Bienert Chamissos Erzählung von Peter Schlemihl in Zusammenhang mit der neuen Wirtschafts- und Finanzkrise (s. Textausgabe, S. 100 f.).

- *Erörtern Sie, inwiefern Michael Bienerts Deutung der Rolle des Geldes in „Peter Schlemihls wundersame Geschichte" zutrifft.*
- *Erarbeiten Sie zunächst die Positionen Bienerts.*
- *Erörtern Sie dann Bienerts Text in Bezug auf „Peter Schlemihls wundersame Geschichte".*

Bearbeiten Sie die folgenden Arbeitsaufträge:

I. Textanalyse:

1. Welche der folgenden Deutungshypothesen trifft/treffen am ehesten auf Bienerts Text zu?

☐ (1) „Peter Schlemihl" zeigt, dass unendliche Reichtümer einen teuflisch „hohen Preis" (S. 101, Z. 11) haben.
☐ (2) „Peter Schlemihl" thematisiert v.a. die Außenseiterproblematik.
☐ (3) Die zentrale Aussage von „Peter Schlemihl" ist, dass die Menschheit nur frei werden kann, wenn sie sich von der Abhängigkeit vom Geld löst.
☐ (4) „Peter Schlemihl" ist ein zutiefst aufklärerischer Text.

2. Unten finden Sie eine Reihe von paraphrasierten¹ Aussagen aus Bienerts Text. Belegen Sie diese Aussagen, indem Sie die dazugehörigen Zeilenangaben dahinter notieren.

(a) Die aktuellen Geschehnisse zeigen die Aktualität von Schlemihls Handel Geld gegen persönliche Integrität.
(b) Die klassischen Deutungen sind nicht falsch.
(c) Bienert setzt nicht beim Schattenmotiv, sondern beim Paktmotiv an.
(d) Die Blendung des Protagonisten ähnelt der heutigen Verblendung der Akteure auf den Finanzmärkten.
(e) Eine Parallele zwischen beiden besteht darin, dass das Geld kein reales Zahlungsmittel, sondern ganz abstrakt ist.
(f) So wie in Schlemihls Säckel vermehrt sich heute auf den Kapitalmärkten das Geld rasend.
(g) Die einzige Lösung im „Schlemihl" ist die Befreiung von der Abhängigkeit von Geld und Geldgier.
(h) Es gibt kein Zurück in einen „paradiesischen Zustand vor dem Sündenfall".
(i) Die Erzählung zeigt bescheidene Auswege aus dem Verhängnis in den Bereichen Wissenschaft und Wohltätigkeit.

Argumentationsstruktur:

3. Im Folgenden finden Sie zwei Ansätze für eine Rekonstruktion der Argumentationsstruktur. Entscheiden Sie sich für diejenige, die Ihnen am plausibelsten den Text wiederzugeben scheint, und ergänzen Sie sie. Lassen Sie die Aussagen weg, die sich nicht sinnvoll in das Schema einfügen lassen, und überlegen Sie, welche Funktion sie für den Text haben könnten.

---

¹ paraphrasieren (gr.): mit eigenen Worten wiedergeben

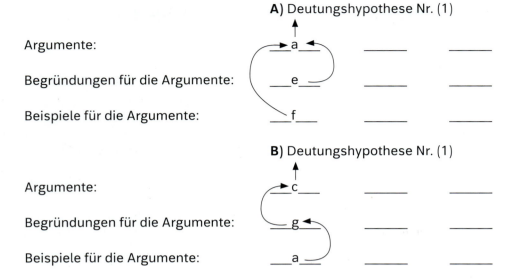

4. Analysieren Sie wesentliche sprachliche Gestaltungsmittel des Textes und ihre Funktion.

II. Texterörterung

5. Wählen Sie die Argumente aus, die Sie erörtern wollen.
   Sammeln Sie eigene Überlegungen, mit denen Sie diese Argumente kritisieren, bekräftigen oder ausbauen wollen.
   Stützen Sie Ihre eigenen Überlegungen durch die Erzählung.

Als Anregung können bspw. die folgenden Ansätze dienen. Suchen Sie diejenigen heraus, die Ihnen plausibel und produktiv zu sein scheinen, und erweitern Sie sie. Natürlich können Sie aber auch eigene Ansätze entwickeln.

- Schlemihl ist am Anfang, am Ende und eigentlich die ganze Erzählung hindurch eine Randfigur der Gesellschaft.
- Schlemihl verkauft seine Seele (= tiefere persönliche Integrität? innere Ehre?) nicht.
- Wie steht es heute mit dem Ansehen von Bankmanagern in der breiten Öffentlichkeit?
- Schlemihl ist nur am Anfang der Erzählung vom Geld „geblendet", danach möchte er es loswerden, der Teufel lässt ihn aber nicht.
- Höhepunkt im VIII. Kapitel; danach ist der Graue weg und der Bann anscheinend gebrochen, denn von der Schattenlosigkeit ist nicht mehr die Rede.
- Textende. Schlemihl kommt zu sich, auch Mina und Bendel tun Gutes, so wird alles „gut", aber nicht mehr so wie zuvor: Weder heiraten Schlemihl und Mina, noch lebt er in der Gesellschaft; und auch Mina und Bendel sind nur Einzelne, die Gutes tun.

■ 6. Schließlich wird von Ihnen erwartet, dass Sie Ihre Ergebnisse in einen größeren Zusammenhang stellen und kontextualisieren. Hierzu einige mögliche Ansätze:
  - Epoche der Romantik (z. B.: die Behandlung des Themas Geld in der Erzählung ist recht unmärchenhaft realistisch)
  - Bienerts Bezug auf die Aufklärung (S. 101, Z. 20 ff.) (z. B.: Gibt es weitere Elemente der Erzählung, die aufklärerische Züge tragen? Ist die Erzählung insgesamt, was das Geldthema angeht, eher optimistisch oder pessimistisch?)
  - Chamissos Biografie (z. B.: Stützt Chamissos Biografie, dass es sich bei dem von Bienert behandelten Thema tatsächlich um die zentrale Frage des Textes handelt?)
  - „Peter Schlemihls wundersame Geschichte" zusammengefasst (z. B.: Handelt es sich um ein „Märchen", wie Bienert schreibt (S. 101, Z. 9), oder eher um etwas anderes?)

Kapitel VIII. Entfremdung? Das Ende von Schlemihls Geschichte

Rahel Jaeggi: Wenn das Leben einen lebt – Entfremdung

Die Berliner Philosophin Rahel Jaeggi hat sich in einem Buch mit dem Begriff der „Entfremdung" beschäftigt, der u. a. in der Marx'schen Theorie eine wichtige Rolle spielt. In einem Spiegel-Interview fasst sie ihre eigene Interpretation von Entfremdung zusammen:

Jaeggi: Nach meiner Theorie ist ein Mensch entfremdet, dessen Selbst- und Weltbezug gestört ist. Er fühlt sich fremd seinem eigenen Leben gegenüber, seinen Handlungen oder seinen Wünschen gegenüber, er ist beziehungslos gegenüber der sozialen, aber auch der dinglichen Welt, die ihn umgibt. Der entfremdete Mensch hat den Eindruck, dass nicht er selbst es ist, der autonom sein Leben steuert. Es geht also um eine eher formale Definition. Man sollte gar nicht erst danach fragen, wer man „wirklich ist", oder was man wirklich will in einer Art und Weise, die suggeriert, es gäbe da einen unhintergehbar „inneren Kern". Dennoch lassen sich in der Art und Weise, wie wir uns auf das, was wir tun, beziehen können, oder wie wir uns etwa in sozialen Rollen bewegen, und wie „anschlussfähig" und offen die Erfahrungen sind, die wir machen, Defizite erkennen. Entfremdung ist dann eine Störung von Aneignungsvollzügen.

Frage: Können Sie ein Beispiel geben?

Jaeggi: Viele Menschen fühlen sich in ihren gesellschaftlichen Rollen fremd, sind von ungewollten Wünschen beherrscht oder leiden unter der eigenen Indifferenz zu ihrer Umwelt. Ein Beispiel aus meinem Buch: Ein junger Wissenschaftler, ein begabter Mathematiker, tritt seine erste Stelle an. Gleichzeitig beschließen er und seine Freundin zu heiraten, schon wegen der Steuern. Dann kommt ein Baby. Die Familie zieht in einen Vorort, wo sich ein Haus mit Garten bezahlen lässt, auch schöner für das Kind.

Frage: Eine ganz normale Geschichte …

Jaeggi: Der Mann hat früher ein wildes Leben zwischen besessener Arbeit und exzessivem Nachtleben geführt, sich wochenlang von Fastfood ernährt und am Wochenende in Tankstellen eingekauft. Er hätte sich niemals vorstellen können, dass er eines Tages jeden Samstag mit dem Kombi ins Einkaufszentrum fährt, die Vorräte für die Woche in der Tiefkühltruhe verstaut, sich abends bemüht, rechtzeitig von der Arbeit nach Hause zu kommen, weil der Rasen vor der Grillparty noch gemäht werden muss. Mit seiner Frau spricht er vor allem über Organisatorisches. Manchmal kommt ihm das unwirklich vor: Alles ist mit einer gewissen Zwangsläufigkeit geschehen, und trotzdem erscheint ihm sein Leben fremd, so als wäre es nicht sein eigenes.

Frage: Wäre es nicht eine erwachsene Haltung zu akzeptieren, dass sich Lebensumstände ändern und man in seinen Zielen auch Kompromisse machen muss?

Jaeggi: Natürlich muss man auch Kompromisse eingehen, aber sie sollten bewusst getroffen werden. Und natürlich gibt es auch immer Konflikte. Aber diese müssen als solche überhaupt erst zugänglich werden. Gerade das ist in diesem Beispiel noch gar nicht der Fall. Das Problem des Mathematikers ist der Kontrollverlust. Man kann nicht wirklich sagen, dass er zu irgendetwas gezwungen wurde. Aber die Dinge haben eine Eigendynamik gewonnen, eines kommt zum anderen, und so schlittert er in diese neue Lebenssituation, die zugleich eigentümlich erstarrt ist: Ohne drastische Maßnahmen kommt er da nicht mehr raus. Nicht er lebt sein Leben, sondern das Leben lebt ihn. Für die Analyse solcher Erfahrungen eignet sich der Entfremdungsbegriff.

Interview: Christian Weber. URL: http://www.spiegel.de/wissenschaft/mensch/entfremdung-vom-ich-ferngesteuert-durchs-eigene-leben-a-619354-druck.html, 19.4.2009

---

1. Sammeln Sie die Merkmale von „Entfremdung", die Jaeggi anführt, und versuchen Sie, sie durch eigene Beispiele zu erläutern.

2. Suchen Sie Phänomene von „Entfremdung" (oder auch – „Nicht-Entfremdung") in Kapitel VIII von Chamissos Erzählung.

3. Stellen Sie Ihre Ergebnisse in tabellarischer Form zusammen und kommen Sie zu einer begründeten Einschätzung: Inwiefern ist Schlemihls Situation in Kapitel VIII eine von „Entfremdung"?

Schlemihls Enfremdung

Jaeggi: Entfremdung	Schlemihl in Kapitel VIII
das eigene Leben als fremdes leben (Z. 2 ff.)	ja: Schlemihl - ist „seltsam zumut" (S. 59, Z. 20) ……..
Gegenmaßnahmen	

4. In dem folgenden Ausschnitt stellt Jaeggi zwei prinzipiell unterschiedliche Sichtweisen von Entfremdung gegenüber. Welche dieser beiden Sichtweisen scheint Ihnen eher für Peter Schlemihls Geschichte in den ersten acht Kapiteln zuzutreffen? Begründen Sie.

Rahel Jaeggi: Entfremdung *von* der oder *durch* die Gesellschaft?

Entfremdung stellt sich entweder als Entfremdung durch das Soziale oder *vom* Sozialen, *durch die* oder *von* den anderen dar und letztlich als Entfremdung *durch* oder *vom* Allgemeinen[1]. Je nachdem, welchen Standpunkt man hier einnimmt, wird die Möglichkeit zu Authenzität oder Selbstverwirklichung in einem Bereich jenseits der mit anderen geteilten Praktiken, Rollen und Institutionen oder aber in diesen zu suchen sein.

Interview: Christian Weber URL: http://www.spiegel.de/wissenschaft/mensch/entfremdung-vom-ich-ferngesteuert-durchs-eigene-leben-a-619354-druck.html, 19.4.2009

[1] Gemeint ist wohl das gesellschaftliche Große-Ganze.

5. Schlemihl wehrt sich und wirft den Geldsäckel fort (S. 62, Z. 33 ff.). Diese Stelle markiert einen Wendepunkt in seiner Entfremdungsgeschichte. Schreiben Sie auf, welche Gedanken und Empfindungen Schlemihl in diesem Augenblick durch den Kopf gehen. Formulieren Sie diesen Text als Anrede an Chamisso in der Art wie auf S. 20, Z. 31 ff. oder S. 53, Z. 5 ff. Beziehen Sie einige Momente aus den ersten acht Kapiteln mit ein, die Ihnen wesentlich zu sein scheinen (also etwa die Ankunft am Anfang, die Liebe zu Mina, die Arroganz von Thomas John, die erste Nacht auf dem Geldhaufen usw.).

6. In dem folgenden Text skizziert Jaeggi auch, was u. a. ein nicht entfremdetes Leben ausmachen könnte. Erörtern Sie: Inwiefern gelingt es Peter Schlemihl am Ende der Erzählung (Kap. IX-XI), nach diesen Kriterien ein „nicht entfremdetes" Leben zu leben?

Rahel Jaeggi: Nicht entfremdet zu sein …

[…] Nicht entfremdet zu sein, bezeichnet eine bestimmte Weise des Vollzugs des eigenen Lebens. Es wäre ein Leben, in dem man selbstbestimmt seine Projekte verfolgt, die man sich dabei zu eigen macht und mit denen man sich identifizieren kann. Nicht-Entfremdung ist weder ein harmonisch-konfliktfreier Zustand noch ist es identisch mit dem, was manche Menschen als „Glück" bezeichnen, aber vielleicht ist es das Einzige, was wir über das gute Leben sagen können oder sollten. Das könnte mehr sein, als man auf den ersten Blick denkt.

Auszug aus: Rahel Jaeggi: Entfremdung. Frankfurt/M., Campus, 2005, S. 255

Baustein 6

„Wundersam" – „Peter Schlemihl" als ein Text der literarischen Romantik

Üblicherweise wird Chamissos Erzählung der literarischen Romantik zugeschrieben. Hierfür lassen sich gute Gründe finden, die in die Frage nach dem „Wundersamen" der Erzählung münden: Dieser Begriff avanciert als ein Inbegriff des Geheimnisvollen zur Zeit der Romantik zum Modewort (Baustein 6.1).

Die Frage, welcher Gattung „Peter Schlemihls wundersame Geschichte" zuzuschreiben ist, ist bis heute umstritten. Sie hängt eng mit der Frage zusammen, wie das Verhältnis von „Wunderbarem" und „Wirklichkeit" in der Erzählung gesehen wird (Baustein 6.2). Von einem Volksmärchen unterscheidet sich der Text durch die Tatsache, dass er von einem Autor erfunden und verfasst wurde. Außerdem hat die dargestellte Wirklichkeit auch im Detail große Ähnlichkeit mit der alltäglichen Wirklichkeit von Chamissos Zeitgenossen: Ganz offensichtlich wird eine reale Welt gezeigt, in welche, wie es für fantastische Literatur charakteristisch ist, von außen geheimnisvolle, unerklärliche Erscheinungen einbrechen. Da die Erzählung sich gleichzeitig in vielfacher Hinsicht märchenhafter Elemente bedient, hat man versucht, sie als „Kunstmärchen", „Wirklichkeitsmärchen" oder „Märchennovelle" zu fassen (vgl. Textausgabe, S.112, Z. 12ff.).

Das Interesse am düster Abgründigen verbindet die Erzählung zudem mit den „Nachtmeerfahrten" der sogenannten „schwarzen Romantik" wie etwa den Erzählungen E.T.A. Hoffmanns (Baustein 6.3, **Zusatzmaterial 4**, S. 143). Aber auch hier stößt eine eindeutige Zuordnung an ähnliche Grenzen, wie schon der Versuch, eine eindeutige Gattungszugehörigkeit zu bestimmen: Bei allen wunderbaren und geheimnisvollen Geschehnissen steht die Erzählung doch fest auf dem Boden der wirklichen Welt und zeigt diese nicht so, dass wie „in der Romantik die Tageswirklichkeit durchsichtig wird auf eine zweite, höhere Welt hin"[1]. Peter von Matt stellt pointiert fest: „Während die eingefleischten deutschen Romantiker die blaue Blume suchten, wurde Adelbert von Chamisso Botaniker. Während sie auf ihre Seelenreisen gingen, begann er eine wissenschaftliche Weltumseglung."[2]

Romantisch ist schließlich auch die Einbindung des Autors in romantische Netzwerke seiner Zeit (Baustein 6.4). Diese spiegelt sich in dem vorangestellten Briefwechsel, dessen Funktion für die Erzählung uneindeutig bleibt: Die vorangestellten Briefe realer Personen scheinen Schlemihl zu einer wirklichen Gestalt und seine Abenteuer zu authentischen Ereignissen machen zu wollen. Dies unterstützen die Herausgeberfiktionen: Chamisso, dem die Erzählung nicht gelungen zu sein scheint (s. S. 6, Z. 7ff.), ist das Manuskript von Schlemihl zugespielt worden, Fouqué unternimmt es angeblich gegen den Willen Chamissos, einen Verlag für die Erzählung zu suchen. Vielleicht besteht die Funktion dieses Vorspanns v.a. darin, das Spielerische der Erzählung zu betonen.

Im Unterricht sollte in jedem Fall der Begriff des „Wundersamen" behandelt werden (Baustein 6.1). Die Sonderstellung von Chamissos Erzählung in der deutschsprachigen Literatur

---

[1] Peter von Matt: Nachwort, in Chamisso (2010), S. 133
[2] Peter von Matt: Nachwort, in Chamisso (2010), S. 135. Biografische Informationen s. Textausgabe, S.77ff. Sicherlich sind neuere Ansätze produktiv, welche die Erzählung in ihrer Modernität zu fassen versuchen, indem sie auf das zeitgenössische Literatursystem, etwa den Bildungsroman, bezogen wird oder indem ihren vielfältigen Zitatbezügen zu anderen literarischen Texten nachgegangen wird. Sie sprengen aber den Rahmen des im Schulunterricht Leistbaren.

um 1810 kann über die Behandlung der Gattungszugehörigkeit (Baustein 6.2, Schwerpunkt Märchenbegriff) oder über die Einbeziehung von E.T.A. Hoffmanns Erzählung „Die Abenteuer der Silvester-Nacht" (Baustein 6.3, Schwerpunkt Fantastische Literatur) bearbeitet werden. Beide Bausteine kommen zu ähnlichen Ergebnissen: Chamissos Erzählung ist fester in der Wirklichkeit verankert als andere romantische Texte der Zeit. Dabei konzentriert sich Baustein 6.2 auf die Frage, inwiefern die dargestellte Welt insgesamt eine märchenhafte, „wundersame" ist, während die Einbeziehung von Hoffmanns Erzählung eher die Frage aufwirft, inwiefern sich die handelnden Figuren auf eine wirkliche oder eine eingebildete Welt beziehen. Da es sich bei beiden Elementen um zentrale Gestaltungsmittel romantischer Literatur handelt, ist es auch möglich, sowohl Baustein 6.2 als auch Baustein 6.3 im Unterricht zu behandeln. Die Behandlung von Baustein 6.4 ist fakultativ, zumal wenn Chamissos Biografie bereits mit Baustein 4.2 behandelt wurde.

6.1 „Wundersam" – zur Karriere eines romantischen Modeworts

„Wundersam" und „wunderbar" werden in der Zeit der Romantik zu Schlüsselwörtern. Die romantische Bewegung hat ein Faible für rational nicht Fassbares wie Wunder und Geheimnisse. Wie die Faksimile-Ausgabe des eigenhändigen Manuskripts zeigt,[1] hatte Chamisso seinen Text anfangs als „Peter Schlemiel's Schicksale" betitelt, die Erstausgabe 1814 allerdings trägt dann den Titel „Peter Schlemihl's wundersame Geschichte"[2], welche den Text so schon mit seiner Titelgebung in den romantischen Kontext einschreibt.[3] „Wundersam" wird im Text mehrfach verwendet, so findet es das lyrische Ich im Widmungsgedicht „wundersam", wie ihm später, als es den Text wieder zur Hand nimmt, die Erinnerung an Schlemihl kommt (S. 10, Z. 19). Hitzig bezeichnet in seinem im Vorspann enthaltenen Brief an Fouqué die Geschichte als „wundersam" (S. 9, Z. 20), der Teufel wird, als er sich dem geflüchteten Schlemihl später anschließt, als „wundersamer Begleiter" bezeichnet (S. 60, Z. 13), Bendel sagt im „Schlemihlium", es sei ihnen allen doch „wundersam ergangen" (S. 73, Z. 5), und auch Schlemihl selbst spricht von seiner eigenen Geschichte am Ende der Erzählung als einer „wundersamen" (S. 75, Z. 2). Das Wort „wunderbar" findet sich zweimal in der Erzählung (S. 52, Z. 13, S. 67, Z. 5), Schlemihl wird im Vorspann als „wunderlicher Mann" (S. 6, Z. 15 f.) bezeichnet usw. Insgesamt finden sich also in der Erzählung zahlreiche Wortbildungen mit dem Wortstamm „wunder". Dass dies zeittypisch ist, zeigt ein Blick auf den Ngram Viewer von Google, mit dem sich die zeitliche Entwicklung der Worthäufigkeit einzelner Begriffe in googlebooks recherchieren lässt (s. **Arbeitsblatt 18**, S. 116): „Wundersam" und „wunderbar" verzeichnen nach 1800 einen signifikanten Anstieg.

Als Einstieg in den Baustein insgesamt bietet sich eine Thematisierung der verschiedenen Wortbedeutungen des in Baustein 6 überall im Zentrum stehenden Begriffs des „Wundersamen" an. Ein Tafelbild informiert über die verschiedenen Bedeutungsfacetten von „wundersam" und „wunderbar" (s.a., in etwas anderer Reihenfolge, Textausgabe, S. 105) und fordert die Schülerinnen und Schüler auf, diese Verwendungsweisen durch eigene Beispiele zu erläutern:

> ■ *Geben Sie Beispiele für die Verwendungsweise der beiden Begriffe und versuchen Sie, Ihre Beispiele den verschiedenen Bedeutungsfacetten zuzuordnen: eine wundersame Rettung (b), ein wunderbares Essen (d) usw.*

---
[1] Vgl. Chamisso (2014 (b))
[2] Vgl. Chamisso (1999)
[3] Eine detaillierte Darstellung der Titeländerungen findet sich in Chamisso (2003), S. 132 f.

> **wundersam/wunderbar**
>
> (a) rational nicht fassbar (etwa aus der Welt der Märchen, der Zauberei usw.)
> (b) sonderbar, merkwürdig
> (c) überraschend, interessant
> (d) bewundernswert

Die verschiedenen Schülerbeispiele werden gesammelt und dabei den verschiedenen Bedeutungsfacetten zugeordnet. Dies wird nicht immer eindeutig möglich sein, so könnte etwa eine „wundersame Melodie" mit guten Gründen zu (b), (c) und (d) zugeordnet werden.

■ *Was haben alle diese Bedeutungsfacetten gemeinsam? Inwiefern unterscheidet sich „wundersam" von „wunderbar"?*

Gemeinsam ist allen diesen Bedeutungen v.a., dass sie etwas „Außergewöhnliches", „Erstaunliches" bezeichnen. Dabei teilt sich die Bedeutung analog zu der des zugrunde liegenden Begriffs „Wunder" in zwei Grundbedeutungen: Zum einen bezeichnet ein Wunder ein den Naturgesetzen oder der Erfahrung widersprechendes und übernatürlichen Kräften zugeschriebenes Ereignis (also (a) und mit Abstrichen (b)), zum anderen etwas, was durch sein Maß an Vollkommenheit das Übliche weit übertrifft (also (d) und mit Abstrichen (c)). Beide Grundbedeutungen werden durch „wundersam" wie „wunderbar" abgedeckt, im heutigen Sprachgebrauch überwiegt vielleicht für „wundersam" die erste Bedeutung, für „wunderbar" die zweite. Dieses Ergebnis kann in das Tafelbild eingetragen werden:

wundersam/wunderbar	Wunder
(a) rational nicht fassbar (etwa aus der Welt der Märchen, der Zauberei usw.) (b) sonderbar, merkwürdig	(1) den Naturgesetzen oder der Erfahrung widersprechendes und übernatürlichen Kräften zugeschriebenes Ereignis
(c) überraschend, interessant (d) bewundernswert	(2) etwas, was durch sein Maß an Vollkommenheit das Übliche weit übertrifft

Eine Übertragung auf den Titel von Schlemihls Geschichte leistet der folgende Impuls:

■ *Welche der Bedeutungsfacetten passt Ihrer Ansicht nach am ehesten zu der Erzählung? Inwiefern ist „Peter Schlemihls wundersame Geschichte" wundersam?*

Passend sind wohl v.a. (a) und (c): Die erzählten Ereignisse sind interessant und überraschend, auch weil sie von unerklärlichen Geschehnissen berichten.

Anschließend werden die Schülerinnen und Schüler über diesen Begriff für die Frage nach der Epochenzugehörigkeit des Textes sensibilisiert. Dabei geht **Arbeitsblatt 18**, S. 116, von dem erwähnten signifikanten Anstieg der Gebrauchshäufigkeit von „wundersam" nach 1800 aus und bietet die Möglichkeit, eventuelles Vorwissen der Schülerinnen und Schüler zur Romantik abzurufen:

Baustein 6: „Wundersam" – „Peter Schlemihl" als ein Text der literarischen Romantik

■ *Ein großer Suchmaschinenbetreiber bietet einen Service an, mit dem die Häufigkeit des Auftretens einzelner Worte in einem großen Textkorpus bestimmt werden kann. Für „wundersam" ergibt die Suche das oben dargestellte Ergebnis. Wie erklären Sie sich die Häufigkeit des Auftretens von „wundersam" in den Jahrzehnten nach 1800?*

Wenn Schülerinnen und Schüler bereits Kenntnisse über die literarische Romantik in der deutschsprachigen Literatur (1790–1835) gesammelt haben, wird vermutlich das besondere Interesse an Unerklärlichem, Seltsamem usw. angesprochen werden. Wenn nicht, führt ein Text aus der Textausgabe die Lernenden auf diese Spur:

■ *Überprüfen Sie Ihre Erklärungen anhand des Textes von Rüdiger Safranski (Textausgabe, S. 105 f.): Wie würde Safranski die Zunahme des Wortes „wundersam" in deutschsprachigen Publikationen nach 1800 erklären?*

Rüdiger Safranski spricht vom „Gefallen am Rätselhaften" (S. 105, Z. 5 f.), welches sich in der Zeit der Romantik als Gegenreaktion gegen die Aufklärung verbreitet, und führt zur Erklärung eine Reihe von zeitgeschichtlichen Faktoren an: Wirtschaftskrisen, Kriege und der „tumultarischen" Folgen der Französischen Revolution (S. 105, Z. 11) bringen den Glauben an einen vernünftigen und vorhersehbaren Verlauf der Geschichte ins Wanken. Als Gegenreaktion entsteht ein Interesse am Dunklen, Geheimnisvollen und Wunderbaren, in Safranskis Worten: „Am Ende des Jahrhunderts konnte das Wunderliche wieder selbstbewusst als das Wunderbare auftreten." (S. 105, Z. 3 f.) Vorher noch als seltsam, da unvernünftig abgelehnt, wird das Rätselhafte zu etwas Positivem aufgewertet.

Eine Vertiefung dieses Aspekts bietet **Zusatzmaterial 4,** S. 143, das sich anhand eines Textauszuges von Simone Stölzel aus ihrer kommentierten Textsammlung „Nachtmeerfahrten" mit der sogenannten „Schwarzen Romantik" beschäftigt:

■ *Ein großer Teil des Buches von Stölzel besteht aus kommentierten Textauszügen aus romantischen Erzählwerken. Dabei bringt Simone Stölzel auch Auszüge aus „Peter Schlemihls wundersame Geschichte" – Welchen Szenen hätten Sie für das Buch „Nachtmeerfahrten" ausgewählt? Begründen Sie.*

Lösungshinweis: Die von Simone Stölzel ausgewählten Ausschnitte stammen aus Kapitel I (S. 13, Z. 25 – S. 14, Z. 9, S. 15, Z. 1 – Z. 15, S. 15, Z. 28 – S. 19, Z. 15), aus Kapitel II (S. 20, Z. 3 – Z. 16), Kapitel V (S. 44, Z. 19 – Z. 30) und Kapitel VIII (S. 62, Z. 25 – S. 63, Z. 5).

6.2 Zur Gattungsfrage: Märchen, Kunstmärchen oder keins von beidem?

Vertieft und erweitert werden können die vorläufigen Ergebnisse aus Baustein 6.1, indem genauer versucht wird, das Verhältnis von „Wundersamem" und „Wirklichem" in der Erzählung in den Blick zu nehmen.

Immer wieder ist darauf verwiesen worden, dass Chamissos Erzählung sich von Märchentexten dadurch unterscheidet, dass keine „homogen wunderbare Welt" gestaltet werde, sondern die reale Welt spürbar hineinspiele, ja vielleicht sogar, „dass die reale Welt dominiert und nur manchmal von irrealen Momenten durchsetzt erscheint"[1] (vgl. **Arbeitsblatt 19,**

---
[1] Winfried Freund: Adelbert von Chamissos „Peter Schlemihl". Paderborn: Schöningh 1980, S. 50

S. 117). So hat man etwa darauf verwiesen, dass die fiktive Stadt, in der Schlemihl am Anfang der Erzählung von Bord geht, an Hamburg denken lässt, wo sich Chamisso 1807 und 1810 aufhielt.[1] Auch die zahlreichen zeitgenössischen Requisiten, die konkreten Verfassern zugeordneten Bücher, welche Schlemihl im Traum aufgeschlagen auf Chamissos Tisch sieht, oder die sehr konkret benannten Orte, welche Schlemihl später mit seinen Siebenmeilenstiefeln besucht, sind märchenuntypisch. Gleichzeitig aber bedient sich die Erzählung einer ganzen Anzahl aus Märchen bekannter Figuren und Requisiten, vom teuflischen Protagonisten über dessen Tauschobjekte in der „Paktszene" über die Tarnkappe bis zu den Siebenmeilenstiefeln, die Schlemihl auf einer Kirmes erwirbt. Sollte man also eher (vgl. die Auflistung von Merkmalen auf **Arbeitsblatt 19,** S. 118) von einem Kunstmärchen sprechen? Einwenden lässt sich auch hier, dass in der Erzählung eine klare Zweiteilung zwischen wirklicher Welt und den dargestellten märchenhaften Elementen vorherrscht: So wundert sich der Protagonist zwar immer wieder über die rätselhaften Dinge, mit denen er konfrontiert wird (vgl. Kapitel I), gleichzeitig aber erschüttert die Erfahrung des Unerklärlichen seine Weltsicht so wenig, dass er am Ende zum empirisch vorgehenden Naturwissenschaftler mutieren wird. Dies unterscheidet den in der Erzählung dargestellten Kontrast zwischen Wirklichkeit und Wundersamem grundsätzlich von E.T.A. Hoffmanns Erzählungen, wie exemplarisch in Baustein 6.3 gezeigt wird.

So führt **Arbeitsblatt 19**, S. 117 am Ende zu dem Ergebnis, dass in „Peter Schlemihls wundersame Geschichte" die Wirklichkeit das Fantastisch-Wunderbare dominiert und die Erzählung deshalb weder klar der Gattung Volks- noch der Gattung Kunstmärchen zuzuschlagen ist.

Sinnvoll ist, bei dem Vorwissen der Schülerinnen und Schüler anzuknüpfen:

■ *Halten Sie „Peter Schlemihls wundersame Geschichte" für ein Märchen? Begründen Sie.*

Vielleicht werden die Lernenden Bezug nehmen auf die Bedeutung (a) von „wundersam" (s. S. 104) und auf die unerklärlichen Geschehnisse, die märchenhafte Figur des Teufels und die Märchenrequisiten. Eine Möglichkeit zur vertieften Behandlung dieser Frage, welche zugleich die Unterschiede zwischen einem Volksmärchen und Chamissos Erzählung deutlich macht, bietet das Grimm'sche Märchen „Der Bauer und der Teufel". Es ist mit Schlemihls Geschichte motivverwandt:

■ *Lesen Sie das Volksmärchen „Der Bauer und der Teufel" und vergleichen Sie es mit Chamissos Erzählung: Welche inhaltlichen Ähnlichkeiten gibt es?*

Auch hier bietet der Teufel großen Reichtum für eine Gegenleistung an. Weitere inhaltliche Ähnlichkeiten sind etwa, dass der Teufel am Ende leer ausgeht, dass von sagenhaftem Reichtum die Rede ist und dass unklar bleibt, was den Teufel an dem, was er sich für den Reichtum eintauschen möchte, eigentlich interessiert.

Der nächste Arbeitsauftrag führt zu einer genaueren Behandlung der Gattungsfrage:

■ *Auf der nächsten Seite finden Sie eine Gegenüberstellung der Merkmale von „Volksmärchen" und „Kunstmärchen". Arbeiten Sie heraus, warum es sich bei „Der Teufel und der Bauer" um ein Volksmärchen handelt.*

---

[1] Dagmar Walach: Erläuterungen und Dokumente. Adelbert von Chamisso: Peter Schlemihls wundersame Geschichte. Stuttgart: Reclam 1994, S. 19 f.

Lösungshinweise finden sich unter **Arbeitsblatt 19, Lösung** (S. 119).

Anschließend beschäftigen sich die Schülerinnen und Schüler mit dem Text als Volks- oder Kunstmärchen. Möglich ist hier auch eine arbeitsteilige Erarbeitung in Partnerarbeit:

> ■ *Arbeiten Sie anhand der Gegenüberstellung von Volksmärchen und Kunstmärchen heraus, inwiefern es sich bei „Peter Schlemihls wundersame Geschichte" um ein Kunstmärchen und kein Volksmärchen handelt.*

Lösungshinweise finden sich unter **Arbeitsblatt 19, Lösung** (S. 119).

Zusammengefasst weist „Peter Schlemihls wundersame Geschichte" erheblich mehr Züge eines Kunstmärchens als eines „Volksmärchens" auf. Einschränkend könnte aber darauf hingewiesen werden, dass dort zwar Märchenrequisiten eine wichtige Rolle spielen, die dargestellte Welt aber ansonsten in keinerlei Hinsicht eine märchenhafte ist.
Hier knüpft auch das Zitat von Winfried Freund an, der die Ansicht vertritt, dass der Text gar kein Märchen sei, da die Darstellung der wirklichen Welt das Wunderbare dominiere.

> ■ *Erläutern Sie Freunds Position und suchen Sie beispielhafte Belege in Chamissos Erzählung.*

Mögliche Belege in der Erzählung sind beispielsweise:
- die unmärchenhafte Ähnlichkeit der fiktiven Stadt, in der Schlemihl am Anfang der Erzählung von Bord geht, mit Hamburg, wo sich Chamisso 1807 und 1810 aufhielt;
- zeitgenössischen Requisiten: das Dollond-Fernrohr (S. 14, Z. 15), der „Champagner Elfe" (S. 31, Z. 4) u. a.;
- konkreten Verfassern zugeordnete Bücher, welche Schlemihl im Traum aufgeschlagen auf Chamissos Tisch sieht (S. 21, Z. 15 ff.);
- die sehr konkret benannten Orte, welche Schlemihl später mit seinen Siebenmeilenstiefeln besucht (S. 67 ff.);
- die realistisch detaillierten Beschreibungen etwa des Goldsäckels (S. 18, Z. 26 ff.), von Chamissos Empfang in dem Badeort (S. 31, Z. 13 ff.) oder von Chamissos Unfall „auf Nordlands Küsten" (S. 70, Z. 25 ff.);
- die Rolle Chamissos in der Erzählung als Ansprechpartner und Traumgegenstand.

Vertiefungsmöglichkeiten bieten die Texte von Benno von Wiese, Thomas Mann und Dagmar Walach zur Gattungsfrage (Textausgabe, S. 110 ff.). Baustein 6.3 greift zudem die hier angesprochene Problematik durch einen Vergleich mit einer fantastischen Erzählung E.T.A. Hoffmanns wieder auf. In Hoffmanns Texten führt die „krisenhafte Erschütterung der gegebenen Realität" als „Grundereignis der Romantik"[1] dazu, dass die Helden nicht mehr wissen, was real und was geträumt ist. Davon kann bei Chamisso keine Rede sein.

---

[1] Peter von Matt: Nachwort, in Chamisso (2010), S. 133

6.3 Fantasie und Wirklichkeit – „Peter Schlemihl" und „Die Abenteuer der Silvester-Nacht"

Ein zentraler Grund dafür, dass die umstandslose Zuschlagung der Erzählung zur Epoche der literarischen Romantik Schwierigkeiten aufwirft, liegt darin, dass das Wirklichkeitsverständnis der Erzählung von dem Wirklichkeitsverständnis vieler anderer romantischer Texte abweicht: Bei allen fantastischen Geschehnissen kommt es in „Peter Schlemihls wundersame Geschichte" doch nie zu einer Verwischung der Grenze zwischen Wirklichkeit und Fantasie. Dies unterscheidet den Text deutlich von Erzählungen E.T.A. Hoffmanns, wie exemplarisch auf **Arbeitsblatt 20 und 21**, (S. 120 ff.) am Beispiel der unter Einfluss der Erzählung entstandenen „Abenteuer der Silvester-Nacht" erarbeitet wird.

Hoffmann, der Chamissos Erzählung bewundert, verfasst die Erzählung, in welcher Schlemihl namentlich auftritt,[1] in kurzer Zeit im Winter 1814/15. Im Zentrum des Textes steht ein Protagonist, welcher aus Liebe sein Spiegelbild hergibt und wie Schlemihl im Folgenden heimatlos durch die Welt zieht.

In einem ersten Zugriff beschäftigen sich die Schülerinnen und Schüler auf **Arbeitsblatt 20a**, S. 120, anhand der Lektüre von Kapitel 2 der Erzählung mit Parallelen zwischen beiden Texten.

■ *Lesen Sie den Textauszug aus dem 2. Kapitel aus Hoffmanns Erzählung (Textausgabe, S. 115 – 119). Welche inhaltlichen Parallelen und Bezüge weist der Auszug zu Chamissos Erzählung auf?*

Die Lernenden sollten zum einen die Motivparallele Verlust des Schattens – Verlust des Spiegelbildes erkennen, zumal die Hauptfiguren beider Erzählungen ja aufeinandertreffen und der Schlemihl von Hoffmanns Erzählung mit einer Reihe von Einzelheiten aus Chamissos Text versehen ist. (Vgl. etwa S. 115, Z. 31: Schlemihl raucht Pfeife (Chamisso, S. 70, Z. 18), er trägt eine „schwarze Kurtka" (S. 116, Z. 5 – Chamisso, S. 5, Z. 12, S. 64, Z. 9), zieht Pantoffeln über seine Stiefel (S. 116, Z. 6 f. – Chamisso, S. 69, Z. 27 f.), beschäftigt sich mit seltenen Pflanzen, die er einer Kapsel entnimmt (S. 116, Z. 10 f. – Chamisso, S. 6, Z. 17, S. 73, Z. 24) und anscheinend von weit her geholt hat (S. 116, Z. 19), und wirft keinen Schlagschatten (S. 119, Z. 23), woraufhin der Ich-Erzähler ihn erkennt.)

Um die z.T. recht überraschenden, eben „fantastischen" Wendungen von Hoffmanns Erzählung zu erkennen, entwerfen die Schülerinnen und Schüler in einem ersten Schritt eine eigene Vorgeschichte des Spiegelverlusts von Erasmus Spikher und vergleichen diese anschließend mit einer Inhaltsangabe von Hoffmanns Erzählung:

■ *Im Folgenden hinterlässt der Dürre dem Ich-Erzähler seine Lebensgeschichte, in welcher erzählt wird, wie er sein Spiegelbild eingebüßt hat. Entwerfen Sie eine Inhaltsangabe dieser Erzählung. Einige Hinweise gibt Ihnen zudem die kurze Einführung in Hoffmanns Text in der Textausgabe auf S. 114.*

■ *Lesen Sie die Inhaltsangabe von Hoffmanns Erzählung und vergleichen Sie sie mit Ihren Entwürfen: Gibt es Handlungselemente in Hoffmanns Text, die Sie besonders überraschen? Wenn ja, welche?*

---

[1] Hoffmanns Schlemihl hat im Übrigen große Ähnlichkeit mit Chamisso, vgl. die äußere Beschreibung des Schlemihl in Hoffmanns Erzählung im Textausschnitt in der Textausgabe, S. 116, Z. 2 ff. wie auch die Beschreibung von einigen Schwierigkeiten, den richtigen Ausdruck zu finden (ebda, S. 117, Z. 25 ff.), was an den Nichtmuttersprachler Chamisso denken lässt (s. dazu auch Baustein 7.2, S. 127 ff.).

Überraschend ist beispielsweise die Idee der Gesichtsmanipulation über das Spiegelbild, das plötzliche Erscheinen und Verschwinden erst Giuliettas, dann Dapertuttos im Stadtpark und die Forderung beider, Spikher möge seine Familie vergiften.

> ■ *Erarbeiten Sie anhand des Lexikonartikels in der Textausgabe zentrale Merkmale „fantastischer Literatur" (Textausgabe, S. 109f.). Inwiefern legen der Textauszug in der Textausgabe wie auch die Inhaltsübersicht über Hoffmanns Erzählung nahe, es handele sich um einen fantastischen Text?*

Die Ergebnisse des Überblicksartikels werden knapp festgehalten. Zentral sind v.a. zwei Aspekte: (1) der Einbruch übernatürlicher und unheimlicher Kräfte in den Alltag, (2) das Verschwimmen der Grenze zwischen Wirklichkeit und Fantasie.

Anhand der Inhaltsübersicht lassen sich v.a. Argumente für Aspekt (1) finden, Aspekt (2) wird erst im nächsten Arbeitsschritt anhand von **Arbeitsblatt 21**, S. 122f., erarbeitet.

Fantastische Literatur (1)	z. B. E.T.A. Hoffmann: „Die Abenteuer der Silvester-Nacht" (1)
Einbruch übernatürlicher und unheimlicher Kräfte in den Alltag	• Verschwinden des Spiegelbildes • Erscheinungen, die aus dem Spiegel heraustreten (Kapitel III) • Verschwinden Dapertuttos und Giuliettas in Dampf (Kapitel IV) • ….

Arbeitsblatt 21, S. 122 lenkt die Aufmerksamkeit der Lernenden auf den zweiten, anhand der bisherigen Textkenntnisse von Hoffmanns Erzählung kaum zu bearbeitenden Aspekt fantastischer Literatur, das Verschwimmen der Grenzen zwischen Wirklichkeit und Unwirklichkeit. Dieses Verschwimmen ist ein charakteristisches Merkmal von Hoffmanns Erzählen, und auch für die „Abenteuer der Silvester-Nacht" konstatiert Barbara Neymeyr in ihrem Nachwort zu Hoffmanns Erzählung kurz und bündig:

„Den Erzählfluss der Abenteuer der Sylvester-Nacht generieren die projektiven Phantasien des ‚reisenden Enthusiasten', der in einen Prozess fortschreitender Ich-Dissoziation gerät. Dabei gewinnen die Figuren, die aus seinem Inneren hervorgehen, zusehends ein eigenes Profil, weil auch sie erleben und erzählen."[1]

Ganz offensichtlich wird eine Lesart vorgeschlagen, welche die fantastischen Geschehnisse ganz der Fantasie des Ich-Erzählers entspringen lässt. Wie oft bei Hoffmann muss diese Frage für den Leser wie auch für den Protagonisten offenbleiben.

Nach einer ersten Lektüre des Textes auf **Arbeitsblatt 21**, S. 122 führt der folgende Auftrag ins Zentrum der Frage:

> ■ *Von Matt schreibt zu Hoffmanns Erzählung „Die Abenteuer der Silvester-Nacht": „Der Text ist voller Signale, die auf eine […] Verwirrung der Weltwirklichkeit deuten." (Z. 37ff.): Suchen Sie solche Signale in dem Textauszug aus Kapitel II (Textausgabe, S. 115–119).*

---
[1] Barbara Neymeyr: Nachwort. In: E.T.A. Hoffmann: Die Abentheuer der Sylvester-Nacht. Stuttgart: Reclam 2005, S. 64

Bei der zweiten Lektüre des Textausschnitts aus Hoffmanns Erzählung könnten den Schülerinnen und Schülern beispielsweise folgende Details auffallen, die im Tafelbild zur fantastischen Literatur (s. S. 109) nachgetragen werden:

Fantastische Literatur (2)	„Abenteuer der Silvester-Nacht" (2)
Verschwimmen der Grenze zwischen Wirklichkeit und Fantasie	• Auftreten der literarischen Figur Peter Schlemihl in einer Kneipe in der Berliner Innenstadt • frisch gepflückte exotische Pflanzen vom Tschimberasso (S. 116, Z. 9 ff.) • das Gesicht des Kleinen verändert sich in ein Greisengesicht (S. 117, Z. 15 ff.) • das Verschwinden Schlemihls, nachdem er seine Pantoffeln abgelegt hat (S. 119, Z. 25 f.)

Im Folgenden beschäftigen sich die Schülerinnen und Schüler mit von Matts Argumentation, dass „Peter Schlemihls wundersame Geschichte" eigentlich kein romantischer Text sei. Dabei steht von Matts These im Zentrum, die „Erschütterung der gegebenen Realität" sei „das Grundereignis der Romantik" (Z. 28 f.):

■ *Auch wenn Chamissos Erzählung üblicherweise zur romantischen Literatur gezählt wird, ist von Matt der Ansicht, dass sie „quer zum Denken und Gestalten der Epoche" (Z. 3 f.) der Romantik stehe. Wie begründet er diese These? Fassen Sie seine Überlegungen in einem knappen Schaubild zusammen.*

 Von Matt charakterisiert romantische Texte durch eine Gegenüberstellung von wirklicher, empirischer und eigentlicher, seelischer Welt. Diese sei für die romantische Weltsicht eine „höhere" Welt (Z. 9), jene hingegen „belanglos" (Z. 10), jene eine „Täuschung" (Z. 11 f.), diese, das „innerlich Geschaute" (Z. 39 f.,) habe das „höhere Gewicht" (Z. 40): Eine solche Weltsicht bewirke in romantischen Texten wie denen von E.T.A. Hoffmann eine Erschütterung der Welterfahrung, welche „den Helden an jenen Punkt [führe], wo er nicht mehr weiß, was real und was geträumt" (Z. 27 f.) sei. Als Beispiel führt von Matt Hoffmanns Erzählung „Die Abenteuer der Silvester-Nacht" an, um Chamissos Erzählung dagegen abzugrenzen: Bei Chamisso gebe es eine solche Verwirrung nicht, das Wunderbare sei vom Realen klar abgegrenzt, die Wirklichkeit sei als solche stets klar benennbar und die Helden wüssten gewissermaßen jederzeit genau Bescheid, was gerade wirklich passiert.

Tabellarisch sind in etwa folgende Ergebnisse zu erwarten:

von Matt: Die romantische Weltsicht

Wirklichkeit	Fantasie	
Tageswirklichkeit (Licht der Sonne) belanglos	höhere Welt der unendlichen Nacht	
wirkliche Welt als Täuschung	Fantasie als wirkliche Welt	
→ krisenhafte Erschütterung der gegebenen Welt als Grundereignis der Romantik		*Musterbeispiel:* E.T.A. Hoffmann: Die Abenteuer der Silvester-Nacht Gegenbeispiel (und deshalb kein romantischer Text): Chamisso: Peter Schlemihls wundersame Geschichte

Anschließend diskutieren die Schülerinnen und Schüler von Matts Argumentation anhand des folgenden Arbeitsauftrags, der v.a. das jeweilige Ende der beiden Erzählungen in die Argumentation einbezieht:

> ■ *Erläutern, kommentieren und gegebenenfalls widersprechen Sie von Matts Position vor dem Hintergrund Ihrer bisherigen Arbeit an Chamissos Erzählung, indem Sie zum einen das Ende von „Peter Schlemihls wundersame Geschichte" (S. 74, Z. 6 – 75, Z. 7), zum anderen das kurze Nachwort des Ich-Erzählers von Hoffmanns Erzählung (s.u.) vergleichend untersuchen: Wie schätzen die verschiedenen Ich-Erzähler rückblickend jeweils das Verhältnis von Wirklichkeit und Unwirklichkeit in der Erzählung ein?*

U.a. sind folgende Überlegungen denkbar:

Ein möglicher Textbeleg für Matts Argumentation wäre beispielsweise: Als Schlemihl entdeckt, dass er Siebenmeilenstiefel an den Füßen hat, heißt es: „ich glaubte zu träumen, ich biss mich in die Zunge, um mich zu erwecken, aber ich wachte wirklich" (S. 66, Z. 24 f.): Selbst im Angesicht wundersamer Geschehnisse weiß Schlemihl doch stets, dass die gegebene Welt eben die wirklich gegebene Welt ist. Das unterscheidet ihn von Hoffmanns Ich-Erzähler.

Aus dem Nachwort zu Hoffmanns Erzählung geht hervor, dass für den fahrenden Enthusiasten Wirklichkeit und Fantasie nahtlos ineinander übergehen. So hält er die Geschehnisse, in welche er verwickelt ist, für seltsam wie Träume und setzt Julie, die er im Salon des Justizrates wiedersieht, und Giuletta, welche Erasmus Spikher um den Verstand gebracht hat, anscheinend in eins, sodass nicht erstaunlich ist, dass er, wie Spikher, dessen Gesicht sich laufend verändert, an seinem eigenen Spiegelbild zu zweifeln beginnt.

Schlemihl aber stellt am Ende seiner Geschichte trotz all der fantastischen Dinge, von denen er erzählt hat, die Wirklichkeit der Welt und die Gewissheit seiner Welterfahrung überhaupt nicht infrage. Nachdem er zuvor ein Fazit seines wissenschaftlichen Schaffens gezogen hat, vermacht er am Ende die Geschichte seines Lebens Chamisso. Dass er damit eine (allerdings ironisch verpackte) Moral verbindet, spricht dafür, dass er in der wirklichen Welt etwas bewirken will: Im Gegensatz zur romantischen Erregungskunst steckt so hinter Schlemihls Erzählen ein aufklärerischer Impuls.

In tabellarischer Form könnte das Ergebnis etwa so aussehen:

Das Verhältnis von Fantasie und Wirklichkeit

E.T.A. Hoffmann: Erzählende	Chamisso: Erzählende
• Zweifel am eigenen Spiegelbild • Verschmelzen von Julie aus der Welt des Enthusiasten mit Giuletta aus der fantastischen Welt von Erasmus Spikher zu einer Figur • Geschehnisse wie die „besten Träume"	• Schlemihl arbeitet seit vielen Jahren systematisch als Naturwissenschaftler • seine Lebensgeschichte erscheint ihm im Rückblick „wundersam" • Ziel der Veröffentlichung: nützliche Lehre für die Leser
→ keine klare Trennung von inneren und äußeren Vorgängen	→ keine Zweifel an der Realität der umgebenden Welt und der Realität der Geschehnisse

Ausgehend von diesen Befunden muss man von Matt mit seiner Argumentation wohl recht geben.

6.4 Romantiker-Netzwerke: Die Funktion des Vorspanns für die Erzählung

Chamisso war zeit seines Lebens in verschiedene literarische Netzwerke und Literaturzeitschriften eingebunden. Zu Beginn des 19. Jahrhunderts ist er Gast des literarischen Salons von Henriette Herz und Rahel Varnhagen, 1803 gründet er mit seinen Freunden Eduard Hitzig, Karl-August von Varnhagen, Louis de La Foye und anderen den „Nordsternbund" und gibt einige Ausgaben der Literaturzeitschrift „Musenalmanach" heraus, 1810/11 gehört er zum Kreis um Madame de Staël, 1814/15 nimmt er an den Abenden der „Serapionsbrüder" um E.T.A. Hoffmann teil, ab 1824 gehört er zu der von Hitzig gegründeten „Mittwochsgesellschaft", ab 1832 gibt er zusammen mit Gustav Schwab den „Deutschen Musenalmanach" heraus. Als stabile Größen fungieren für Chamisso dabei v.a. die Freunde Eduard Hitzig und Friedrich de la Motte Fouqué. Das spiegelt sich auch in dem der eigentlichen Erzählung vorangestellten Vorspann (S. 5–11).

Chamissos schriftstellernde Freunde sind (bis auf E.T.A. Hoffmann) heute (trotz der Bemühungen von Arno Schmidt um Fouqué) vergessen und nicht mehr Gegenstand des Schulunterrichts. Die Behandlung des Vorspanns konzentriert sich so in diesem Modell v.a. auf die Frage, welche Funktion dieser für die Erzählung haben könnte. Die Textausgabe enthält kurze biografische Hinweise zu den Briefschreibern und -empfängern des Vorspanns (S. 81 f.), auf die auch in den Fußnoten im Vorspann verwiesen wird, sodass sich die Schülerinnen und Schüler eigenständig informieren können. (Eduard Hitzig kann anhand von Baustein 7.1 als

Figur von Hans Natoneks Chamisso-Roman noch einmal thematisiert werden, s. dazu auch den Vorschlag für eine Facharbeit auf S. 155).

Knapp gefasst verfolgt der Vorspann in spielerischer und für romantische Texte typischer, auf Leserverwirrung angelegter Form vier Themen: Zum einen wird in spielerischer Form eine Autor-Fiktion entworfen – Chamisso sei das Manuskript von seinem alten Freund Schlemihl zugestellt worden. Zum anderen behauptet Chamisso im Vorspann, das Manuskript sei eigentlich nicht für eine Veröffentlichung geeignet, woraufhin Fouqué, angeblich ohne Billigung von Chamisso, eigenmächtig beschlossen habe, das Manuskript herauszugeben. Dann berichtet Hitzig 13 Jahre nach der Erstveröffentlichung von dem durchschlagenden (auch internationalen) Erfolg des Textes, welcher die Veröffentlichung rückwirkend rechtfertigt. Und in dem abschließenden Widmungsgedicht an seinen „alten Freund Peter Schlemihl" reflektiert schließlich Chamisso selbst im Rückblick den Text, indem er die Unausdeutbarkeit des Schattenmotivs herausstreicht und autobiografischen Deutungsversuchen eine Absage erteilt. Die Schülerinnen und Schüler arbeiten diese Themen heraus und stellen Überlegungen an, welche Funktion sie für die Rezeption der Erzählung haben könnten. Vorweg überlegen die Lernenden, welche Funktion ein Vorspann aus verschiedenen Dokumenten überhaupt haben könnte:

> ■ *Chamisso hat seiner Erzählung einen Vorspann aus Briefen und einem Gedicht vorangestellt. Stellen Sie Vermutungen an, warum er nicht stattdessen, was ja üblicher wäre, ein Vorwort verfasst hat.*

Vermutet werden könnte z. B., dass Chamisso die Entstehung dokumentieren oder die Reaktion anderer auf die Erzählung darstellen wollte.

> ■ *Lesen Sie nun den Vorspann (S. 5 – 11) und notieren Sie in geraffter Form, welche Aussagen die einzelnen Dokumente zu der Erzählung selbst und zu Schlemihl als Person enthalten. Informationen zu den Briefpartnern finden Sie in der Textausgabe auf S. 81 f.*

> ■ *Überlegen Sie anschließend, welche leserlenkende Funktion diese Aussagen haben könnten.*

Baustein 6: „Wundersam" – „Peter Schlemihl" als ein Text der literarischen Romantik

In knapp gefasster Form sind beispielsweise folgende Ergebnisse zu erwarten:

Der Vorspann

	Aussagen über Schlemihl und die Erzählung	Funktion
Chamisso an Hitzig, 27.09.1813	Schlemihl: alter, gemeinsamer Bekannter, linkisch, Chamisso mag ihn	Plausibilisierung der verschiedenen Ansprachen Chamissos in der Erzählung
	Schlemihl hat Chamisso das Manuskript hinterlassen.	Autor-Fiktion: Die Geschichte ist ‚wirklich passiert', kein fiktionaler Text.
	Chamisso hält die Erzählung für wenig gelungen und nicht veröffentlichenswert.	Herabsetzung des Werts der Erzählung, Bescheidenheit, um wohlwollende Lektüre zu stimulieren?[1]
Fouqué an Hitzig, Mai 1814	Erzählung kann auf Mitgefühl der Leserschaft bauen; Entschluss, die Erzählung gegen den Willen Chamissos zu veröffentlichen[2]	
Hitzig an Fouqué, Januar 1827	durchschlagender, auch internationaler Erfolg der Erzählung	zusätzliche Anstachelung der Leserneugier
Widmungsgedicht, August 1834	Chamisso grenzt sein Schicksal von dem Schlemihls ab (S.10, Z. 26 – S. 11, Z. 5).	Abwehr biografischer Lesarten
	Chamisso betont seine Unwissenheit, was der Schatten bedeuten soll (S. 11, Z.14 f.).	Abwehr einer auktorialen Deutung des Schattenmotivs

→ Der Leser soll sich der Geschichte so neugierig und offen wie einem wirklichen Geschehen nähern.

Abschließend reflektieren die Schülerinnen und Schüler, inwiefern die vermuteten Absichten auch heute noch „funktionieren" könnten:

■ *Stellen Sie sich vor, Sie sollten eine Textausgabe von „Peter Schlemihls wundersame Geschichte" für den Schulgebrauch vorbereiten: Würden Sie den Vorspann in diese Textausgabe aufnehmen oder ihn weglassen? Begründen Sie.*

---

[1] Schlemihl selbst wiederum scheint auf eine Veröffentlichung seines Manuskripts durch Chamisso zu bauen, wenn er am Ende hofft, sie können manchen „zur nützlichen Lehre gereichen" (Textausgabe, S. 75, Z. 4).
[2] Dass dies nachweislich falsch ist, zeigt die Textausgabe, S. 86, Z. 13f.!

Exkurs zu Fouqués Gedicht (Textausgabe, S. 75, Z. 8–19):

Die erzählten Geschehnisse spielen nach 1803–1805 (vgl. S. 5, Z. 7, wo Chamisso die gemeinsame Bekanntschaft mit Schlemihl auf diese Zeit hin festlegt) und vor dem 27.09.1813 (als Schlemihl das Manuskript für Chamisso abgibt). Interessant ist vielleicht, dass bei allem Realismus der Erzählung (s. Baustein 6.2 und 6.3) weder in Schlemihls Geschichte noch im Vorspann die politischen Turbulenzen in Preußen erwähnt werden, so etwa der Krieg gegen Napoleon 1806, an dem Chamisso als preußischer Leutnant in der Festung Hameln beteiligt war, oder die französische Besatzung ab 1806, die Chamisso in eine schwierige Lage brachte (s. Baustein 4.2). Vielleicht hat Chamisso nur so strikte Neutralität durchhalten können, vielleicht wollte er die Geschichte gegen aktuelle, tagespolitische Deutungen abschotten. Und dennoch hat er ganz ans Ende des Textes (S. 75) doch ein Gedicht von Fouqué gerückt, in dem dieser Chamissos Lage zwischen den beiden Vaterländern thematisiert und zugleich feststellt, dass alle politischen Differenzen „auf höherm Feld" (S. 75, Z. 15) aufgehoben würden. Man darf vermuten, dass damit das Feld des Geistes, der Kunst und Literatur und somit auch die Erzählung selbst gemeint sind. Erst durch dieses Gedicht wird Chamissos Text schließlich doch direkt auf die tagespolitische Wirklichkeit und die vertrackte Lage seines Verfassers bezogen.

Notizen

„Wundersam" – zur Karriere eines Modewortes

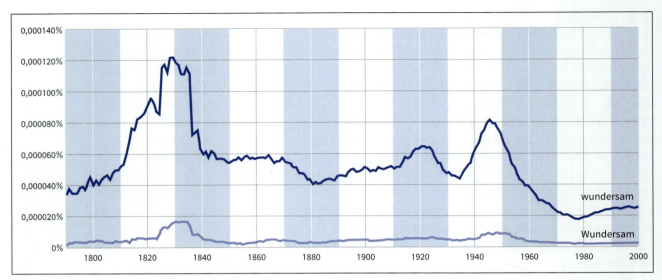

Quelle: google Ngram Viewer

- Ein großer Suchmaschinenbetreiber bietet einen Service an, mit dem die Häufigkeit des Auftretens einzelner Worte in einem großen Textkorpus bestimmt werden kann. Für „wundersam" ergibt die Suche etwa das oben dargestellte Ergebnis. Wie erklären Sie sich die Häufigkeit des Auftretens von „wundersam" in den Jahrzehnten nach 1800?

- Überprüfen Sie Ihre Erklärungen anhand des Textes von Rüdiger Safranski (Textausgabe, S. 105 f.): Wie würde Safranski die Zunahme des Wortes „wundersam" in deutschsprachigen Publikationen nach 1800 erklären?

Ist „Peter Schlemihls wundersame Geschichte" ein Märchen?

- Halten Sie „Peter Schlemihls wundersame Geschichte" für ein Märchen? Begründen Sie.
- Lesen Sie das Volksmärchen „Der Bauer und der Teufel" und vergleichen Sie es mit Chamissos Erzählung: Welche inhaltlichen Ähnlichkeiten gibt es?
- Auf der nächsten Seite finden Sie eine Gegenüberstellung der Merkmale von „Volksmärchen" und „Kunstmärchen". Arbeiten Sie heraus, warum es sich bei „Der Teufel und der Bauer" um ein Volksmärchen handelt.

Brüder Grimm – Der Bauer und der Teufel

Es war einmal ein kluges und verschmitztes Bäuerlein, von dessen Streichen viel zu erzählen wäre; die schönste Geschichte ist aber doch, wie er den Teufel einmal drangekriegt und zum Narren gehabt hat.
Das Bäuerlein hatte eines Tages seinen Acker bestellt und rüstete sich zur Heimfahrt, als die Dämmerung schon eingetreten war. Da erblickte er mitten auf seinem Acker einen Haufen feuriger Kohlen, und als er voll Verwunderung hinzuging, so saß oben auf der Glut ein kleiner schwarzer Teufel. „Du sitzest wohl auf einem Schatz?", sprach das Bäuerlein. „Jawohl", antwortete der Teufel, „auf einem Schatz, der mehr Gold und Silber enthält, als du dein Lebtag gesehen hast." „Der Schatz liegt auf meinem Feld und gehört mir", sprach das Bäuerlein. „Er ist dein", antwortete der Teufel, „wenn du mir zwei Jahre lang die Hälfte von dem gibst, was dein Acker hervorbringt; Geld habe ich genug, aber ich trage Verlangen nach den Früchten der Erde." Das Bäuerlein ging auf den Handel ein. „Damit aber kein Streit bei der Teilung entsteht", sprach es, „so soll dir gehören, was über der Erde ist, und mir, was unter der Erde ist." Dem Teufel gefiel das wohl, aber das listige Bäuerlein hatte Rüben gesät. Als nun die Zeit der Ernte kam, so erschien der Teufel und wollte seine Frucht holen, er fand aber nichts als die gelben welken Blätter, und das Bäuerlein, ganz vergnügt, grub seine Rüben aus. „Einmal hast du den Vorteil gehabt", sprach der Teufel, „aber für das nächste Mal soll das nicht gelten. Dein ist, was über der Erde wächst, und mein, was darunter ist." „Mir auch recht", antwortete das Bäuerlein. Als aber die Zeit zur Aussaat kam, säte das Bäuerlein nicht wieder Rüben, sondern Weizen. Die Frucht ward reif, das Bäuerlein ging auf den Acker und schnitt die vollen Halme bis zur Erde ab. Als der Teufel kam, fand er nichts als die Stoppeln und fuhr wütend in eine Felsenschlucht hinab. „So muss man die Füchse prellen", sprach das Bäuerlein, ging hin und holte sich den Schatz.

Kinder und Hausmärchen, gesammelt durch die Brüder Grimm. Hrsg. v. Heinz Rölleke. Frankfurt/M.: Deutscher Klassiker Verlag 1985, S. 726 f.

- Arbeiten Sie anhand der Gegenüberstellung von Volksmärchen und Kunstmärchen heraus, inwiefern es sich bei „Peter Schlemihls wundersame Geschichte" um ein Kunstmärchen und nicht um ein Volksmärchen handelt.

Winfried Freund: „Peter Schlemihl" ist kein Märchen

[D]as Märchen kommt als Gattungsbezeichnung wohl schon deshalb nicht infrage […], weil die „wundersame Geschichte" keine homogen wunderbare Welt gestaltet. Fühlbar spielt die reale Welt jeweils hinein, ja man könnte eher umgekehrt zu der Ansicht gelangen, dass die reale Welt dominiert und nur manchmal von irrealen Momenten durchsetzt erscheint.

Winfried Freund: Adelbert von Chamisso: „Peter Schlemihl". Paderborn: Schöningh 1980, S. 50

- Erläutern und erörtern Sie Freunds Position. Suchen Sie beispielhafte Belege in Chamissos Erzählung.

„Peter Schlemihl" – ein Märchen?

„Der Bauer und der Teufel"	Trifft auf „Peter Schlemihl" zu?	← Merkmale von Volksmärchen	Merkmale von → Kunstmärchen	Trifft auf „Peter Schlemihl" zu?
✓ gesammelt durch die Brüder Grimm	– Erfindung Chamissos	angeblich mündliche Tradierung	Werk eines bestimmten Autors	✓ ja
		ortlos, zeitlos	Ort und Zeit sind konkret festgelegt	
		einfache Sprache	künstlerische Sprache	
		einsträngige Handlung	mehrsträngige Handlung	
		stereotype Handlung	originelle Handlung	
		stereotype Schauplätze	charakteristische Schauplätze	
		keine Psychologisierung der Figuren	Psychologisierung der Figuren	
		Figuren sind entweder gut oder böse, naive Moral	auch gemischte Figuren	
		Happy End	kein eindeutiges Happy End/ schlechter Ausgang	
		formelhafter Anfang und Schluss	keine Formeln	
		einfaches Weltbild	komplexes Weltbild	
		i. d. R. gemeinsame Merkmale: magische Requisiten (Zauberstab, Besen, …) Zahlensymbolik, Natursymbolik Tiere, Pflanzen usw. können sprechen/die Welt ist beseelt		

Merkmale nach: Stefan Neuhaus: Märchen. Tübingen/Basel: A. Francke 2005, S. 9

„Peter Schlemihl" – ein Märchen? (Lösung)

„Peter Schlemihl" – „Der Bauer und der Teufel"	Trifft auf „Peter Schlemihl" zu?	← Merkmale von Volksmärchen	Merkmale von → Kunstmärchen	Trifft auf „Peter Schlemihl" zu?
✓ gesammelt durch die Brüder Grimm	– Erfindung Chamissos	angeblich mündliche Tradierung	Werk eines bestimmten Autors	✓ ja
– nein	(✓) ja (Vorspann, Ortsangaben in Kapitel X und XI)/nein (Erzählanfang in Kapitel I (vgl. Baustein 2.1)	ortlos, zeitlos	Ort und Zeit sind konkret festgelegt	(✓) ja (Vorspann, Ortsangaben in Kapitel X und XI)/nein (Erzählanfang in Kapitel I (vgl. Baustein 2.1)
✓ ja	– nein	einfache Sprache	künstlerische Sprache	✓ ja
✓ keine Nebengeschichten	– Erzählung im Rückblick, Vorspann aus Briefen, Rück- und Ausblicke in der Erzählung ✓ Handlung selbst einsträngig und linear	einsträngige Handlung	mehrsträngige Handlung	Handlung selbst einsträngig und linear ✓ Erzählung im Rückblick ✓ Vorspann aus Briefen, Rück- und Ausblicke in der Erzählung
✓ Wette, Sieg des Helden	– nein	stereotype Handlung	originelle Handlung	✓ ja
✓ Haufen feuriger Kohlen in der Dämmerung (Z. 6 ff.)	– nein	stereotype Schauplätze	charakteristische Schauplätze	✓ Thomas Johns Park, Höhle, „unterirdische Ströme aus ungemessener Tiefe" (S. 61, Z. 1) usw.
✓ was das Bäuerlein denkt, wird nicht dargestellt, keine Entwicklung der Figuren	– Innenleben Schlemihls wird ausführlich erzählt, Selbstreflexion, Entwicklung des Protagonisten	keine Psychologisierung der Figuren	Psychologisierung der Figuren	✓ Innenleben Schlemihls wird ausführlich erzählt, Selbstreflexion, Entwicklung des Protagonisten
✓ das Gute siegt über das Böse, s.a. Z. 1f.	✓ nein	Figuren sind entweder gut oder böse, naive Moral	auch gemischte Figuren	✓ Schlemihl
✓ Bauer am Ende reich	(✓) ja/nein (vgl. Baustein 5.5)	Happy End	kein eindeutiges Happy End/ schlechter Ausgang	(✓) ja/nein (vgl. Baustein 5.5)
✓ „Es war einmal"	– nein	formelhafter Anfang und Schluss	keine Formeln	✓
✓ z. B. naive Moral	– nein	einfaches Weltbild	komplexes Weltbild	✓
✓ Schatz	✓ Goldsäckel, Tarnkappe, Siebenmeilenstiefel	i. d. R. gemeinsame Merkmale: magische Requisiten (Zauberstab, Besen, …)		✓ Goldsäckel, Tarnkappe, Siebenmeilenstiefel
✓ schwarzer Teufel	(✓) grauer Teufel	Zahlensymbolik, Natursymbolik, Farbsymbolik		(✓) grauer Teufel
– nein	– nein	Tiere, Pflanzen usw. können sprechen/die Welt ist beseelt		– nein

E.T.A. Hoffmann: Die Abenteuer der Silvester-Nacht (1815)

(1)

E.T.A. Hoffmann (biografische Informationen s. Textausgabe, S. 83) und Chamisso lernen sich im Herbst 1814 kennen. Hoffmann ist begeistert von der Erzählung „Peter Schlemihls wundersame Geschichte" und schreibt in wenigen Tagen im Winter 1814/1815 mit „Die Abenteuer der Silvester-Nacht" eine in manchem ähnliche Geschichte.

Inhaltsangabe (1)

I. Die Geliebte
Am Silvesterabend zum Jahr 1815 begibt sich der Ich-Erzähler in einen Salon. Dort begegnet er Julie, seiner ehemaligen Geliebten, wieder. Als er feststellen muss, dass Julie inzwischen verheiratet ist, flieht er ohne Mantel aus der Gesellschaft und schreitet ziellos durch die Berliner Innenstadt.

II. Die Gesellschaft im Keller (s. Textausgbe, S. 115–119)
In der Jägerstraße betritt der Ich-Erzähler ein Kellerlokal. In der Gaststube begegnet er einem sehr langen, schlanken Manne, den er gegen Kapitelende als Peter Schlemihl, den Mann ohne Schatten, identifiziert. Zu den beiden Herren gesellt sich noch ein kleiner, dürrer Mann, den Schlemihl mit General Suwarow tituliert. Sofort lässt jener „General" in der Gaststube den Spiegel verhängen …

■ *Lesen Sie den Textauszug aus dem 2. Kapitel aus Hoffmanns Erzählung (Textausgabe, S. 115–119). Welche inhaltlichen Parallelen und Bezüge weist der Auszug zu Chamissos Erzählung auf?*

■ *Im Folgenden hinterlässt der Dürre dem Ich-Erzähler seine Lebensgeschichte, in welcher erzählt wird, wie er sein Spiegelbild eingebüßt hat. Entwerfen Sie eine Inhaltsangabe dieser Erzählung. Einige Hinweise gibt Ihnen zudem die kurze Einführung in Hoffmanns Text in der Textausgabe auf S. 114.*

■ *Lesen Sie die Inhaltsangabe von Hoffmanns Erzählung und vergleichen Sie sie mit Ihren Entwürfen: Gibt es Handlungselemente in Hoffmanns Text, die Sie besonders überraschen? Wenn ja, welche?*

■ *Erarbeiten Sie anhand des Lexikonartikels in der Textausgabe zentrale Merkmale „fantastischer Literatur" (Textausgabe, S. 109f.). Inwiefern legen der Textauszug in der Textausgabe wie auch die Inhaltsübersicht über Hoffmanns Erzählung nahe, es handele sich um einen fantastischen Text?*

E.T.A. Hoffmann: Die Abenteuer der Silvester-Nacht (1815)

(2)

Inhaltsangabe (2)

III. Erscheinungen

Als der Ich-Erzähler im goldnen Adler übernachtet, wird er vom Portier falsch eingewiesen. Im Zimmer ist der schöne breite Spiegel verhängt. Der reisende Enthusiast zieht das Tuch herunter, unternimmt nichts gegen den Irrtum des Portiers und verbringt die Neujahrsnacht in dem Zimmer des Kleinen, wie er den General aus dem zweiten Kapitel nennt. Der Ankömmling wird mit drei Erscheinungen konfrontiert. Aus dem Spiegel tritt erstens eine dunkle Gestalt hervor. Unverkennbar – die Frau ähnelt Julie. Damit nicht genug. Die zweite Erscheinung: Der Kleine hat zwei Gesichter – alternierend das eines Jünglings und das eines Alten. Und schließlich die dritte Erscheinung, der spukhafte Kleine besitzt kein Spiegelbild. Er habe es der Frau im Spiegel gegeben.

IV. Die Geschichte vom verlornen Spiegelbilde

Am Morgen ist der Kleine verschwunden, hat aber ein Schriftstück hinterlassen, das seine Lebensgeschichte enthält: Der 27-jährige Erasmus Spikher lässt in Deutschland Frau und Kind zurück. In Florenz genießt er das üppige italienische Leben. Auf ein fröhliches Gartenfest bringt der Familienvater als einziger Deutscher keine liebliche Donna mit. Die anmutige zarte Giuletta wird im Garten Spikhers Donna. Spikher bringt einen italienischen Nebenbuhler um und wird ergriffen. Der Täter entzieht sich der Strafverfolgung mithilfe des Wunderdoktors Signor Dapertutto („überall und nirgends"). Giuletta hatte Spikher mit Erfolg um sein Spiegelbild gebeten. Der Wunderdoktor im feuerroten Rock behauptet, er habe sympathetische Mittel, die, auf das Spiegelbild angewandt, es Spikher erlaubten, das Gesicht zu wechseln. So könne er seinen Verfolgern entkommen. Tatsächlich gelingt Spikher die Flucht in die Heimat. Seine Frau jagt ihn aus dem Hause. Ein Mann ohne Spiegelbild ist ihr nicht geheuer. Auf der Flucht durch den Stadtpark steigt Giulettas engelsschöne Gestalt vor Spikher auf. Dapertutto ist unversehens zur Stelle und hat ein Allheilmittel für solches Übel parat: Blausäure. Spikher aber unterzeichnet weder den Kontrakt des Teufels Dapertutto mit seinem Blute, noch vergiftet er Frau und Kind. Giuletta und der Teufel verschwinden im dicken stinkenden Dampf. Die Ehefrau daheim lenkt zwar ein, besteht aber nach wie vor auf dem Spiegelbilde des Gatten. Die Frau entlässt ihren Spikher mit den besten Wünschen in die weite Welt hinaus. Auf der Suche nach seinem Spiegelbild tut sich der Entlassene mit Peter Schlemihl zusammen; allerdings ohne Erfolg.

https://de.wikipedia.org/wiki/Die_Abenteuer_der_Sylvester-Nacht (05.07.2015)

Peter von Matt: „Peter Schlemihls wundersame Geschichte" ist kein romantischer Text

Der Literaturwissenschaftler Peter von Matt vergleicht Chamissos Erzählung mit Hoffmanns „Die Abenteuer der Silvester-Nacht" und kommt zu der klaren Aussage, dass es sich bei Chamissos Text im Vergleich um keinen romantischen Text handele.

Chamissos Erzählung, die man allgemein zur deutschen Romantik rechnet, [ist keineswegs] romantisch. Genau betrachtet steht sie quer zum Denken und Gestalten der Epoche. [...] [E]inem unvoreingenommenen Blick erscheint Chamissos Erfindung [...] weit mehr der Aufklärung verwandt als der Romantik. Das zeigt sich am Wirklichkeitsbegriff. Während in der Romantik die Tageswirklichkeit durchsichtig wird auf eine zweite, höhere Welt hin, das Licht der Sonne belanglos erscheint gegenüber der unendlichen Nacht und, was die Augen sehen, bloße Täuschung ist verglichen mit den Visionen der erregten Seele, hält Chamisso wie die Aufklärer und später wieder die Realisten an der Unerschütterlichkeit der gegebenen Wirklichkeit fest. Das Märchenhafte ist bei ihm als solches definiert. Es ist eine literarische Möglichkeit, keine reale Dimension der Welt. Wenn der Teufel ein Fernrohr, dann einen Teppich, dann ein Lustzelt und schließlich drei Pferde aus seiner Tasche zieht, wissen wir, dass wir es mit einem Märchen zu tun haben, wo solches eben möglich ist, mit einem Märchen als einer literarischen Form.

Das Gegenbeispiel ist E.T.A. Hoffmann. Bei ihm sind die seltsamen und wunderbaren Ereignisse immer darauf angelegt, unsere Wirklichkeitserfahrung zu erschüttern und den Helden an jenen Punkt zu führen, wo er nicht mehr weiß, was real ist und was geträumt. Die krisenhafte Erschütterung der gegebenen Realität ist das Grundereignis der Romantik. [...] An E.T.A. Hoffmanns Erzählung *Die Abenteuer der Silvester-Nacht*, seiner Antwort auf Chamissos *Peter Schlemihl*, kann man dies studieren. [...] Am Ende der Silvester-Nacht sind wir [...] im Zweifel, ob Hoffmanns Erzähler, der reisende Enthusiast, dies alles nicht nur fantasiert hat und ob ihm nicht darüber die Differenz zwischen der Realität und dem Produkt der Einbildungskraft durcheinandergeraten ist. Der Text ist voller Signale, die auf eine solche Verwirrung der Weltwirklichkeit deuten. Da das innerlich Geschaute bei Hoffmann das höhere Gewicht hat als das äußerlich Gegebene, kann der Schlemihl, der in seiner Erzählung auftritt, durchaus die *gelesene* Figur sein, die im romantischen Erregungszustand zum leibhaftigen Gegenüber wird. [...] Deshalb ist es auch falsch, Hoffmann eine Nachahmung vorzuwerfen. Seine *Silvester-Nacht* kann vielmehr als die erzählerische Darstellung dessen gelesen werden, was Chamissos Arbeit in ihm an Visionen und Projektionen ausgelöst hat.

Zu dieser unheilbar tragischen Romantik steht Chamisso in klarer Distanz. Bei ihm gibt es kein Verschwimmen der Kategorien. Märchen ist Märchen und Wirklichkeit Wirklichkeit. Für den Autor wie für die Leser steht dies jederzeit fest. [...] Während die eingefleischten deutschen Romantiker die blaue Blume suchten,[1] wurde Adelbert von Chamisso Botaniker. Während sie auf ihre Seelenreisen gingen, begann er eine wissenschaftliche Weltumseglung[2].

Aus: Adelbert von Chamisso: Peter Schlemihls wundersame Geschichte. Stuttgart: Reclam 2010, S. 132 ff. (Nachwort)

---

[1] Die blaue Blume, welche der Held in Novalis' Roman „Heinrich von Ofterdingen" (1802) im Traum findet, ist das berühmteste Sehnsuchtsmotiv der deutschsprachigen romantischen Literatur.
[2] Vgl. Textausgabe, S. 77 ff.

■ *Von Matt schreibt zu Hoffmanns Erzählung „Die Abenteuer der Silvester-Nacht": „Der Text ist voller Signale, die auf eine [...] Verwirrung der Weltwirklichkeit deuten." (Z. 37 ff.). Suchen Sie solche Signale in dem Textauszug aus Kapitel II (Textausgabe, S. 115–119).*

■ *Auch wenn Chamissos Erzählung üblicherweise zur romantischen Literatur gezählt wird, ist von Matt der Ansicht, dass der „Schlemihl" „quer zum Denken und Gestalten der Epoche" (Z. 3 f.) der Romantik stehe. Wie begründet er diese These? Fassen Sie seine Überlegungen in einem knappen Schaubild zusammen.*

■ *Erläutern, kommentieren und gegebenenfalls widersprechen Sie von Matts Position vor dem Hintergrund Ihrer bisherigen Arbeit an Chamissos Erzählung. Beziehen Sie als zusätzlichen Kontext zum einen das Ende von „Peter Schlemihls wundersame Geschichte" (S. 75, Z. 1 – 7), zum anderen das kurze Nachwort des Ich-Erzählers von Hoffmanns Erzählung (s.u.) mit ein: Wie schätzen die verschiedenen Ich-Erzähler rückblickend jeweils das Verhältnis von Wirklichkeit und Unwirklichkeit in der Erzählung ein?*

Postskript des reisenden Enthusiasten

– Was schaut denn dort aus jenem Spiegel heraus? — Bin ich es auch wirklich? — O Julia — Giulietta — Himmelsbild — Höllengeist — Entzücken und Qual — Sehnsucht und Verzweiflung. — Du siehst, mein
5 lieber Theodor Amadeus Hoffmann! dass nur zu oft eine fremde dunkle Macht sichtbarlich in mein Leben tritt und den Schlaf um die besten Träume betrügend mir gar seltsame Gestalten in den Weg schiebt. [...]

E.T.A. Hoffmann: Die Abenteuer der Sylvester-Nacht. Aus: E.T.A. Hoffmann: Fantasiestücke in Callot's Manier. Hrsg. von Hartmut Steinecke. Frankfurt/M., 1993 (2006), S. 359

Baustein 7

„Vertiefte Erfahrung erlebter Andersheit"[1]

Die Schattenlosigkeit Schlemihls ist immer wieder als Sinnbild für ganz verschiedene Stigmatisierungen als Folge von „Andersheit" verstanden worden, sei es als Immigrationserfahrung (s. Baustein 4.2), als Erfahrung einer unbürgerlichen Existenz (s. Baustein 4.3) oder auch als Sinnbild für die Stigmatisierung homosexueller Lebensformen (s. **Zusatzmaterial 2**, S. 140 f.). In diesem Baustein stehen zwei exemplarische, mit Chamissos „Schlemihl" verknüpfte Fremdheitserfahrungen im Zentrum, zum einen die Erfahrung der deutschen Juden als „Volk ohne Schatten", zum anderen die Erfahrungen der sogenannten „Chamisso-Autoren", also auf Deutsch schreibender Autorinnen und Autoren, die Deutsch nicht als Muttersprache gelernt haben.

7.1 Die Juden als „Volk ohne Schatten" – Hans Natoneks Exilroman „Der Schlemihl" (1936)

Es ist sicher kein Zufall, dass Chamisso seinen „Schlemihl" gerade der jüdischen Tradition entliehen hat (vgl. **Arbeitsblatt 3**, S. 23, und **Arbeitsblatt 6** (b), S. 38). Chamisso war gern gesehener Gast der Salons von Rahel Varnhagen und Henriette Herz, sein vielleicht bester Freund Hitzig war Jude, und Chamisso teilte mit seinen jüdischen Freunden und Bekannten die Ausgrenzungserfahrung als Folge des nationalistischen Taumels der Befreiungskriege 1813 (s. Baustein 4.2). In diesem Zusammenhang stellt Beatrix Langner in ihrer Chamisso-Biografie fest:

„Als Unschuldig-schuldiger, Pechvogel und Unglücksrabe, der aus dem Schlamassel nie herauskam, den andere anrichteten, teilt Chamisso mit Schlemihl also auch das Schicksal seiner jüdischen Freunde. Die in alle Welt verstreuten Juden der Diaspora, deren Überlieferung die Figur des Schlemihl entstammt, waren das stigmatisierte Volk par excellence. […] Ob reich oder arm, gut oder böse, getauft oder ungetauft, Familienvater, Schriftsteller oder Fabrikant – kein Jude entkam seinem angeborenen Judentum. Überall auf der Welt blieb er Jude, wie ein Franzose Franzose blieb und ein Preuße eben Preuße. […] Antijüdisches Ressentiment und Fremdenfeindlichkeit waren […] alltäglich […]. Es gehörte jedenfalls ein gutes Maß an Chuzpe dazu, mitten im nationalistischen Freiheitstaumel der antinapoleonischen Kriege einem jüdischen Schlemihl das „Bürgerrecht" im Deutschen zu verleihen […]. In die romantische deutsche Märchenliteratur verpflanzt, kam kein Leser mehr umhin, die tiefe, universale Menschlichkeit der jüdischen Überlieferung zur Kenntnis zu nehmen."[2]

Und in David Mendls Skizze „Ein jüdischer Peter Schlemihl" wird der zentrale Gedanke von Baustein 7.1 – die Juden als exemplarisches Volk ohne Schatten – so zusammengefasst: Das Volk Israel werfe „schon seit zweitausend Jahren keinen sichtbaren Schatten, weil es seit so

---

[1] Harald Weinrich: Chamisso, die Chamisso-Autoren und die Globalisierung. Stuttgart 2002, S. 9
[2] Beatrix Langner: Der wilde Europäer. Adelbert von Chamisso. Berlin 2008, S. 135 f.

langer Zeit immerdar nur auf den Schattenseiten des Erdenlebens" wandle, „und zu einem respektablen Schatten auch ein rechter Sonnenschein unerlässlich nötig" sei.[1]

Eine besonders eindrückliche und auch heute noch anrührend zu lesende Vergegenwärtigung dieses Zusammenhangs stellt der Roman „Der Schlemihl" des deutsch-jüdischen Schriftstellers Hans Natonek (geschrieben 1934/35 noch in Hamburg, publiziert 1936 im Amsterdamer Emigrationsverlag Allert de Lange) dar. Dankenswerterweise hat die Natonek-Biografin Steffi Böttger[2] für die Textausgabe das Leben Natoneks knapp zusammengefasst dargestellt (S. 120f.), sodass die Schülerinnen und Schüler den anschließenden Textauszug aus Natoneks Roman in seinen Entstehungszusammenhang einordnen können.

Natoneks Roman zeichnet das Leben Chamissos in romanhafter Form nach. Der Roman ist „Allen Heimatlosen der Welt" gewidmet und rückt Chamissos Emigrationserfahrung ins Zentrum der biografischen Deutung. Bis in das Schlusskapitel hinein zu einer Art innerem, zweitem Zentrum ausgestaltet ist die Figur des Chamisso-Freundes Eduard Hitzig. Der in der Textausgabe (S. 121–127) aufgenommene Auszug stammt aus Kapitel IV des Romans („Die Tarnkappe"). Geschildert wird eine Begegnung zwischen Chamisso und Hitzig im Jahre 1807 (s. Anmoderation des Textauszugs, S. 121). Während dieser Begegnung gesteht Hitzig Chamisso seine eigene Herkunft aus dem Berliner Judentum (zu den biografischen Hintergründen s. Textausgabe, S. 81f.) und seine (in der Selbstwahrnehmung erfolgreichen) Assimilationsbemühungen (vgl. etwa S. 122, Z. 2ff.). Hitzig möchte Chamisso mit diesem Geständnis trösten („Du hast es schwer, andere hatten es schwerer ..." (S. 122, Z. 21) und schildert sein Studium und seine Konversion zum christlichen Glauben. In diese Erzählung hinein brechen Hitzigs Kinder, für die dieser die Hoffnung äußert, sie mögen „ganz aufgehen in einem Volk, in das sie hineingeboren wurden" (S. 124, Z. 7f.), und damit stellvertretend für das jüdische Volk ein Leben leben, in dem die Fabel vom ewigen Juden Ahasver zu Ende gegangen sein wird (S. 124, Z. 13). Dennoch muss Hitzig auch weiterhin gewissermaßen unter einer „Tarnkappe" leben, indem er seine Herkunft geheim hält (S. 125, Z. 9ff.), er hofft aber, dass seinen Kindern „die völlige Absorption" (S. 125, Z. 21) gelingen möge.

Natürlich ist zur Zeit der Entstehung des Romans deutlich, dass sich Hitzigs Hoffnungen nicht bewahrheitet haben. So lässt der Erzähler Chamisso skeptisch reagieren: „Möge er recht behalten, dachte Chamisso, und wusste nichts zu sagen. Aber deine Tarnkappe, lieber Ede, hält nur so lange dicht und lässt dich nur so lange anonym sein, wie deine Umwelt es will und aus rücksichtsvoller Schonung so tut, als ob ..." (S. 125, Z. 26ff.) Visionär sieht Chamisso das kommen, was kommen wird: „Und hinter deinem Rücken stehen Tausende, haben es gehört und lachen sich eins und wissen, wie du heißt ... Itzig; und vielleicht werden sie hinter deinen Enkeln den Namen herrufen, wie hinter der huschenden Gestalt deiner Väter. Ein Windstoß kann dir die Tarnkappe vom Kopfe reißen, und was dann, armer Eduard?" (S. 126, Z. 2ff.). In dieses Nachdenken hinein versetzt Natonek die Keimzelle von „Peter Schlemihls wundersame Geschichte": Hitzig vergleicht Chamissos Schicksal mit dem eigenen und hält es für einen „leichteren Fall" (S. 127, Z. 3). Hitzigs eigenes Schicksal wird mit Ahasver, das Chamissos aber mit dem eines Schlemihl in Verbindung gebracht: Dieser sei ein „kleiner komischer Vetter Ahasvers" (S. 127, Z. 11).

Diese Gegenüberstellung prägt auch im Weiteren Natoneks Roman, so etwa, wenn Hitzig Chamissos „Schlemihl" liest: „Während der Lektüre fühlte Hitzig sich wiederholt von einem Schatten gestreift, der ihn ansah wie ein dunkles Spiegelbild, schmerzlich und fragend; aber er wich dem Blick aus. Ich bin es nicht, sagte er zu sich selbst, aber ich hätte es sein können, beinahe."[3] Natonek lässt Hitzig zusammenzucken, als er die Stelle liest, in der Schlemihl im

---

[1] David Mendl: Ein jüdischer Peter Schlemihl. Skizze. In: Sippurium. Eine Sammlung jüdischer Volkssagen, Erzählungen, Mythen, Chroniken, Denkwürdigkeiten und Biographien berühmter Juden. Hrsg. von Wolf Pascheles. Nachdruck der Ausgabe Prag 1856–1870. Hildesheim/New York: Olm 1976. Sammlung 5, Bd. 2, S. 210. Zit. nach Walach (1982), S. 68

[2] Steffi Böttger: Für immer fremd. Das Leben des jüdischen Schrifstellers Hans Natonek. Leipzig 2013

[3] Hans Natonek: Der Schlemihl. Amsterdam 1936, S. 279

Schlemihlium aufgenommen wird und wegen seines langen Bartes für einen Juden gilt (s. Textausgabe, S. 72, Z. 7f.): „Wie leicht hätte Chamisso das ganze Elend Schlemihls dem Hitzig aufbürden können, sich selbst verbergend, den anderen enthüllend [...]"[1] Der Roman endet mit dem Tod Chamissos und einer „Legende als Epilog" (s. **Arbeitsblatt 22**, S. 134).

Die Schülerinnen und Schüler erschließen sich zuerst in Einzelarbeit Natoneks Text:

■ *Informieren Sie sich über den Autor Hans Natonek und seinen Chamisso-Roman „Der Schlemihl" (Textausgabe, S. 120f.). Lesen Sie dann den Textauszug (Textausgabe, S. 121 – 127) und stellen Sie dar, wie Natonek seine Gegenwartserfahrung über das Gespräch zwischen Hitzig und Chamisso kommentiert.*

Zu erwarten ist:

- Hitzig vergleicht sein Schicksal mit dem Chamissos. Ihm scheint das Schicksal der Juden bedeutend schwerer als das Schicksal des Emigranten Chamisso. Dies wird deutlich durch den Vergleich zwischen Ahasver und Schlemihl als dessen „kleiner[em] komische[m] Vetter" (S. 127, Z. 11). So dürfte auch Natonek die Situation der Juden im nationalsozialistischen Deutschland als viel schwieriger als die Situation anderer Randgruppen erschienen sein. (Vgl. „Du hast es schwer, andere hatten es schwerer ..." (S. 122, Z. 21.)
- Hitzig hofft auf eine vollständige Assimilation seiner Kinder. Wenn Chamisso diese Perspektive skeptisch kommentiert (S. 125, Z. 26ff.), gibt er vielleicht Natoneks Perspektive wieder: Die vollständige Assimilation der deutschen Juden war, wie sich im Nationalsozialismus überdeutlich zeigt, eine Illusion.

■ *Stellen Sie sich vor, dass Natoneks Hitzig 1814 „Peter Schlemihl" liest und die Schattenlosigkeit mit seiner eigenen Situation als assimilierungsbereiter deutscher Jude in Beziehung setzt. Wie würde Natonek ihn die Erzählung vielleicht verstehen und kommentieren lassen? Wie könnte Natoneks Chamisso Hitzigs Äußerungen kommentieren? Verfassen Sie einen Dialog zwischen Hitzig und Chamisso aus Natoneks Perspektive. Sprechen und spielen Sie diesen Dialog.*

Dieser anspruchsvolle Schreibauftrag muss v.a. zwei Aspekte berücksichtigen: Hitzigs Optimismus und Chamissos/Natoneks offensichtlich skeptischen Blick auf diesen Optimismus. Gelingen kann der Schreibauftrag nur, wenn (wie schon in dem Textauszug) eine klare Rollenverteilung vorgenommen wird.

So könnte Hitzig beispielsweise bestreiten, dass Schlemihls Schattenverkauf seine Situation adäquat wiedergebe: Immerhin hat er ja, im Gegensatz zu Schlemihl, eine fest gegründete bürgerliche Existenz. Chamisso könnte einwenden, dass Hitzig dennoch (wie Schlemihl die Sonne) eine Offenlegung seiner Tarnkappenexistenz scheue.

Hitzig könnte sich auch mit Schlemihls Situation identifizieren und die Schattenlosigkeit für ein passendes Sinnbild der Situation eines deutschen Juden halten. Aber schließlich handele es sich ja nur um ein unwesentliches Merkmal, einen Schatten eben. Chamisso könnte dem widersprechen und darauf hinweisen, dass in gesellschaftlichen Zusammenhängen gerade scheinbar unwesentliche Züge eine entscheidende Rolle spielen.

Hitzig könnte auch darauf verweisen, dass es Schlemihl schließlich gelinge, eine produktive Existenz am Rande der Gesellschaft zu führen. Dem könnte Chamisso entgegenhalten, dass Hitzig ja nicht vorhabe, außerhalb der Gesellschaft zu leben, und dass er eben deshalb stets in einer gefährdeten Situation bleiben werde.

---
[1] Ebda., S. 280

Viele andere Deutungen sind denkbar, entscheidend ist, dass die Schülerinnen und Schüler Hitzigs Optimismus und Chamissos/Natoneks (rückblickende) Skepsis anhand des Textauszuges von Natonek deutlich herausarbeiten.

> ■ *Natonek hat seinem Roman einen Epilog hinzugefügt. Dieser rekapituliert noch einmal wichtige Lebensstationen Chamissos, die Sie anhand der Biografie in der Textausgabe (S. 77–80) nachvollziehen können. Interpretieren Sie diesen Epilog: Ist er eher optimistisch oder pessimistisch? Belegen Sie Ihre Einschätzung am Text.*

Als zusätzlicher Input kann darauf hingewiesen werden, dass Chamisso sich während seiner Weltumsegelung mit Kadu, einem Bewohner der Marshall-Inseln (s. Karte zur Weltumsegelung, Textausgabe, S. 78 f.), anfreundete und dass Chamisso zu Ehren eine Insel nördlich der Bering-Straße seinen Namen trägt.

Offensichtlich ist das Ende (das relativierend als „Legende" bezeichnet wird) insgesamt positiv und hoffnungsfroh gestimmt: Zum einen wird im ersten Teil des Textes eine harmonisch-versöhnte Chamisso'sche Erinnerungswelt gezeigt (vgl. Z. 1–25), zum anderen ist Peter Schlemihl als Anführer und Repräsentant anderer „Heimat- und Glückssucher aller Zeiten" zwar immer noch ohne Schatten, aber „heiter resigniert" (Z. 1–4). Schwierig auszudeuten aber ist der Kommentar des Erzählers zum Schicksal der Juden: Zwar steht auch hier Hitzig „unbeirrbar auf seinem graden Weg" (Z. 36 f.) dafür, die durch Ahasver personifizierten Schrecken der jüdischen Wanderschaft bannen zu können, da die „ungeheure ahasverische Existenz ins Ungewisse zerfließt" (Z. 38 f.). Rätselhaft aber bleibt die abschließende Reminiszenz an das Kind, das dem Rattenfänger von Hameln nicht gefolgt ist: Vielleicht meint der Erzähler damit jene Deutschen, die sich dem nationalsozialistischen Rattenfängertum nicht ergeben haben? Vielleicht meint er auch jene Juden, die sich eben nicht, wie etwa Hitzig, vorschnell assimiliert haben und nun, mit einem realistischeren Blick auf die Dinge rechtzeitig emigriert und „aller Glücksbürde ledig" (Z. 42 f.), mit dem Leben davonkommen? Jedenfalls stellt Natonek auch am Ende seines Romans Chamissos Leben und auch den „Peter Schlemihl" in Zusammenhang mit dem Schicksal der Juden.

Vertieft werden kann der behandelte Zusammenhang anhand von **Zusatzmaterial 5**, S. 144.

7.2 Chamisso-Autoren[1]

Chamisso hat Deutsch als Zweitsprache gelernt, er ist seinen Akzent und einige Eigenheiten im sprachlichen Ausdruck nie losgeworden. Plastisch zeigt dies die Figur des nach Chamisso modellierten Schlemihl in E.T.A. Hoffmanns Erzählung „Die Abenteuer der Sylvester-Nacht" (s. Textausgabe, S. 117, Z. 25 ff.) oder auch die Beschreibung Varnhagen von Enses im Rückblick auf ihre Freundschaft: „Den Franzosen konnte Chamisso in keinem Zuge verleugnen. Sprache, Bewusstsein, Sinnesart ... alles erinnerte an seine Herkunft, nur war sein ganzes Wesen dabei mit einer besonderen, seinen Landsleuten nicht gerade eigenen Ungeschicklichkeit behaftet ... [am] meisten aber und am sichtbarsten kämpfte er mit der Sprache, die er unter gewaltigen Anstrengungen mit einer Art von Meisterschaft und Geläufigkeit radebrechte, welches er auch in der Folge zum Teil mit Vorliebe beibehielt. Er hatte deutsche Lieder und Elegien gedichtet, sogar einen Faust in Jamben angefangen, und ich hörte mit Staunen und Bewunderung, was er davon mit seiner zerquetschenden Aussprache [...]

---

[1] Hier und im Folgenden wird (mit dem Namensgeber Weinrich) auf die Nennung der männlichen und weiblichen Form verzichtet, weil dies zu überkomplizierten Formulierungen führen würde. Hingewiesen sei aber darauf, dass zwischen 1985 und 2015 elf Frauen mit dem Chamisso-Haupt-Preis ausgezeichnet wurden.

hersagte."[1] Chamisso ist so ein früher Vertreter jener „neue[n] Weltliteratur", von der Sigrid Löffler spricht[2] und unter die Autorinnen und Autoren wie die Nobelpreisträger und -trägerinnen Doris Lessing, V. S. Naipaul, J. M. Coetzee fallen und auch Vladimir Nabokov, Salman Rushdie, Michael Ondaatje, Taiye Selasi, Saša Stanišić, Alexander Hemon und viele andere, die alle zweierlei gemeinsam haben – die Immigrationserfahrung und eine internationale Leserschaft. Der deutsche Klassiker Chamisso ist für die deutschsprachige Literatur ein Prototyp des immigrierten Autors nicht deutscher Herkunftssprache und so ist es folgerichtig, dass diese Autoren im deutschsprachigen Raum „Chamisso-Autoren" heißen und der ihnen gewidmete Literaturpreis „Chamisso-Preis".

Der in Baustein 7.2 behandelte Ausschnitt aus einem Vortrag des Initiators des „Chamisso-Preises" Harald Weinrich (Textausgabe, S. 128 – 131) führt Chamisso als Vorläufer heutiger „Chamisso-Autoren" ein und beschreibt dann einige inhaltliche und sprachliche Charakteristika ihrer Texte. Anhand von zwei Textauszügen ausgesprochen unterschiedlicher Chamisso-Preisträgerinnen und -Preisträger (Textausgabe, S. 131 – 136) überprüfen die Schülerinnen und Schüler die Tauglichkeit von Weinrichs Beschreibung.
Anschließend wird das Thema vertieft anhand der jüngst von Maxim Biller angestoßenen Debatte um die vermeintliche Harmlosigkeit dieser Autoren („Onkel-Tom-Literatur"). Der Baustein bietet Recherchemöglichkeiten zu verschiedenen Autoren (s.a. **Zusatzmaterial 9**, S. 155, Vorschläge für Facharbeiten). Welches Konfliktpotenzial das Verhältnis von Mehrheitsgesellschaft und Migranten birgt, lässt sich abschließend anhand einer anderen Chamisso-Literatur, nämlich mit Hip-Hop- und Gangster-Rap-Texten von Musikern mit Migrationshintergrund, vertiefen. Auf eine Konkretisierung wird hier verzichtet, da diese Texte oft eine kurze Halbwertzeit haben und die besseren Spezialistinnen und Spezialisten für diese Fragen in der Regel in den Kursen sitzen und nicht vor ihnen stehen.

Chamisso und die Chamisso-Autoren

Der Romanist Harald Weinrich initiierte 1985 die Einrichtung eines Literaturpreises für Autorinnen und Autoren nicht deutscher Herkunftssprache. Dieser wird (gemeinsam mit einem oder zwei Förderpreisen) seitdem unter großer medialer Aufmerksamkeit von der Robert-Bosch-Stiftung sowie der Bayerischen Akademie der Schönen Künste jährlich in München verliehen. Bekannte Chamisso-Preisträgerinnen und -Preisträger der letzten Jahre waren neben den in der Textausgabe vertretenen Marjana Gaponenko und Feridun Zaimoglu bspw. Ilja Trojanow (2000, Preis der Leipziger Buchmesse 2006), Terézia Mora (2010, Deutscher Buchpreis 2013), Saša Stanišić (2008, Preis der Leipziger Buchmesse 2014) und Olga Grjasnowa (2015). Wie die Auflistung zeigt, werden viele der Preisträgerinnen und Preisträger nicht nur als Chamisso-Autoren, sondern als wichtige deutschsprachige Schriftstellerinnen und Schriftsteller wahrgenommen.

Arbeitsblatt 23, S. 135 dient der Auswertung der drei Texte zum Thema „Chamisso-Autoren" in der Textausgabe (S. 128 – 136). Texte von Chamisso-Autoren zeichnen sich für Weinrich v.a. durch eine größere Welthaltigkeit aus. Diese verdankt sich seiner Ansicht nach der Erfahrung von „Andersheit und Fremdheit" (S. 130, Z. 15 f.). Sprachlich und inhaltlich brechen Chamisso-Autoren vorgefertigte Routinen. Dass sie mit der Sprache „fremdeln" (S. 130, Z. 2) und langsamer, bewusster zu produzieren gezwungen sind, führt laut Weinrich häufig zu Verfremdungseffekten und einer eigenen poetischen Qualität.
Die beiden anschließend behandelten Texte bestätigen Weinrichs Thesen, Gaponenkos Text v.a. auf der inhaltlichen, Zaimoglus Text dazu auch stark auf der sprachlichen Ebene.

---
[1] Karl August Varnhagen von Ense: Denkwürdigkeiten und vermischte Schriften. Mannheim 1837, Bd. 2, S. 30, zit. nach Feudel (1988), S. 25
[2] Sigrid Löffler: Die neue Weltliteratur. München: Beck 2013

In einer ersten Stillarbeitsphase erarbeiten die Schülerinnen und Schüler den Weinrich-Text und ergänzen die möglichen Kriterien in der Tabelle. Einem kurzen Abgleich in Partnerarbeit folgt eine Auswertung im Plenum.

> ■ *Erarbeiten Sie anhand des Vortrages von Harald Weinrich (Textausgabe, S. 128–131) die Besonderheiten des Schreibens von „Chamisso-Autoren" und ergänzen Sie die Tabelle in der entsprechenden Spalte.*

Anschließend wenden die Lernenden Weinrichs Kriterien auf zwei Textauszüge an (s. Textausgabe, S. 131–136). Dazu bittet die Lehrperson die Schülerinnen und Schüler, sich in einem ersten Zugriff mit den beiden Beispieltexten von Gaponenko und Zaimoglu vertraut zu machen:

> ■ *Informieren Sie sich über Marjana Gaponenko und Feridun Zaimoglu. Bereiten Sie eine möglichst ausdrucksstarke Lesung der ersten 20 Zeilen beider Texte vor und entscheiden Sie sich für denjenigen der beiden Texte, mit dem Sie sich näher beschäftigen möchten.*

Nach der Vorstellung der Textanfänge werden die beiden Texte auf den Kurs so verteilt, dass ungefähr gleich große Gruppen entstehen. In einer ersten Rückfrage kann der oder die Unterrichtende erste Reaktionen auf die Texte einsammeln:

> ■ *Warum haben Sie sich für diesen Text entschieden?*

Anschließend erarbeiten die Lernenden in Einzelarbeit Ihren Text:

> ■ *Überprüfen Sie Weinrichs Kriterien anhand der beiden Textauszüge von „Chamisso-Autoren" (Textausgabe, S. 131–136) und notieren Sie Ihre Beobachtungen in der Tabelle. Suchen Sie nach Möglichkeit auch einige konkrete Textbelege.*

Die Auswertung der Ergebnisse erfolgt in gemischten Gruppen. Die Lernenden sollten angehalten werden, sich die Texte in den Gruppen vor der Auswertung vorzulesen. Abschließend werden die Ergebnisse der Gruppenarbeiten im Plenum vorgestellt und besprochen. Ein Ergebnis könnte bspw. so aussehen:

Harald Weinrich: Chamisso-Autoren schreiben anders	Was davon trifft zu? Marjana Gaponenko	Was davon trifft zu? Feridun Zaimoglu
Inhalt		
– fehlende Kindheitserfahrung im Land der Sprache, in der sie schreiben = Fehlen einer gewissen Erfahrungstiefe („Gemüt") (S. 130, Z. 8 ff.)		
– aber: „vertiefte Erfahrung erlebter Andersheit und Fremdheit" (S. 130, Z. 15 f.) – oft: schmerzhafte Erfahrung (S. 130, Z. 16 f.)	– der farbige Taxifahrer lobt das Deutsch Lewadskis – komischer, befremdlicher Effekt durch „unsere" (S. 132, Z. 14, S. 133, Z. 3 ff.) – politisch ‚unkorrekter' Humor (S. 132, Z. 28 ff.)	Abneigung und Hass der deutschen Mehrheitsgesellschaft/auf die deutsche Mehrheitsgesellschaft: Die Deutschen sind impotent (S. 135, Z. 28 f.), schlecht gelaunt (S. 135, Z. 34 f.), hassen sich und andere

Harald Weinrich: Chamisso-Autoren schreiben anders	Was davon trifft zu? Marjana Gaponenko	Was davon trifft zu? Feridun Zaimoglu
	– nur zwei Nichtmuttersprachler finden die deutsche Sprache schön (S. 133, Z. 8 ff.)	(S. 135, Z. 36 f.), verachten Ausländer als „nigger" und „kanaken" (S. 136, Z. 4 ff.) – es gibt keine vernünftige Lebensperspektive (S. 136, Z. 20 ff.) „den fremdländer kannst du nimmer aus der fresse wischen" (S. 136, Z. 26 f.)
– „Welt"	– Lewadskis Lebenserfahrung (S. 132, Z. 19 – 23)	– Randgruppenerfahrungen, Dealen mit Rauschgift (S. 134, Z. 1 bis S. 135, Z. 3) und Zuhälterei (S. 135, Z. 4 – 6)
Sprache – Entstehungsprozess langsamer (S. 128, Z. 13, S. 129, Z. 29 f.)		
– „Fremdeln" mit der Sprache, dadurch besonderer ästhetischer Reiz, „Poetizität" (S. 129, Z. 18 ff.) – bewusster (S. 129, Z. 28), weniger „routiniert" (S. 129, Z. 33 f.)	– ausdrucksstarke, ungewöhnliche Metaphern: „Kobrarücken" (S. 132, Z. 7) „Pforten des Hirns" (S. 132, Z. 10 f.) „Blasen der Freude" (S. 133, Z. 12 f.) „wie ein zarter Huf" (S. 133, Z. 24)	– derbe Umgangssprache („aus der Fresse wischen" (Überschrift), „Eier verwetten" (S. 134, Z. 9) usw. – ausdrucksstarke, ungewöhnliche Metaphern, z. B.: S. 135, Z. 10 – 14 für Holzwachstum usw. – ungewöhnliche Wortkombinationen: – „knechtmaloche" (S. 134, Z. 5) – „pur zombie" (S. 134, Z. 6) – hirndämlich (S. 135, Z. 20 usw. – Satzbrüche z. B. S. 135, Z. 4 – 8 usw.

Die Auswertung lässt sich abschließen und zusammenfassen durch den Impuls:

■ *Welches Bild von den deutschsprachigen Gastländern vermitteln die beiden Texte?*

In dem Textauszug von Gaponenko fällt auf, dass es gerade die Zugereisten sind, welche die Errungenschaften ihres Gastlandes hoch schätzen (Sprache, EU) und sich schnell sympathisch werden. „Eingeborene" fehlen in dem Auszug.
Zaimoglus Textabschnitt thematisiert die Erfahrung, als „Kanake" am Rande zu stehen, das Gefühl, von den „Eingeborenen" verachtet zu sein und niemals dazugehören zu können. Die Deutschen werden in vielfacher Hinsicht als defizitär gezeichnet (vgl. S. 135, Z. 27 – S. 136, Z. 2), so hassten sie andere wie auch sich selbst, hätten Potenzprobleme, seien geistig minderbemittelt, kalkulierend und missgelaunt.

Ein möglicher Transfer zur Arbeit mit „Peter Schlemihl" ist:

> ■ *Beide Texte beschreiben bestimmte Fremdheitserfahrungen. Welche scheint Ihnen eher mit der Fremdheitserfahrung des schattenlosen Schlemihl vergleichbar?*

Lewadskis Fremdheitserfahrung ist vor allem indirekt vermittelt (s.o.), während Akay sich direkt und ausweglos aus der Gesellschaft ausgegrenzt fühlt. Seine Erfahrung ist so eher mit der Schlemihls zu vergleichen.

Chamisso-Autoren in der Diskussion

2014 entfachte Maxim Biller eine kurze, aber heftige Debatte um die gesellschaftliche Relevanz der „Chamisso-Literatur". **Arbeitsblatt 24**, S. 136 ff., bringt einen längeren Auszug aus seiner Polemik sowie eine kurz gehaltene Antwort eines ehemaligen Präsidenten des Goethe-Instituts.

Knapp gesagt, geht Biller von einer vernichtenden Diagnose des Zustandes der deutschen Gegenwartsliteratur (wenig welthaltig und provinziell, ästhetisch langweilig und sprachlich kalt) aus. Biller erhofft eine Literatur, die „Sicht auf etwas Neues freigibt" (Z. 118), indem sie die „Wahrheit" (Z. 133) zu ihrem zentralen Anliegen erklärt, und träumt von „wilden, ehrlichen, bis ins Mark ethnischen und authentischen Texte[n]" (Z. 145 f.) und einer Veränderung der literarischen Landschaft, in der Immigranten auch als Lektoren, Verleger usw. eine wichtige Rolle spielen. Eingerahmt wird diese Sicht der jüngeren deutschen Gegenwartsliteratur von dem Befund, nach der Vernichtung und Vertreibung der Juden sei die deutsche Literatur „jahrzehntelang fast nur noch unter sich" gewesen (Z. 3 f.). Biller setzt also darauf, die deutsche Literatur könne sich von den Immigranten „inspirieren" lassen „wie früher von den Juden" (Z. 155).

Für Aufsehen gesorgt hat v.a. seine These, Chamisso-Autoren lieferten angepasste, brave Texte ab. Die Arbeitsaufträge auf S.138 konzentrieren sich auf diesen Punkt und lassen andere Aspekte der Polemik Billers außen vor, da diese in der Schule kaum sinnvoll zu besprechen sind.

Dabei nützt der erste Arbeitsauftrag die Vielzahl von Namen in Billers Text wie auch in Lehmanns Replik zu einem Rechercheauftrag:

> ■ *Recherchieren Sie arbeitsteilig die kursiv hervorgehobenen Autoren: Welche Immigrationsgeschichte haben sie? Welche literarischen Themen beschäftigen sie? Stellen Sie Ihre Ergebnisse in knapper Form vor.*

Die Schülerinnen und Schüler stellen sich gegenseitig nach einer kurzen Recherche zu Hause oder im Computerraum die erwähnten Autoren und ihre Themen in allgemeinen Zügen vor. Eine erste Sortierung könnte beispielsweise diese Zuordnung ergeben:

Baustein 7: „Vertiefte Erfahrung erlebter Andersheit"

„Chamisso-Autoren"

„Gastarbeiter" (Immigration zwischen den 60er- und 80er-Jahren) und ihre Kinder: Feridun Zaimoglu (*1964), Sevgi Özdamar (*1946)

Flüchtlinge (Unterdrückung, Bürgerkrieg) und ihre Kinder: Navid Kermani (*1967), Saša Stanišić (*1978), Abbas Khider (*1973)

Immigranten aus der ehemaligen Sowjetunion und den Staaten des Warschauer Pakts und ihre Kinder: Marjana Gaponenko (*1981), Zsuzsa Bánk (*1965), Terézia Mora (*1971), Léda Forgó (*1973), Ilija Trojanow (*1965), Olga Grjasnowa (*1984)

Sonstige: Jasmin Ramadan (*1974), Ann Cotten (*1982), Anna Kim (*1977), Yoko Tawada (*1960)

Was das Themenspektrum angeht, dürfte sich ergeben, dass dieses so weit gespannt ist, dass über die sehr allgemeinen Hinweise von Weinrich (vgl. S. 130) hinaus keine Gemeinsamkeiten zu finden sind.

■ *Wie kritisiert Biller die „Chamisso-Autoren"? Wie verteidigt sie Lehmann?*

Biller kritisiert, Chamisso-Autoren lieferten angepasste, brave Texte ab und zielten v.a. auf gesellschaftliche Anerkennung durch die Mehrheitsgesellschaft, schrieben also eine Art „Onkel-Tom-Literatur" (Z. 87 f.). Ins Zentrum seiner Kritik rückt Biller dabei auch den Chamisso-Preis: Dieser sei insofern eine „große Gemeinheit" (Z. 90), als er für braves Betragen in der „Integrationsschule" (Z. 99 f.) zur Belohnung etwas Geld auslobe.

Lehmann wendet ein, Biller versuche, die Chamisso-Autoren thematisch auf ihren Migrationsstatus „festzunageln" (Z. 12), indem er künstlich einen Gegensatz zwischen Deutschen und Migranten konstruiere. V.a. aber nennt er eine Vielzahl von Autorennamen, welche seiner Ansicht nach Billers These der angepassten Chamisso-Literatur widerlegen.

■ *Lehmann kritisiert, Biller wolle „Migranten-Etiketten" verteilen. Wie meint Lehmann das? Hat er, soweit Sie das anhand von Billers Text beurteilen können, recht?*

Lehmanns Diagnose, Biller konstruiere einen Gegensatz zwischen Deutschen und Migranten (Z. 14 f.), trifft auf Billers Text zu, denn Biller macht schon zu Anfang klar, dass er Migranten wie auch Juden als Mitbürger sieht, mit denen zusammen die Deutschen nicht „unter sich" sind (Z. 4). Auch wenn Biller beklagt, es sei bis heute zu keiner „neuen literarischen Bewegung" (Z. 45 f.) von immigrierten Autoren gekommen, setzt er indirekt diesen Gegensatz voraus.

■ *Welche Position scheint Ihnen vor dem Hintergrund Ihrer Beschäftigung mit Chamisso und seinem „Schlemihl" plausibler: dass die Migrantenliteratur insgesamt eine grundsätzlich andere Literatur ist oder dass sie das nicht ist?*

Beide Positionen lassen sich vor dem Hintergrund der bisherigen Arbeit mit vielfältigen Argumenten vertreten. Mögliche Argumente sind beispielsweise:

- Chamisso ist (anders als sein Schlemihl) in die deutsche Gesellschaft und Literatur eingebürgert und zu einem deutschen Klassiker geworden.

- Viele Chamisso-Autoren sind in Deutschland geboren oder aufgewachsen, sprechen inzwischen akzentfrei Deutsch und haben zumindest einen Teil ihrer Kindheit in Deutschland verlebt. Zu fragen ist, inwiefern sich diese Autorinnen und Autoren tatsächlich über ihr Anderssein definieren.
- Andererseits (und das könnte die Recherche der verschiedenen Autoren ergeben haben) thematisieren viele Migranten-Autoren in ihren Texten ihre Wurzeln in einem anderen Land, insofern unterscheiden sich ihre Texte stofflich von vielen Texten von Autoren ohne diesen Hintergrund.

Eine thematische Ausweitung bietet abschließend das Anknüpfen an Billers Hinweis auf „türkische und kurdische Rapper ohne Realschulabschluss", welche „die Realität von Nichtdeutschen in dem dunklen, einfachen Land hinter dem Limes direkter, wahrer und damit poetischer" (Z. 108 ff.) beschrieben als die Chamisso-Hoch-Literatur:

> ■ *Lesen Sie noch einmal Billers Hinweis auf Rapper mit Migrationshintergrund (Z. 108 – 113). Auch solcher Rap, Hip-Hop usw. ist ja Chamisso-Literatur, oder? Welche Beispiele kennen Sie? Unterscheiden sich die Texte und die Musik von Rappern, Hip-Hoppern usw. mit Migrationshintergrund von solchen ohne Migrationshintergrund?*

Bei starkem Interesse können ausgewählte Stücke und Texte im Unterricht behandelt und mit den anhand von Weinrichs Text erarbeiteten Kriterien untersucht werden.
Chamisso-Autoren können für schulische Veranstaltungen eingeladen werden: Die Robert-Bosch-Stiftung fördert Lesungen und Workshops von Chamisso-Preisträgern und -Preisträgerinnen an Schulen.

Zusatzmaterial 6, S. 145 bietet zudem Marjana Gaponenkos Lesart des „Schlemihl" an. (Siehe dazu auch einen Klausurvorschlag in **Zusatzmaterial 9**, S. 155)

Notizen

Die Juden als „Volk ohne Schatten"? Hans Natoneks Exilroman „Der Schlemihl" (1936)

■ *Informieren Sie sich über den Autor Hans Natonek und seinen Chamisso-Roman „Der Schlemihl" (Textausgabe, S. 120 f.). Lesen Sie dann den Textauszug aus Natoneks Roman (Textausgabe, S. 121–127) und stellen Sie dar, wie Natonek seine Gegenwartserfahrung über das Gespräch zwischen Hitzig und Chamisso kommentiert.*

■ *Stellen Sie sich vor, dass Natoneks Hitzig 1814 „Peter Schlemihl" liest und die Schattenlosigkeit mit seiner eigenen Situation als assimilierungsbereiter deutscher Jude in Beziehung setzt. Wie würde Natonek ihn die Erzählung vielleicht verstehen und kommentieren lassen? Wie könnte Natoneks Chamisso Hitzigs Äußerungen kommentieren? Verfassen Sie einen Dialog zwischen Hitzig und Chamisso aus Natoneks Perspektive.*

■ *Natonek hat seinem Roman einen Epilog hinzugefügt. Dieser rekapituliert noch einmal wichtige Lebensstationen Chamissos, die Sie anhand der Biografie in der Textausgabe (S. 77–80) nachvollziehen können. Interpretieren Sie diesen Epilog: Ist er eher optimistisch oder pessimistisch? Belegen Sie Ihre Einschätzung am Text.*

Hans Natonek: Legende als Epilog (aus „Der Schlemihl")

Als ein gewisser Herr von Chamisso starb, strich der Wind über die Aecker der Champagne, und die Ulme, die alte Wächterin, neigte sich über die eingeebneten Hügel Boncourt.

Von den steilen Klippen der Chamisso-Insel warfen sich riesige Seelöwen brüllend vor Lachen und Lust reihenweise kopfüber ins Meer und tauchten schnaubend auf mit ihren runden, polierten Köpfen.

Auf der Korallen-Insel im Südmeer sass der greise Kadu, Häuptling seines Stammes, und erzählte den lauschenden Jünglingen die Sage von ‚Ta-mi-to', der vor undenklicher Zeit auf einem riesigen Schiff vom anderen Ende der Welt gekommen und ihn säen gelehrt und schmieden und das Gesetz der Gestirne. Sein Andenken sei gelobt. Und die Stimme Kadus erhob sich zum rhythmischen Gesang, wie das Brausen der Brandung und das Fächeln der Palmen.

Als ein gewisser Herr von Chamisso starb, wetteiferten die schönsten Inseln, die friedlichsten Hütten in der Zone des ewigen Frühlings, sich ihm als Heimat anzubieten. Und die seltensten, unerreichbarsten Lianen der brasilianischen Urwälder riefen von ihrer Höhe herab, zu welcher Ordnung des Linnéschen Systems sie gehörten, und wünschten sehnlichst, in seinen Herbarien[1] getrocknet zu werden.

Und die Heimat- und Glücksucher aller Zeiten und Breiten kamen von weither gewandert, angeführt vom zarten, gefühlvollen Peter Schlemihl, der immer noch ohne Schatten, aber heiter resigniert, mit seiner grünen Botanisiertrommel die Welt durchstreifte. Ihn gewaltig überragend erhob sich Ahasver[2] über den Weltpol, der Mann des ewigen Unglücks, der nicht verwinden, vergessen und nicht einmal sterben kann. In seinem Riesenschatten folgte festen, würdigen Schritts im unauffälligen Habit[3] – Hitzig Eduard! Und wirklich, der kleine brave Hitzig, unbeirrbar auf seinem graden Weg, beschwört durch sein blosses Dasein die ungeheure ahasverische Erscheinung, die ins Ungewisse zerfließt. – Und jenes Kind von Hameln, das zu spät kam, als der Rattenfängerzug im Berg verschwand[4], und darum bitterlich weinte, ist Hans im Glück geworden. Jubelnd warf er, aller Glücksbürde ledig, seinen Hut in die Luft, den Gott auffing, als ein gewisser Herr von Chamisso starb.

Aus: Hans Natonek: Der Schlemihl. Amsterdam 1936, S. 401 f. Rechtschreibung und Interpunktion folgen dem Original.

---

[1] Herbarium: Sammlung getrockneter und gepresster Pflanzen für wissenschaftliche Zwecke
[2] sagenhafte Gestalt des „ewigen Juden", der ewig auf Wanderschaft ist
[3] Benehmen, Auftreten
[4] In der Sage, in welcher der Rattenfänger von Hameln die Kinder der Stadt aus Rache in den Tod führt, kommen zwei Kinder, eins blind, eins stumm, zu spät und entgehen so dem Tod. Natonek-Chamisso macht daraus nur ein Kind.

Chamisso und die „Chamisso-Autoren"

■ *Erarbeiten Sie anhand des Vortrages von Harald Weinrich (Textausgabe, S. 128–131) die Besonderheiten des Schreibens von „Chamisso-Autoren" und ergänzen Sie die Tabelle in der entsprechenden Spalte.*

■ *Überprüfen Sie Weinrichs Kriterien anhand der beiden Textauszüge von „Chamisso-Autoren" (Textausgabe, S. 131–136) und notieren Sie Ihre Beobachtungen in der Tabelle. Suchen Sie nach Möglichkeit auch einige konkrete Textbelege.*

■ *Welches Bild von den deutschsprachigen Gastländern vermitteln die beiden Texte?*

Harald Weinrich: Chamisso-Autoren schreiben besonders:	Trifft das zu? Marjana Gaponenko	Trifft das zu? Feridun Zaimoglu
Was?	→	→
Wie? – langsamer (S. 128, Z. 13)	→	→

AB 23

BS 7

135

„Onkel-Tom-Literatur"? – Chamisso-Autoren in der Diskussion

Maxim Biller, 1960 in Prag als Kind russisch-jüdischer Eltern geboren, ist ein deutscher Schriftsteller. Seine Muttersprachen sind Russisch und Tschechisch. Seit 1970 lebt er in Deutschland. In seinen Kolumnen provoziert er immer wieder mit Biss und Leidenschaft den deutschen Kulturbetrieb.

Maxim Biller: Letzte Ausfahrt Uckermark[1]

Warum ist die deutsche Gegenwartsliteratur so unglaublich langweilig? Weil die Enkel der Nazi-Generation noch immer bestimmen, was gelesen wird. Was hier fehlt, sind lebendige literarische Stimmen von Migranten. Die aber passen sich an und kassieren Wohlfühlpreise.

Seit der Vertreibung der Juden aus der deutschen Literatur durch die Nationalsozialisten waren die deutschen Schriftsteller, Kritiker und Verleger jahrzehntelang fast nur noch unter sich. Natürlich konnte man nach 1945 Echos der intellektuell und literarisch fruchtbaren Vorkriegszeit hören, die bis ins 19. Jahrhundert zurückreichte. Emigranten und Verfolgte wie Peter Weiss, Elias Canetti und Marcel Reich-Ranicki schrieben Romane und Kritiken, die vom deutschen Publikum gelesen und oft auch ernst genommen wurden. Aber nur solange diese Autoren lebten und aktiv waren, spielte ihre – sehr jüdische – Art, scharf zu denken, präzise zu fühlen und kosmopolitisch zu leben, in unserer geistigen Welt eine Rolle. Als Reich-Ranicki im September 2013 starb, endete endgültig das Experiment „deutsch-jüdische Symbiose", dieser hundert Jahre währende Versuch, im romantischen Krähwinkel[2] Deutschland eine neue Tradition des Realismus – literarisch und politisch – zu etablieren.

Die Abwesenheit der jüdischen Ruhestörer tut unserer Literatur nicht gut, sie wird immer selbstbezogener, dadurch kraftloser und provinzieller. […] In anderen Worten: Die deutsche Literatur ist wie der todkranke Patient, der aufgehört hat, zum Arzt zu gehen, aber allen erzählt, dass es ihm gut geht. Während unsere Literatur stirbt, erneuert sich die Gesellschaft so radikal, als lebten wir in den Tagen der Völkerwanderung. Über sieben Millionen Menschen mit einem ausländischen Pass wohnen inzwischen in Deutschland, weitere zwölf Millionen stammen aus Familien von Einwanderern. In der Öffentlichkeit begegnen sie uns bis jetzt meist als domestizierte SPD-Politiker oder Gewerkschaftsfunktionäre, als verzweifelte und trotzige Hip-Hop-Millionäre oder als exaltierte Reality-Schauspieler im Privatfernsehen – als selbstbewusste Intellektuelle und Schriftsteller treten sie immer noch viel zu selten in Erscheinung. Wie kommt das? An ihrer Zahl kann es nicht liegen, denn es werden jedes Jahr immer mehr Bücher deutschsprachiger Autoren veröffentlicht, deren Eltern nicht in Deutschland geboren sind, ja manche von ihnen sind sogar erst als Kinder und Jugendliche hierhergekommen. Und trotzdem kann man bis heute nicht von einer neuen literarischen Bewegung sprechen, was nur den überrascht, der glaubt, Deutschland sei kulturell ein genauso offenes Land wie die USA, England oder Israel.

Bis heute trudeln Romane und Erzählungen von *Jasmin Ramadan*, *Navid Kermani* oder *Ann Cotten* durch das Meer der Frühjahrs- und Herbstneuerscheinungen wie alle anderen Bücher. Sie werden ebenfalls manchmal kurz nach oben gespült, wahrgenommen und verschwinden danach für immer. Das liegt unter anderem daran, dass diese Schriftsteller sich sehr früh – oft schon in ihrem Debüt, das normalerweise das weit offene Fenster zur Biografie eines jeden Autors ist – der herrschenden Ästhetik und Themenwahl anpassen. Auch sie entscheiden sich wie ihre deutschen Kollegen sprachlich meist für den kalten, leeren Suhrkamp-Ton oder für den reservierten Präsensstil eines ARD-Fernsehspiel-Drehbuchs. Und auch ihre Helden sind relativ unglückliche, gesichtslose Großstadtbewohner mit nichtssagenden Nuller-Jahre-Vornamen, mit Liebes- und Arbeitsproblemen, ohne Selbstbewusstsein und festes Einkommen, dafür fest im Griff von Facebook, Clubwahn und HBO. Aber dass sie – die Autoren – selbst in einer Umgebung leben, die ihren Eltern und ihnen bei aller alltäglichen Gewohnheit ein Leben lang fremd bleiben wird; dass sie hier mal verhöhnt, mal verhätschelt, jedoch nie als Gleichberechtigte und willkommene Veränderer behandelt werden; dass das harmoniesüchtige, postnazistische und vereinte Deutschland von ihnen noch mehr als von je-

---

[1] Biller spielt auf den Roman von Saša Stanišić „Vor dem Fest" an: Nach einem Roman über den jugoslawischen Bürgerkrieg (Wie der Soldat das Grammofon repariert, 2006) veröffentlichte Stanišić 2014 mit „Vor dem Fest" seinen zweiten Roman, in dem die Geschichte eines Dorfes in der Uckermark in Brandenburg erzählt wird. „Letzte Abfahrt Brooklyn" ist ein Roman des amerikanischen Autors Hubert Selby, in dem in krasser Form die Stadt New York als Ort des Verfalls beschrieben wird.

[2] steht sprichwörtlich für kleinstädtische, spießbürgerliche Beschränktheit

dem seiner indigenen Künstler und Bürger erwartet, dass er sich an den deprimierenden, pseudoliberalen Angela-Merkel-Konsens anpasst – von all dem steht kaum etwas in ihren Büchern. Und sogar wenn sie – wie zum Beispiel wie Marjana Gaponenko[1] oder *Zsuzsa Bánk* – ihre Immigrantenbiografie in ihren Texten durchscheinen lassen, sind die nie der Ausgangspunkt eines Konflikts der handelnden Figuren ihrer Romane, sondern fast immer nur Folklore oder szenische Beilage.

Viele – sehr viele – der Autoren, von denen ich spreche, haben für genau diese Art von Onkel-Tom-Literatur[2] den Adelbert-von-Chamisso-Preis bekommen. Dieser Preis, der anfangs vor allem für schreibende Gastarbeiter gedacht war, ist eine große Gemeinheit. Er wird ausdrücklich solchen Schriftstellern verliehen, die früher kein Deutsch konnten, es jetzt aber so gut beherrschen, dass sie es – während Hölderlin ihnen die Sinne vernebelt und Thomas Mann die Hand führt – schaffen, ein ganzes Buch oder auch zwei oder drei in dieser für sie neuen Sprache zu schreiben. Statt Zensuren wie im Deutschunterricht gibt es hier ein paar Tausend Euro, aber sonst ist alles mehr oder weniger wie in der Schule – in der Integrationsschule. Die Noten kriegt man nicht bloß für Grammatik und Stil, man bekommt sie auch fürs Betragen. „Die Chamisso-Preisträger sind nicht nur hervorragende Vertreter der deutschsprachigen Gegenwartsliteratur", erklärt die Robert Bosch Stiftung, die den Preis vergibt, „sondern haben auch eine wichtige Vorbild- und Vermittlungsfunktion." Vorbildfunktion bei was? Beim Anpassen? Beim Selbstverleugnen? Beim Liebsein? Jeder zweite türkische oder kurdische Rapper ohne Realschulabschluss beschreibt die Realität von Nichtdeutschen in dem dunklen, einfachen Land hinter dem Limes direkter, wahrer und damit poetischer als die Jungen und Mädchen aus der Chamisso-Besserungsanstalt. [...]

Noch mal: Warum hat sich bis heute der Chor der vielen nicht deutschen Schriftsteller nicht zu einer einzigen lauten Stimme vereinigt? Wo bleibt die große Welle, die alles Bestehende kurz einmal wegspült und die Sicht auf etwas Neues freigibt? [...]

Worauf ich hinauswill? Dass wir nicht deutschen Schriftsteller deutscher Sprache endlich anfangen sollten, die Freiheit unserer Multilingualität und Fremdperspektive zu nutzen. Wir müssen aufhören, darüber nachzudenken, was wir tun und schreiben sollten, damit wir Applaus kriegen, wir dürfen nie wieder den Shitstorm der deutschen Kulturvolksfront fürchten, wir müssen immer nur in den einfachsten Worten, die wir kennen, über die Menschen sprechen, wie sie wirklich sind, egal, ob ihre Großeltern aus Antalya, Moskau oder Pforzheim kommen, und wenn wir eine gute Idee haben, wie wir erzählerisch und essayistisch den trüben deutschen Bloß-nicht-auffallen-Konsens attackieren könnten, kann das auch nicht schaden. Denn Wahrheit ist ein anderes Wort für Poesie, und der Schmerz, den sie beim Autor und bei den Lesern auslöst, verwandelt überhaupt erst die Worte in Literatur. [...]

Nein, es muss nicht jedes Mal eine Gastarbeiterkind-dreht-durch-Geschichte oder etwas mit Nazis sein. Es sollte aber immer eine Story sein, die voller Leben und Widersprüche ist – und die nicht die tausend anderen leblosen, unehrlichen, indirekten, in tyrannischer Deutschunterricht-Tradition erstarrten Geschichten imitiert, die in diesem Land seit Jahrzehnten gedruckt und rezensiert, aber nicht gelesen werden. Je mehr solche wilden, ehrlichen, bis ins Mark ethnischen und authentischen Texte geschrieben und veröffentlicht werden würden, desto größer wäre das Publikum, das sie verstehen, lieben und sich mit ihnen beschäftigen würde. Bald gäbe es endlich Kritiker, die selbst nicht deutscher Herkunft wären, Lektoren und Verleger, und langsam würden auch die deutschen Autoren anfangen, die Arbeit der Einwandererkinder ernst zu nehmen und sich von ihr – ästhetisch, dramaturgisch, inhaltlich – inspirieren zu lassen, so wie früher von den Juden. Und plötzlich wäre unsere Literatur kein sterbender Patient mehr, sondern so am Leben wie zuletzt in den Zwanzigerjahren. [...]

Deutschland war bis jetzt immer sehr erfolgreich, wenn es darum ging, Einwanderer und Fremde bis zur Unkenntlichkeit ihrer eigenen Identität zu integrieren, so wie die Hugenotten und die Polen im Ruhrgebiet, oder sie zu bestehlen, zu verjagen und zu vernichten, so wie die Juden. Es wird Zeit, daran etwas zu ändern – warum also nicht mit Romanen, Stücken und Rezensionen? Ich kann mir weniger unterhaltsame Revolutionen vorstellen.

---

[1] S. Textausgabe, S. 131 ff.
[2] In Harriet Beecher Stowes Roman „Onkel Toms Hütte" (1852) wird das Leben und Leiden eines christlich geduldigen farbigen Sklaven beschrieben.

http://www.zeit.de/2014/09/deutsche-gegenwartsliteratur-maxim-biller (Die Zeit 09/2014)

Klaus-Dieter Lehmann: Bitte keine Vorschriften und Etiketten!

Klaus-Dieter Lehmann (*1940) ist seit 2008 der Präsident des Goethe-Instituts, das sich im Auftrag des Auswärtigen Amtes um die Vermittlung der deutschen Sprache und Kultur im Ausland kümmert. Außerdem ist er Mitglied der Jury des Chamisso-Preises.

Maxim Biller treibt einen Keil zwischen Migranten und Deutsche.

Maxim Biller hat zu einem Rundumschlag gegen die deutsche Gegenwartsliteratur ausgeholt: Sie sei selbstbezogen, provinziell, sterbend. Dabei habe sich die Gesellschaft radikal gewandelt, 20 Millionen Menschen mit ausländischen Wurzeln lebten in Deutschland. Die literarische Stimme aber fehle. Er ruft „nach dem Chor der vielen nicht deutschen Schriftsteller, der sich zu einer einzigen lauten Stimme vereinigt".

Maxim Biller will nicht mehr und nicht weniger, als die Migranten auf ihren Migrationsbezug in ihren Themen und Positionen festzunageln. Jeder antibiografische Themenwechsel sei Verrat oder Anpassung. Er konstruiert einen grundlegenden, fast feindlichen Gegensatz zwischen Migranten und Deutschen. Hier nimmt er den Adelbert-von-Chamisso-Preis ins Visier, der deutsch schreibende Autoren ehrt, deren Muttersprache nicht Deutsch ist. Den Preisträgern wirft er Liebsein, Selbstverleugnung, braves Deutsch-Lernen vor, letztlich Bestechlichkeit, um erfolgreich zu sein. Doch lässt man einige der Preisträger der letzten Jahre Revue passieren, widerlegt das sehr eindrucksvoll Billers These. Wie verschieden ist eine *Ann Cotten* von *Saša Stanišić*, *Abbas Khider* von *Marjana Gaponenko*[1], *Terézia Mora* von *Feridun Zaimoglu*[2]. Diese Autoren sind Chamisso-Autoren, und sie sind wichtige prominente literarische Stimmen der deutschsprachigen Literatur. Als solche ist es ihr gutes Recht, selbst zu entscheiden, wie sie schreiben wollen und wie sehr sie ihre eigene Migrationsgeschichte oder ihre Probleme in Deutschland thematisieren – oder eben auch nicht.

Der Chamisso-Preis hat seit 1985 eine wechselvolle Geschichte. Zu Beginn stand sehr stark der biografische Hintergrund der Autoren im Fokus, die sich dem „Multikulturellen" nur langsam sich öffnende Gesellschaft war das zentrale Thema. Anfang der Neunzigerjahre kam mit der größeren Sichtbarkeit dieser Literatur der Begriff der „Migrantenliteratur" auf. Schon damals wurde aber daran Kritik geübt, weil den Autoren damit ein Etikett verpasst wurde, das sie ausgrenzte. Will Maxim Biller jetzt wieder „Migrantenetiketten" verteilen?

Das Goethe-Institut hat die Bereicherung, die Chamisso-Autoren der deutschsprachigen Literatur bieten, erkannt und lädt sie deshalb überproportional häufig zu Lesungen und Veranstaltungen ins Ausland ein. Autoren, die 2012/2013 für das Goethe-Institut unterwegs waren, sind unter anderem Zsuzsa Bánk, Ann Cotten, *Léda Forgó*, *Marjana Gaponenko*, *Ilija Trojanow*, *Olga Grjasnowa*, *Anna Kim*, *Yoko Tawada* und *Sevgi Özdamar*. Gerade der Prozess, den diese Autoren für sich gestaltet und entschieden haben, erlaubt ein kritisches und fantasievolles Gespräch mit der Welt, das unsere starren Klischees hinterfragt und Dialoge glaubwürdig öffnet. Es sind eigenwillige und eigenständige Autoren, die den Chamisso-Preis erhalten.

URL: http://www.zeit.de/2014/10/chamisso-preis, 4.2.2015
(Die Zeit)

---

[1] Textausgabe, S. 131 ff.
[2] Textausgabe, S. 134 ff.

- *Recherchieren Sie arbeitsteilig die kursiv hervorgehobenen Autoren: Welche Immigrationsgeschichte haben sie? Welche literarischen Themen beschäftigen sie? Stellen Sie Ihre Ergebnisse in knapper Form vor.*
- *Wie kritisiert Biller die „Chamisso-Autoren"? Wie verteidigt sie Lehmann?*
- *Lehmann kritisiert, Biller wolle „Migranten-Etiketten" verteilen. Wie meint Lehmann das? Hat er, soweit Sie das anhand von Billers Text beurteilen könnten, recht?*
- *Welche Position scheint Ihnen vor dem Hintergrund Ihrer Beschäftigung mit Chamisso und seinem „Schlemihl" plausibler: dass die Migrantenliteratur insgesamt eine grundsätzlich andere' Literatur ist oder dass sie das nicht ist?*

Chamisso über die Bedeutung des Schattenmotivs

In einem Vorwort für die erste französische Ausgabe seiner Erzählung äußert sich Chamisso zur Bedeutung des Schattenmotivs in „Peter Schlemihls wundersame Geschichte".

Adelbert von Chamisso: Vorwort (1838)

Diese Geschichte ist in die Hände besonnener Leute geraten, die sich, gewohnt, nur zu ihrer Belehrung zu lesen, Gedanken gemacht haben, was denn der Schatten nun sei. Einige haben höchst seltsame Hypothesen über dieses Thema aufgestellt; andere, die mir die Ehre erwiesen haben, mich für gebildeter zu halten, als ich bin, haben sich an mich gewandt, um eine Lösung ihrer Zweifel zu erhalten. Die Fragen, mit denen ich belagert worden bin, haben mich über meine Unwissenheit erröten lassen. Sie haben mich veranlasst, in den Bereich meiner Studien einen Gegenstand aufzunehmen, der ihnen bisher fremd war, und ich habe gelehrte Studien betrieben, deren Ergebnis ich hier nun schriftlich niederlege.

Vom Schatten

„Ein undurchsichtiger Körper kann nur teilweise von einem Leuchtkörper beschienen werden, und der dem Licht entzogene Raum, der sich auf der nicht beleuchteten Seite befindet, ist dasjenige, was man *Schatten* nennt. *Der Schatten* also, im eigentlichen Sinne, stellt etwas Wirkliches[1] dar. [...]"

Haüy, Elementarbuch der Physik, Bd. II, § 1002 und 1006

Es ist also das Wirkliche, von dem in der wundersamen Geschichte Peter Schlemihls die Rede ist. Die Finanzwissenschaft belehrt uns hinreichend über die Bedeutung des Geldes, die des Schattens hingegen ist weniger allgemein anerkannt. Meinen unvorsichtigen Freund hat es heftig nach dem Gelde gelüstet, dessen Wert er kannte, und er hat nicht an das Solide gedacht. Er wünscht, dass wir von der Lektion, die er teuer bezahlt hat, profitieren, und seine Erfahrung ruft uns zu: Denkt an das Solide[2].

Berlin, im November 1837

Adelbert von Chamisso

Aus: Adelbert von Chamisso: Peter Schlemihls wundersame Geschichte. Hrsg. v. Thomas Betz und Lutz Hagestedt. Frankfurt/M.: Suhrkamp 2003, S. 107f., aus dem Französischen übersetzt von Alexander Raeder

---

[1] Ansi l'ombre, proprement dite, représente un solide [...].
[2] Songez au solide: Denkt an das Solide: Im Lat. bedeutet „solidus" als Adjektiv „dicht", „fest", „gediegen", „wesentlich", als Substantiv bezeichnet es „Kapital" bzw. eine Goldmünze.

Schlemihl als Homosexueller

Der Literaturwissenschaftler Heinrich Detering liest die Geschichte des verlorenen Schattens als Ausdruck „homoerotischer Stigmatisierung", Ausgrenzung also: Mit seinem Schlemihl habe Chamisso in sehr versteckter Form eine homosexuelle Figur gestaltet. In dem folgenden Auszug führt er seine Interpretation anhand konkreter Textbelege vor.

Beginnen will ich nicht mit der Untersuchung der so oft interpretierten und erfahrungsgemäß sogleich zu Deutungen des Schatten-Motivs provozierenden Tausch-Szene selbst, sondern mit der Untersuchung ihrer **Folgen**. Ich frage also nicht danach, was der Schatten ‚ist', sondern danach, was sein Verlust **bewirkt**. Der Erzähler resümiert das folgendermaßen:
Die Frauen bezeugten oft das tiefste Mitleid, das ich ihnen einflößte; Äußerungen, die mir die Seele nicht minder durchbohrten, als der Hohn der Jugend und die hochmütige Verachtung der Männer, besonders solcher dicken, wohlbeleibten, die selbst einen breiten Schatten warfen. (S. 22, Z. 30–34[1])

Dann erzählt er das erste Beispiel:
Ein schönes, holdes Mädchen [...] wandte von ungefähr ihr leuchtendes Auge auf mich; sie erschrak sichtbarlich, da sie meine Schattenlosigkeit bemerkte, verhüllte ihr schönes Antlitz in ihren Schleier, ließ den Kopf sinken, und ging lautlos vorüber.
(S. 22, Z. 34 – S. 23, Z. 6)

Die nächste Frau, der Schlemihl begegnet, ist die schöne Fanny aus der reichen Gesellschaft des ersten Kapitels, und sie zeigt sich von dem zu Reichtum Gekommenen angezogen. Schlemihl aber vermag diese Neigung nicht zu erwidern: *„Ich war nur eitel darauf, sie über mich eitel zu machen, und konnte mir, selbst mit dem besten Willen, nicht den Rausch aus dem Kopf ins Herz zwingen."*
(S. 28, Z. 29–32)

Beim ersten Rendezvous verliert der Schattenlose dann auch ihre Neigung:
[D]a trat unversehens hinter uns der Mond aus den Wolken hervor – und sie sah nur ihren Schatten vor sich hinfallen. Sie fuhr zusammen und blickte bestürzt mich an, dann wieder auf die Erde, mit dem Auge meinen Schatten begehrend; und was in ihr vorging, malte sich so sonderbar in ihren Mienen, dass ich in ein lautes Gelächter hätte ausbrechen mögen, wenn es mir nicht selber eiskalt über den Rücken gelaufen wäre.
(S. 29, Z. 12–18)

In der Stadt, in die er flüchtet, begegnet Schlemihl dann einer dritten Frau, Mina. Sie glaubt er selbst zu lieben. Wenn er sie nun als „*himmlische Erscheinung*" (S. 31, Z. 26) oder wiederholt als „*Engel*" (S. 31, Z. 31, S. 36, Z. 29) bezeichnet, dann bedeutet das in **dieser** Geschichte wohl mehr als nur eine emphatische Verklärung der Geliebten: In Mina tritt dem Teufel die genau entsprechende Oppositionsgestalt gegenüber. Schlemihl erblickt sie zuerst in jenem Chor von weißgekleideten „*Jungfrauen von ausnehmender Schönheit*", der ihn begrüßt. Beiläufig, aber kaum unabsichtlich wird sie mit der Sonne identifiziert, in deren Schein die Schattenlosigkeit Schlemihls sichtbar wird: Alle anderen verblassen vor ihr wie die Sterne der Nacht vor der Sonne. Die Doppeldeutigkeit dieser Einführung bleibt in der unmittelbar anschließenden Szene virulent[2]:
Und dieser Auftritt, lieber Freund, mitten in der Sonne! – Sie kniete noch immer zwei Schritte von mir, und ich, ohne Schatten, konnte die Kluft nicht überspringen, nicht wieder vor dem Engel auf die Knie fallen. Oh, was hätt ich nicht da für einen Schatten gegeben!"
(S. 31, Z. 29 – S. 32, Z. 1)

Schlemihls Reaktion abermals: „*Scham*", „*Angst*", „*Verzweiflung*" (S. 32, Z. 1 f.). Im geschickt ausgeleuchteten Festsaal fühlt Schlemihl sich dann gegenüber Mina „*in einem unbeschreiblichen Rausch.*"
(S. 34, Z. 14) – aber:
*Sie liebte wie ein Weib, ganz hin sich opfernd; selbstvergessen, hingegeben den nur meinend, der ihr Leben war, unbekümmert, solle sie selbst zugrunde gehen, das heißt, sie liebte wirklich. –
Ich aber – o welche schreckliche Stunden [...] hab ich oft an Bendels Brust verweint, als nach dem ersten bewusstlosen Rausch ich mich besonnen, mich selbst scharf angeschaut, der ich, ohne Schatten, mit tückischer Selbstsucht diesen Engel verderbend, die reine Seele an mich gelogen und gestohlen!*
(S. 36, Z. 21–30)

---

[1] Die Textverweise sind hier und im Folgenden an die Textausgabe von EinFach Deutsch angeglichen.

[2] virulent (lat.): wirksam

Auf einen emphatischen Liebesbrief hin muss er ihr erklären, *„ich sei nicht das, wofür man mich anzusehen schien; [...] [a]uf mir ruhe ein Fluch, der das einzige Geheimnis zwischen ihr und mir sein solle".*
(S. 38, Z. 5–8)

[...] Als Schlemihls Schattenlosigkeit ruchbar wird, bedeutet das eine Katastrophe für die Familie der Braut. Am Ende der Mina-Episode hat sich bestätigt, was Schlemihl zu Beginn schmerzlich empfunden hat: *„ich, ohne Schatten, konnte die Kluft nicht überspringen"* (S. 31, Z. 30–31) Wenig später wird dann ein anderer das Mädchen heiraten: Schlemihls schurkischer Knecht mit dem sprechenden Namen Raskal, der *„einem Schattenlosen nicht dienen"*, ja *„[v]on einem Schattenlosen [...] nichts an[nehmen] wollte"* (S. 41, Z. 1–10) – und die Mutter wird kommentieren: *„nun wirbt ein Mann um dich, der die Sonne nicht scheut"* (S. 52, Z. 21 f.)

Überblickt man diese drei Begegnungen mit Frauen, die im Mittelpunkt des ersten Teils der Erzählung stehen, so zeigen sie eine grundlegende Gemeinsamkeit: Der Verlust des Schattens hindert Schlemihl, eine dauerhafte Beziehung zu einer Frau einzugehen – sei es, dass er in ihren Augen einen Makel besitzt, der seinen Anblick verbietet (wie im Fall der Unbekannten), sei es, dass er nicht zu lieben vermag (wie im Falle Fannys), sei es schließlich, dass die Erfüllung seiner Liebe aufgrund seiner Schattenlosigkeit persönlich wie gesellschaftlich unmöglich wäre (wie im Falle Minas). Die Stigmatisierung, die der Verlust des Schattens bedeutet, erweist sich **primär** als eine **erotische Stigmatisierung**.

Aus: Heinrich Detering: Das offene Geheimnis. Göttingen: Wallstein 2002, S. 156–158

- *Deterings Text deutet vieles nur an. Erläutern Sie seine Deutung von Schlemihls Begegnung mit den drei Frauen und von der Paktszene (S.16, Z.18 – S.19, Z.15) und suchen Sie weitere Belege für Deterings Lesart.*

- *Erörtern Sie Deterings Deutung vor dem Hintergrund Ihrer Beschäftigung mit der ganzen Erzählung: Inwiefern kommt sie Ihnen überzeugend vor, inwiefern vielleicht auch nicht?*

Materialien zur Rolle des Geldes in „Peter Schlemihl"

Karl Marx
Das Geld als *verkehrende* Macht

Als]...] *verkehrende* Macht verwandelt [das Geld] [...] die Treue in Untreue, die Liebe in Hass, den Hass in die Liebe, die Tugend in Laster, das Laster in Tugend, den Knecht in den Herrn, den Herrn in den Knecht, den Blödsinn in Verstand, den Verstand in Blödsinn. Da das Geld als der existierende und sich betätigende Begriff des Wertes alle Dinge verwechselt, vertauscht, so ist es die allgemeine *Verwechslung und Vertauschung* aller Dinge, also die verkehrte Welt, die Verwechslung und Vertauschung aller natürlichen und menschlichen Qualitäten.

Wer die Tapferkeit kaufen kann, der ist tapfer, wenn er auch feig ist. [...] Setze den *Menschen* als *Menschen* und sein Verhältnis zur Welt als ein menschliches voraus, so kannst du Liebe nur gegen Liebe austauschen, Vertrauen nur gegen Vertrauen etc. [...] Jedes deiner Verhältnisse zum Menschen und zu der Natur – muss eine *bestimmte*, dem Gegenstand deines Willens entsprechende Äußerung deines *wirklichen individuellen* Lebens sein.

Karl Marx: Ökonomisch-philosophische Manuskripte. Frankfurt/M.: Suhrkamp Studienbibliothek 2009, S. 186

John Searle
Rätsel Geld

Man denke z. B. an das Stück Papier, das ich in meiner Geldbörse habe. Nehme ich es aus meiner Geldbörse heraus, um es zu untersuchen, so sehe ich, dass seine physikalischen Eigenschaften eher uninteressant sind. Es besteht chemisch gesehen aus Zellulosefasern, die mit bestimmten Färbemitteln eingefärbt sind. Dennoch messen wir ihm alle, trotz seiner trivialen physischen und chemischen Eigenschaften, doch eine gewisse Bedeutung bei. Der Grund dafür ist, dass es Geld ist. Wenn wir fragen: „Was an ihm macht es zu Geld?", so finden wir, dass seine chemische und physikalische Beschaffenheit nicht ausreichen, die Frage zu beantworten. Wenn ich versuchte, etwas zu erzeugen, das genau wie dieses Stück Papier aussähe, ja selbst wenn es mir gelänge, ein bis zum letzten Molekül hin exakt getreues Duplikat anzufertigen, so wäre es kein Geld. Im Gegenteil, es wäre Falschgeld, und ich setzte mich Verhaftung und strafrechtlicher Verfolgung aus. Also, noch einmal, was an diesem Stück Papier macht es zu Geld? Einer ersten Antwort kann man sich annähern, indem man sagt, dass ein Phänomentyp nur dann Geld ist, wenn wir denken, dass es Geld ist. [...] Ich muss hier von ‚Typ' sprechen, weil gewisse Einzelvorkommnisse Fälschungen sein können. Ein einzelner Geldschein mag für Geld gehalten werden, obwohl er in Wirklichkeit eine Blüte ist. Allgemein gilt aber dennoch: Ein Ding eines gewissen Typs ist auf lange Sicht nur dann Geld, wenn es als Geld akzeptiert wird. Und was für Geld gilt, gilt für die gesellschaftliche und institutionelle Wirklichkeit ganz allgemein. Geld, Sprache, Eigentum, Ehe, Regierung, Universitäten [...] sind alle zum Teil [...] dadurch konstituiert, dass wir sie für das jeweils Entsprechende halten. Ein Gegenstand genügt einer dieser Beschreibungen nicht zuletzt deshalb, weil wir denken, er tut es, oder weil wir ihn als einen solchen akzeptieren oder anerkennen.

John Searle: Geist, Sprache und Gesellschaft. Übersetzt von Harvey P. Gavagai. Frankfurt/M. 2004, Suhrkamp, S. 134f.

Winfried Freund
Papiergeld in Preußen um 1800

Um 1800 etwa erfolgt in Preußen die vermehrte Ausgabe von Papiergeld und Staatsscheinen, wodurch die Versuchung wächst, mehr Geld zu emittieren als reale Einlösemöglichkeiten bestehen, sodass inflationäre Tendenzen ständig drohend gegenwärtig sind. Das Vordringen der Papierwährung musste insofern Spuren im Bewusstsein der Zeitgenossen hinterlassen, weil das inkongruente Verhältnis zwischen dem Wertpapier und dem realen Wert, dem es äquivalent sein sollte, unverkennbar ist. Wertpapier und Realwert können sich durchaus wie Schein und Sein zueinander verhalten [...] Mit Sicherheit hat sich das Verhältnis zugunsten des Scheinhaften zur Abfassungszeit der Novelle[1] verschoben, nachdem durch die Niederlage gegen Napoleon und die französischen Kontributionsforderungen der Kurs auf 24 % gefallen war. Die Kapitalbasis erweist sich als ein äußerst trügerisches und krisenanfälliges Fundament. Drastische Kurssenkungen vermögen den heute noch Reichen morgen bereits zum armen Mann zu degradieren.

Winfried Freund: Adelbert von Chamissos „Peter Schlemihl". Paderborn: Schöningh Verlag 1980, S. 15f.

- Sammeln Sie die verschiedenen Aspekte der drei Textausschnitte zum Thema „Geld".
- Stellen Sie Verbindungen zwischen diesen in den Texten angesprochenen Aspekten und „Peter Schlemihls wundersame Geschichte" her.

---

[1] „Peter Schlemihls wundersame Geschichte"

„Nachtmeerfahrten" – Schwarze Romantik

Simone Stölzel
Nachtseiten des Gemüts

Die Faszination, die das Düstere und Abgründige auf die Romantiker offenbar ausübte, führte dazu, dass man die romantische Epoche an sich mit ihren fantastischen und zugleich als ‚krankhaft' empfundenen (Unter-)Strömungen gleichsetzte. Rückte doch in der Zeit um die Wende zum 19. Jahrhundert inbesondere allerlei ‚Nächtliches' in den Fokus der Aufmerksamkeit: 1800 erschienen Novalis' *Hymnen an die Nacht*, 1804 Klingemanns *Nachtwachen Bonaventuras*, 1816/17 brachte E.T.A. Hoffmann seine zweibändigen *Nachtstücke* heraus, in denen sich einige seiner bis heute bekannten, mit Gespenstern und Automaten, Doppelgängern und Wahnsinnigen reichlich bevölkerten Erzählungen versammeln [...].

Die romantische Literatur war für viele ihrer Vertreter ein poetisches Experimentierfeld: Man versuchte, auf neuartige Weise Stimmungen oder Atmosphären auszuloten und zu reflektieren und drang dabei in Bereiche vor, die bislang kaum in den Mittelpunkt schöngeistiger Betrachtungen gerückt waren. [...] Gerade die unheimlichen Geschichten hatten ihren eigenen Reiz, zeigten sie doch die unschönen, morbiden, abgründigen Seiten des Menschen. seine Ängste und Obsessionen, seine seelischen Nöte und Abwege. Diese dunklen Seiten der menschlichen Seele boten den romantischen Autoren und Autorinnen ein weites, beinahe unbearbeitetes Feld, und damit auch literarisches Neuland. Für derartige Zustände erfand man in der Epoche der Romantik, die sich im Deutschen durch einen besonders reichhaltigen Sprachstand und viele Wortneuschöpfungen auszeichnete, eigens ein neues und sehr anschauliches Wort: die ‚Seelenfinsternis'. Die Bedeutung einer solchen Seelenfinsternis erklärt sich von selbst; sie lässt sich in Analogie zur Sonnenfinsternis als eine (wenigstens zeitweilige) Verdunklung des menschlichen Gemüts begreifen. [...] Vielfach sahen zeitgenössische wie nachfolgende Denker darin einen antiaufklärerischen Impuls [...] Aber man sollte derartige Einschätzungen und Etikettierungen nicht vorschnell übernehmen [...]. Genauso gut könnte man die romantische Vorliebe für Seelenfinsternisse und unheimliche Phänomene im Gegenteil auf einen aufklärerischen Impuls zurückführen, wie dies schon ein so skeptischer Geist wie Arthur Schopenhauer in seinem *Versuch über das Geistersehn* getan hat: Wer das Geistersehen als irrationalen Hokuspokus verwerfe, so argumentiert er, und das auch noch aus religiösen Gründen, erweise sich als Gegner aufklärerischen Denkens. Der wahre Aufklärer müsse sich auch für die Möglichkeit des Geisterhaften offenhalten.

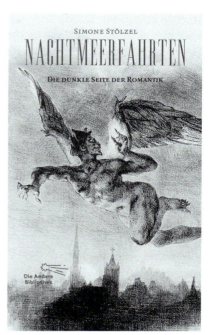

Simone Stölzel: Nachtmeerfahrten. Berlin: Die andere Bibliothek 2013, S. 31 f., S. 21 ff.

- Arbeiten Sie die wesentlichen Merkmale der „schwarzen Romantik" aus dem Vorwort des von der Kulturwissenschaftlerin Simone Stölzel herausgegebenen Buches „Nachtmeerfahrten. Die dunkle Seite der Romantik" heraus.

- Ein großer Teil des Buches von Stölzel besteht aus kommentierten Textauszügen aus romantischen Erzählwerken. Dabei hat sie auch Auszüge aus der Erzählung „Peter Schlemihls wundersame Geschichte" aufgenommen – Welchen Szenen hätten Sie für das Buch „Nachtmeerfahrten" ausgewählt? Begründen Sie.

„Peter Schlemihl" in nationalsozialistischer Lesart

In dem folgenden Textauszug wird eine nationalsozialistische Lesart von „Peter Schlemihls wundersame Geschichte" vorgestellt, welche mit antisemitischen Klischees arbeitet, indem sie den Teufel als Juden deutet.

Heinrich Spier
„Peter Schlemihl" in völkischer Sicht (1940)

Adelbert von Chamissos Prosameisterwerk „Peter Schlemihls wundersame Geschichte" [...] hat von jeher Gelegenheit zu verschiedenen Deutungen des berühmten Schattenmotivs gegeben. Sie zu vermehren wäre verfehlt, wenn der Versuch, das Werk von den Erkenntnissen unserer Zeit aus zu beleuchten, nicht einen gewissen Gewinn verspräche. [...] Im Gegensatz zu bisherigen Auslegungen diene als Ausgangspunkt die Gestalt des Gegenspielers, des ‚Mannes im grauen Rocke'! ‚Ein stiller, dünner, hagerer, länglicher, ältlicher Mann', im Äußeren wenig ansehnlich, aber bestrebt, durch große und kleine Gefälligkeiten gesellschaftsfähig zu erscheinen, so lernt ihn Schlemihl in der Umgebung des Herrn John kennen. Er tritt an sein Opfer mit erheuchelter Zaghaftigkeit und Unterwürfigkeit heran, überschüttet es mit einem wenn auch höflichen Redeschwall und mit Beteuerungen über die Ehrlichkeit seines vorgeschlagenen Handels, der nur den Vorteil des anderen im Auge habe. Höhnisch lacht er über den schnellen Erfolg vor sich hin, soll er doch nur das Mittel zu einem weit gefährlicheren Handel sein. [...] Während er den Schein des Rechts für sich in Anspruch nimmt, macht er den anderen auf das Unrecht seiner verzweifelten Anstrengungen aufmerksam, durch Gewalt den Schatten wieder an sich zu bringen. Nichts ist ihm heilig! Was ist ihm die Seele! ‚Haben Sie es je gesehen, und was gedenken Sie damit anzufangen, wenn Sie tot sind? [...]' Dem entspricht auch seine entwurzelter Geistigkeit entspringende metaphysische Spekulation, von der Schlemihl erzählt: ‚Nun schien mir dieser Redekünstler mit großem Talent ein festgefügtes Gebäude aufzuführen [...].' [...] In solcher Beleuchtung verliert der ‚Graue' sein Geheimnis [...]. Chamisso charakterisiert [...] den verhängnisvollen Grauen als eine Verbrechernatur, die sich gerade unter dem jüdischen Rassetyp findet. Seine äußere Gestalt und das Geschmeidige, Bescheidene und Liebenswürdig-Höfliche seines Geschäftsgebarens zeigen die Kunst der jüdischen Maskierung. Hinter ihr lauert der schwadronisierende, schmutzige und erpresserische Handelsgeist voller Hohn und Sarkasmus. Das letzte Ziel dieses materialistischen und intellektuellen Vertreters ist die Vernichtung der freien sittlichen Persönlichkeit. Seine Mittel – Geld, Ausbeutung und Abhängigkeit – sind die der jüdischen Finanzkreise und der jüdischen Intelligenz, deren verhängnisvoller Aufstieg im Anfang des 19. Jahrhunderts begann. ‚Der Mann im grauen Rock' stellt jenen Typ dar, der in der damaligen Gesellschaft sich unentbehrlich und mithilfe des Geldes Eingang und Einfluss zu verschaffen suchte. Ihm ist der Kapitalist, wie jener Herr John in der Erzählung, ebenso ausgeliefert wie der einfache Mann, dessen wirtschaftliche und geistige Existenz er zu vernichten droht. [...] Versuchen wir, eine schärfere Sicht von der obigen Deutung des ‚Grauen' aus zu gewinnen! Welches sind die Folgen, die das Opfer des internationalen Judentums treffen? Nicht nur Vernichtung der bürgerlichen Existenz, sondern Entwurzelung und Zerstörung des betreffenden Volkstums! Der Mensch verliert wörtlich den Boden unter den Füßen. Weil Schlemihl seine völkische Bindung aufgegeben hat, indem er dem jüdischen Versucher erlag, wird er entwurzelt und irrt unstet umher. Vor dem völligen Verderben bewahrt ihn nur der gute Kern seines Selbst. Das rassische Gewissen in ihm äußert sich in seiner unüberwindlichen Abscheu vor dem grauen Schleicher und führt zur Überwindung aller neuen Versuchungen.

Heinrich Spier: Chamissos „Peter Schlemihl" in völkischer Sicht. In: Zeitschrift für Deutschkunde 54 (1940), S. 332–333

- Arbeiten Sie Heinrich Spiers Interpretation des Mannes im grauen Rock sowie von Schlemihls Schicksal heraus.

- Zeigen Sie, welche Widersprüche diese Deutung bei einer konsequenten Anwendung auf die Erzählung aufwerfen muss. Beziehen Sie in jedem Fall die folgenden Textstellen mit ein: S. 72, Z. 6 ff., S. 63, Z. 6 – Z. 30.

Marjana Gaponenko über „Peter Schlemihl"

Die Chamisso-Preisträgerin Marjana Gaponenko (s. Textausgabe, S. 131 ff.) hat auf Anfrage ihre Lesart des Schlemihl in einer Mail skizziert:

[...]

Ich ärgere mich über Chamissos Helden.

Es ist mir unbegreiflich, warum man unter dem Verlust des Schattens leiden muss, schließlich leidet Schlemihl dermaßen, dass er mit seinem plötzlichen Wohlstand nichts anzufangen weiß.

Ein Geschäftsmann ist er sicher nicht. Mit dem großen Deal ist er überfordert, verzettelt sich und gibt sich einer deterministischen und eines Protestanten unwürdigen Lebensgesinnung hin, die ich persönlich nicht nur kenne, sondern auch verachte (sich dem eigenen Schicksal empfehlen etc.).

Ich ärgere mich über Schlemihls Geliebte. Wenn sie ihn schattenlos akzeptiert hätte, so hätte sie mit dieser Geste aus ihm einen lebensfähigen und sozialen Menschen gemacht und dem Umfeld geistige Unabhängigkeit und Stärke bewiesen. Aber sie ist zu schwach, um ein Exempel zu statuieren, und entspricht dem untätigen, unmündigen und fantasielosen Frauenbild des 19. Jahrhunderts.

Alle normalen Menschen brauchen einen Spiegel/einen menschlichen Spiegel, um sich ihrer Existenz sicher zu sein und einigermaßen zufrieden zu leben. Da Schlemihl seine Spiegelung nicht sieht, trifft er eine Entscheidung, die ein ernsthafter Wissenschaftler an seiner Stelle schon früher getroffen hätte: Er zieht sich zurück und verlangt nichts von den Menschen. Er ist sich selbst genug und nimmt sich selbst wahr – nicht durch seine Mitmenschen, sondern durch sein aufrichtiges (wenn auch erzwunges) Interesse an der Natur/Welt.

In diesem Sinne kann man Chamissos Geschichte über Schlemihl als Geschichte einer Unfreiheit und Abhängigkeit von Konventionen und der öffentlichen Meinung deuten.

Es grüßt Sie herzlich aus Wien
Marjana Gaponenko

Originalbeitrag

Eine textgebundene literarische Erörterung verfassen

Bei einer textgebundenen literarischen Erörterung wird in der Regel ein nicht fiktionaler Text (wissenschaftlicher Kommentar, Brief, Rezension usw.) über das literarische Werk vorgelegt und dieser soll unter einer bestimmten Fragestellung hinsichtlich seiner Stimmigkeit bewertet werden.

Vorgehen (Vorschlag):

1. Den nicht literarischen Text (Sachtext) erschließen
- Überfliegen des Textes: Thema und These allgemein erfassen
- intensive Erarbeitung des Textes: a.) Aufbau und Argumentation nachvollziehen, b.) Schlüsselbegriffe oder -sätze markieren, c.) Thesen, Bewertungen, Intentionen des Autors markieren und z. B. als Skizze festhalten (mit eigenen Worten)
- währenddessen: eigene Ideen, Kommentare, Bezüge auf einem gesonderten Blatt notieren (oft sind die ersten Gedanken die besten)

2. Aufgabenstellung erfassen und Bezüge zum literarischen Text herstellen
- Was genau soll erörtert werden? (Häufige Formulierung: „Erörtern Sie, inwiefern ...")
- Sammlung erstellen: Was spricht für die These(n) des Autors, was dagegen?
- konkrete Textbezüge bzw. Zitate notieren oder markieren

3. Die eigene Erörterung konzipieren und schreiben
- *Festlegen:* Wird der Sachtext hauptsächlich kritisiert, wird ihm hauptsächlich zugestimmt oder gibt es ein abwägendes Urteil? Die eigene Erörterung in diesem Sinne konzipieren: als Ablehnung, Zustimmung oder geteiltes Urteil.
- *Einleitung:* Text, Verfasser, Bezugstext etc., die allgemeine Richtung (Hauptthese) nennen und das eigene Vorhaben ankündigen (erörtern, kritisch prüfen o. Ä.)
- *Hauptteil:* zentrale Thesen und Argumente des Sachtextes benennen [aber: keine Nacherzählung des Sachtextes, sondern eigener Zugriff!] und hinsichtlich des literarischen Textes prüfen (Gegenargumente formulieren und belegen oder weitere vertiefende Argumente für die These(n) finden)
- *Schluss:* die eigene Position noch einmal pointiert zusammenfassen, evtl. Ausblicke geben
- *Ziel:* Sie sollen eigenständig eine begründete Haltung zum vorgelegten (Sach-)Text entwickeln und dabei ein vertieftes Verständnis des literarischen Textes zeigen!
- *Tipps:* Schreiben Sie so, dass Ihre Position von Beginn an deutlich wird (nicht erst im Schlussteil), vermeiden Sie eine allzu einseitige Positionierung (Erörterungen sind abwägende Texte), vermeiden Sie eine starre Pro-Kontra-Struktur („Die Pro-Argumente sind ..."), bringen Sie Kontextwissen in Ihre Argumentation ein (Epochenmerkmale, weitere Werke und Autoren, Literaturtheorie usw.).
- *Überarbeiten* (Zeit im Auge behalten: Rechtschreibung, Kommasetzung, korrektes Zitieren usw. überprüfen)

4. Bewertung
Textgebundene literarische Erörterungen werden nach folgenden Aspekten bewertet: 1. Erschließen der Textvorlage, 2. Auseinandersetzung mit zentralen Thesen/Argumenten, 3. Kontextualisierung, 4. Schlussfolgerung/Urteilsbildung

Aus: EinFach Deutsch: E.T.A. Hoffmann: Der goldne Topf. Unterrichtsmodell, erarbeitet von Simon Jander. Paderborn: Schöningh Verlag 2012, S. 123

Grundbegriffe der Erzählanalyse

Erzählformen und Erzählweise/Sichtweise

In der Regel kommen zwei unterschiedliche Erzählformen vor, die **Ich-Erzählform** und die **Er-/Sie-Erzählform**. Der zentrale Unterschied liegt darin, dass der Ich-Erzähler (vor allem) von sich selbst erzählt, während der Er-Erzähler von jemand anderem berichtet.

Bei der **Ich-Erzählform** kann man zwischen **erzählendem** und **erlebendem Ich** unterscheiden. Diese unterscheiden sich durch die zeitliche Distanz (erzählendes Ich) bzw. Nähe (erlebendes Ich: Eindruck der Unmittelbarkeit) zu der erzählten Handlung.

Bei der **Erzählerperspektive** unterscheidet man zwei Sichtweisen, die der Erzähler einnehmen kann. Er kann sich auf das beschränken, was er als Betrachter von außen wahrnehmen kann (**Außensicht**); er kann aber auch in die Figuren hineinsehen und ihre Wahrnehmungen, Gedanken und Gefühle mitteilen (**Innensicht**).

Formen der Figurenrede in Erzähltexten

Neben dem Erzählerbericht kann der Erzähler die ausgesprochenen und unausgesprochenen Äußerungen seiner Figuren auf verschiedene Art und Weise darstellen:

direkte Rede (mit einleitendem Verb): *Er dachte: „Das Konzert beginnt bald, ich muss mich beeilen."*

indirekte Rede (Konjunktiv): *„Er dachte, dass das Konzert bald beginne und er sich beeilen müsse."*

erlebte Rede (3. Person, Präteritum, zwischen direkter und indirekter Rede, Gedanken einer Figur, die aber nicht in der 1. Person und nicht in direkter Rede wiedergegeben werden): *Er wusste es. Das Konzert würde bald beginnen. Er musste sich beeilen.*

innerer Monolog (1. Person, Präsens, ohne einleitendes Verb): *Ich weiß, das Konzert beginnt bald. Schnell. Ich beeile mich.* (Im sogenannten **Bewusstseinsstrom** wird der innere Monolog in extremer Form bis hin zur Auflösung sprachlicher Zusammenhänge weitergeführt.)

Erzählerstandort

Der Erzähler kann zu dem Erzählten **unterschiedliche Standorte** einnehmen: Die zentrale Frage ist hier die der **zeitlichen und räumlichen Nähe bzw. Distanz** des Erzählers zu der von ihm erzählten Welt.

Beim dem **allwissenden** oder **olympischen Standort** hat der Erzähler zeitlich und räumlich den Überblick über die Figuren und die Handlung. Er erzählt aus **großer Distanz**. Auf der anderen Seite kann der Erzähler den Eindruck vermitteln, dass er sich **nahe am bzw. mitten im Geschehen** befindet. Zumeist befindet sich der Erzähler zwischen diesen beiden Polen Nähe und Distanz.

Erzählhaltung

Der Erzähler kann dem von ihm erzählten Geschehen und den von ihm dargestellten Figuren **neutral** gegenüberstehen, er kann aber auch eine **wertende Einstellung** einnehmen. Sie kann z.B. zustimmend oder ablehnend, ironisierend, satirisch, kritisch oder humorvoll sein.

Darbietungsformen (Arten der Darbietung)

Der Erzähler kann das Geschehen auf verschiedene Weise darbieten; grundlegend ist hier zu unterscheiden zwischen dem **Erzählerbericht** und der **Figuren-/Personenrede**.

Erzählerbericht: Diese Passagen sind als **Äußerungen des Erzählers** erkennbar (z.B. Beschreibungen, Berichte, Kommentare).

Figuren-/Personenrede: Diese Äußerungen sind erkennbar einer Figur der Handlung zuzuordnen; dies kann auf unterschiedliche Art geschehen.

Erzählverhalten

Man unterscheidet zwischen auktorialem, personalem und neutralem Erzählverhalten.

Beim **auktorialen Erzählverhalten** tritt eine Erzählerfigur deutlich hervor, die das erzählte Geschehen arrangiert und kommentiert und sich dabei auch direkt an den Leser wenden kann. Der Erzählerstandort des auktorialen Erzählers ist oft der des allwissenden Erzählers.

Beim **personalen Erzählverhalten** beschränkt sich der Erzähler auf die Sicht einer oder (im Wechsel) mehrerer Figuren, hinter die der Erzähler weitgehend zurücktritt.

Beim **neutralen Erzählverhalten** wird das Geschehen wie von einem unbeteiligten Beobachter dargestellt, der sich auf die äußerlich wahrnehmbaren Vorgänge konzentriert.

Das Erzählverhalten kann innerhalb eines Textes wechseln.

Aus: Johannes Diekhans u. a.: P.A.U.L. D. Oberstufe. Paderborn: Schöningh Verlag, 2013, S. 28 ff. (Beitrag von Martin Zurwehme)

Klausurvorschläge und Facharbeiten

Thema 1 (Erörterung eines Sachtextes)

Aufgaben

Erörtern Sie von Matts Deutung des Schattenmotivs in „Peter Schlemihls wundersame Geschichte".

1. Erarbeiten Sie zunächst von Matts Position.
2. Erörtern Sie dann seine Position in Bezug auf „Peter Schlemihls wundersame Geschichte".

Peter von Matt
Skizze einer Lösung

Wer [das Rätsel des Schattens] [...] lösen will, muss begründen können, warum der Schatten wichtiger ist als alle Reichtümer dieser Welt. Von einer unklaren nationalen Identität zum Beispiel könnte dies wohl kaum gesagt werden. [...] Der Weg zu einer Lösung führt über die Beobachtung der Publikumsreaktionen auf Chamissos Geschichte. Leserinnen und Leser nahmen das kleine Werk sofort begeistert auf, und schon bald erschienen die ersten Übersetzungen in verschiedenen europäischen Sprachen. [...] *Peter Schlemihls wundersame Geschichte* gewann in kurzer Zeit den Charakter eines kleinen Klassikers und hat ihn bis heute behalten. Das will bedacht sein. Wenn niemand weiß, was der Schatten genau bedeutet, weshalb ist dann jedermann so eingenommen von der Geschichte? Offenbar verstehen wir Schlemihls Situation sehr gut. Wir begreifen sie beim Lesen auf Anhieb, ohne dafür eine Theorie des Schattens zu benötigen. Das heißt, dass alle diesen Schatten kennen, jede und jeder. Die Situation, dass ein zufälliger Passant auf einen zeigt und sagt: „Dem fehlt der Schatten!", muss uns in seltsamer Weise vertraut sein, obwohl noch niemand sie erlebt hat. Ebenso die Panik, die der Vorgang auslöst. Offenbar wohnt die Furcht vor einem solchen Moment in uns fast seit wir denken können. Der Schatten steht demnach nicht für etwas Bestimmtes, sondern für ein Spektrum von Möglichkeiten. Alles, was den Einzelnen plötzlich aus der Gemeinschaft mit den andern ausschließt, verkörpert sich im fehlenden Schatten, genauer: im Akt der öffentlichen Bloßstellung. Deshalb leidet Schlemihl an seinem Defizit überhaupt nicht, wenn er allein ist.

Um leben zu können, sind wir auf die Zustimmung durch die anderen angewiesen. Keiner existiert als isolierte Monade[1], jeder ist tausendfach vernetzt mit anderen Menschen und weiß nur deshalb, wer er ist, weil diese Anderen es ihm signalisieren. Jeder flüchtige Gruß besagt: „Dich gibt's, und das ist gut so." Aus dem Kosmos solcher Zustimmung herauszufallen, gänzlich und auf allen Ebenen, ist grauenvoll. Ohne Zweifel steckt in uns das Wissen, dass dies eine der schrecklichsten denkbaren Erfahrungen wäre. Schon die Kinder auf den Schulhöfen operieren aus diesem Wissen heraus, wenn sie andere aus der Gruppe verstoßen. Die Eltern müssen die Verletzung dann mit ihrer Liebe wettzumachen suchen. Was Chamisso nun aber erfindet und durchspielt, ist eine Ächtung, die tatsächlich total ist. [...]

Damit ist auch klar, warum das viele Geld hier nichts nützt. Gegenüber partiellen sozialen Ausgrenzungen ist das Gold gewiss ein Allheilmittel. Gegenüber der totalen Ächtung aber nützt es nichts.

Aus: Adelbert von Chamisso: Peter Schlemihls wundersame Geschichte. Stuttgart: Reclam 2010, S.128 ff. (Nachwort)

---

[1] in sich geschlossene, nicht mehr auflösbare, isoliert lebensfähige Ureinheit

Zusatzmaterial

9

Bewertungsbogen für _____

1. Verstehensleistung

Teilaufgabe 1 Die Schülerin/der Schüler	max. Punktzahl	erreichte Punkte
formuliert eine **funktionalisierte Einleitung**: Autor, Titel, Entstehungszeit, Textart (literaturwissenschaftlicher Sachtext)		
stellt die zentrale Position des Verfassers heraus: • der Schatten steht für soziale Anerkennung, sein Verlust für totale soziale Ächtung		
stellt die **Argumente** des Verfassers heraus, z. B.: • Eine überzeugende Deutung des Schattens muss erklären, warum der Schatten wichtiger ist als ganz gleich wie viel Geld. Die vorgeschlagene Deutung liefert diese Erklärung. • Andere Deutungen können diese Erklärung nicht liefern. Exemplarisch wird die Deutung Schatten = nationale Identität angeführt. • Der bleibende Erfolg der Erzählung verweist darauf, dass der Schattenverlust und seine Folgen ein allgemein bekanntes Gefühl ausdrücken. Die Angst vor sozialer Ächtung ist so ein Gefühl. • Zusätzlich gestützt wird die Deutung durch das intuitive, vortheoretische Verständnis der Erzählung, das zeigt, dass sie das schon Kindern bekannte Wissen um die schlimmen Folgen sozialer Isolation aktiviert. • Außerdem erklärt diese Deutung, dass Schlemihl an seinem Verlust nur in Gesellschaft anderer leidet. • Zusammengefasst erklärt diese Deutung, warum Geld in diesem Falle nichts nützen kann: Eine teilweise soziale Ausgrenzung kann mit Geld aufgehoben werden, gegen eine totale soziale Ächtung aber ist Geld machtlos.		
Summe Teilaufgabe 1		

Teilaufgabe 2 Die Schülerin/der Schüler	max. Punktzahl	erreichte Punkte
formuliert eine Überleitung zu der Erörterung der Argumentation.		
überprüft von Matts Argumentation auf ihre Schlüssigkeit, z. B. durch konkrete Verweise auf die Erzählung (z. B. die Reaktion der Umwelt auf Schlemihls Schattenlosigkeit (Fanny, Minas Vater usw.)).		
zieht weitere Argumente heran, die von Matts Argumentation stützen könnten (z. B. die Schwierigkeiten, die Deutungen aufwerfen, den Schatten als nationale Identität oder als bürgerliche Reputation deuten).		
führt Argumente an, die von Matts Position widersprechen (z. B. die Frage, warum Bendel zu Schlemihl hält und auch Mina ihm ein ehrendes Andenken bewahrt).		
wägt die Argumente ab und begründet so die eigene Position.		
Summe Teilaufgabe 2		
Summe Inhaltsleistung		

2. Darstellungsleistung

Anforderungen Die Schülerin/der Schüler	max. Punktzahl	erreichte Punkte
strukturiert ihren/seinen Text kohärent, schlüssig, stringent und gedanklich klar: • angemessene Gewichtung der Teilaufgaben in der Durchführung • gegliederte und angemessen gewichtete Anlage der Arbeit • schlüssige Verbindung der einzelnen Arbeitsschritte • schlüssige gedankliche Verknüpfung von Sätzen		
formuliert unter Beachtung der fachsprachlichen und fachmethodischen Anforderungen: • Trennung von Handlungs- und Metaebene • begründeter Bezug von beschreibenden, deutenden und wertenden Aussagen • Verwendung von Fachtermini in sinnvollem Zusammenhang • Beachtung der Tempora • korrekte Redewiedergabe (Modalität)		
belegt Aussagen durch angemessenes und korrektes Zitieren: • sinnvoller Gebrauch von vollständigen oder gekürzten Zitaten in begründender Funktion		
drückt sich allgemeinsprachlich präzise, stilistisch sicher und begrifflich differenziert aus: • sachlich-distanzierte Schreibweise • Schriftsprachlichkeit • begrifflich abstrakte Ausdrucksfähigkeit		
formuliert lexikalisch und syntaktisch sicher, variabel und komplex (und zugleich klar)		
schreibt sprachlich richtig.		
Summe Darstellungsleistung		

Bewertung:	max. Punktzahl	erreichte Punkte
Summe insgesamt (Verstehens- und Darstellungsleistung):		

Zusatzmaterial

Thema 2 (Analyse eines literarischen Textes mit weiterführendem Schreibauftrag)

Aufgaben

1. Analysieren Sie den Anfang von Kapitel V (S. 40, Z. 16 – S. 41, Z. 13).
2. Das Schattenmotiv in Chamissos Erzählung ist ganz unterschiedlich gedeutet worden. Gehen Sie der Frage nach, welche Deutung oder Deutungen der von Ihnen analysierte Textausschnitt nahelegt.

Bewertungsbogen für _____

1. Verstehensleistung

Teilaufgabe 1 Die Schülerin/der Schüler	max. Punktzahl	erreichte Punkte
formuliert eine **funktionalisierte Einleitung:** • Autor, Titel, Entstehungszeit, Epoche, Gattung • zentrale Thematik des Ausschnitts (Diener Rascal verlässt seinen Herren Schlemihl)		
ordnet die Textstelle in den **inhaltlichen Zusammenhang** der Erzählung ein: • Der schattenlose Schlemihl wird in dem Städtchen wegen seines Reichtums hoch geschätzt. • Er ist mit der Försterstochter Mina verlobt. • Sein Diener Rascal ist verschlagen und bereichert sich durch Diebstahl.		
untersucht den **inhaltlichen Gehalt des Textausschnitts**, z. B.: • Rascal verhält sich respektlos (drängt lautstark auf Einlass, droht Bendel Prügel an, verzichtet auf Begrüßung und Abschiedsfloskel, fällt Schlemihl ins Wort, lässt seinen Hut im Gespräch auf, verlässt pfeifend das Zimmer) und kaltblütig (antwortet kalt und ruhig, verlässt langsam das Zimmer usw.) • Schlemihl versucht vergeblich, ihn mit allen Mitteln umzustimmen (Einschüchterung, Schmeichelei, Geld). • Begründung für Kündigung: Schlemihls Schattenlosigkeit: Ein ehrlicher Mann will einem Schattenlosen nicht dienen, von diesem nichts annehmen. • Schlemihl ist am Ende des Ausschnitts tief verstört.		
analysiert **textkonstituierende Gestaltungsmittel** im Hinblick auf ihre Funktion, z. B.: • unvermittelter Erzählanfang • häufig kurze Hauptsätze (Steigerung des Erzähltempos, Spannungserzeugung) • wie durchgängig in der Erzählung personales Erzählverhalten in Ich-Erzählform mit Erzählhaltung eines nüchternen Berichtsgestus (Rückblick), auffällig in dieser Passage allerdings neben der plastischen Darstellung starker Gefühle die häufige direkte Rede: Veranschaulichung/Vergegenwärtigung der Situation und ihrer Figuren • Redeweise Rascal: knappe, klare Hauptsätze (unterstreichen sein Selbstbewusstsein und seine Respektlosigkeit, stehen im Widerspruch zu seinen einleitenden, ironischen Höflichkeitsfloskeln (S. 40, Z. 26 f.: „Sie untertänigst bitten, Herr Graf") (zumal er weiß, dass Schlemihl kein Graf ist), unterbricht Schlemihl mehrfach (S. 40, Z. 30 ff., S. 41, Z. 4 ff.) • Schlemihls Redeweise unsicher (elliptische Sätze) und stark schwankend zwischen Einschüchterung („Schurke" (S. 40, Z. 25)) und Schmeichelei („lieber Rascal" (S. 41, Z. 3))		
fasst die **Analyseergebnisse** sinnvoll zusammen: • Rascal konfrontiert Schlemihl direkt und unverblümt mit dessen hilfloser Situation ohne Schatten. • Schlemihl reagiert verunsichert und verstört.		
Summe Teilaufgabe 1		

Teilaufgabe 2 Die Schülerin/der Schüler	max. Punktzahl	erreichte Punkte
stellt je nach Unterricht knapp einige **Deutungen des Schattenmotivs** in ihren Grundzügen vor, z. B.: Schattenlosigkeit als: • (1) Heimatverlust • (2) fehlende bürgerliche Solidität • (3) Verlust der äußeren Ehre		
vergleicht die Analyseergebnisse (Teilaufgabe 1) mit den verschiedenen Deutungsmöglichkeiten des Schattenmotivs, bspw.: • Rascals durchgängig respektloses Verhalten stützt Deutung (2) und (3) • Rascals Gegenüberstellung „ehrlicher Mann" und „Schattenlose[r]" (S. 40, Z. 31 f.) stützt Deutung (3) • Rascals Weigerung, Geld anzunehmen, speist sich daraus, dass er sich selbst an Schlemihls Reichtum unehrenhaft bereichert hat, insofern sind Rascal und Schlemihl gleichermaßen unehrenhaft zu ihrem Reichtum gelangt. Schatten bedeutet also etwas anderes als Reichtum, entweder (Deutung (2)) anständigen Reichtum oder und (3) äußere Ehre, unabhängig vom Reichtum (Rascal wirft Schlemihl das Geld vor die Füße).		
gelangt zu einer **abschließenden Bewertung**, z. B.: • Der Textausschnitt behandelt exemplarisch Schlemihls Ausschluss aus der Gesellschaft, indem ein äußerst respektloser Umgang seines Dieners mit ihm gezeigt wird. • Anhand des Textausschnittes wird deutlich, dass Reichtum ohne Schatten keinerlei gesellschaftliche Anerkennung verschafft. Unterschiedliche Deutungen des Schattens sind denkbar.		
Summe Teilaufgabe 2		
Summe Inhaltsleistung		

2. Darstellungsleistung

Anforderungen Die Schülerin/der Schüler	max. Punktzahl	erreichte Punkte
strukturiert ihren/seinen Text kohärent, schlüssig, stringent und gedanklich klar: • angemessene Gewichtung der Teilaufgaben in der Durchführung • gegliederte und angemessen gewichtete Anlage der Arbeit • schlüssige Verbindung der einzelnen Arbeitsschritte • schlüssige gedankliche Verknüpfung von Sätzen		
formuliert unter Beachtung der fachsprachlichen und fachmethodischen Anforderungen: • Trennung von Handlungs- und Metaebene • begründeter Bezug von beschreibenden, deutenden und wertenden Aussagen • Verwendung von Fachtermini in sinnvollem Zusammenhang • Beachtung der Tempora • korrekte Redewiedergabe (Modalität)		
belegt Aussagen durch angemessenes und korrektes Zitieren: • sinnvoller Gebrauch von vollständigen oder gekürzten Zitaten in begründender Funktion		
drückt sich allgemeinsprachlich präzise, stilistisch sicher und begrifflich differenziert aus: • sachlich-distanzierte Schreibweise • Schriftsprachlichkeit • begrifflich abstrakte Ausdrucksfähigkeit		

Anforderungen Die Schülerin/der Schüler	max. Punktzahl	erreichte Punkte
formuliert lexikalisch und syntaktisch sicher, variabel und komplex (und zugleich klar)		
schreibt sprachlich richtig		
Summe Darstellungsleistung		

Bewertung:	max. Punktzahl	erreichte Punkte
Summe insgesamt (Verstehens- und Darstellungsleistung):		

Thema 3 (Textanalyse)

Untersuchen Sie den Anfang von Kapitel IX (S. 63, Z. 6 – S. 64, Z. 14).
Analysieren und interpretieren Sie Schlemihls Traum vor dem Hintergrund seiner aktuellen Situation zu Beginn von Kapitel IX wie auch in Bezug auf das Schattenmotiv in der Erzählung überhaupt.

Thema 4 (textgebundene Erörterung)

2009 brachte der Publizist und Literaturwissenschaftler Michael Bienert Chamissos Erzählung von Peter Schlemihl in Zusammenhang mit der neuen Wirtschafts- und Finanzkrise (s. Textausgabe, S. 100 f.).
- Erörtern Sie, inwiefern Michael Bienerts Deutung der Rolle des Geldes in „Peter Schlemihls wundersame Geschichte" zutrifft.
- Erarbeiten Sie zunächst die Positionen Bienerts.
- Erörtern Sie dann Bienerts Text in Bezug auf „Peter Schlemihls wundersame Geschichte".

(Lösungshinweise s. S. 83 – 86)

Thema 5 (textgebundene Erörterung)

Die Chamisso-Autorin Marjana Gaponenko ärgert sich in ihrer Lesart von „Peter Schlemihls wundersame Geschichte" über die zentralen Figuren Schlemihl und Mina. Entscheiden Sie sich für eine der beiden Figuren und erörtern Sie Gaponenkos Lesart dieser Figur.
- Erarbeiten Sie zuerst Gaponenkos Interpretation der Figur und ihres Verhaltens.
- Erörtern Sie dann Gaponenkos Interpretation in Bezug auf „Peter Schlemihls wundersame Geschichte".

Facharbeiten

1. Eduard Hitzig – Ein Berliner Jude im Spiegel von Hans Natoneks Roman „Der Schlemihl" (Arbeitshinweise: Recherchieren Sie die Biografie von Eduard Hitzig und vergleichen Sie diese mit der Darstellung in Hans Natoneks Roman „Der Schlemihl" (1936) (v.a. Kapitel IV und VI)) (zu Baustein 6)

2. Autobiografische Elemente in „Peter Schlemihl" – Parallelen zwischen Chamissos Leben und der Darstellung des Schlemihl in Chamissos Erzählung
(Literaturhinweise: Chabozy, Friedrich: Über das Jugendleben Adelberts von Chamisso; zur Beurteilung seiner Dichtung „Peter Schlemihl". München, 1879 und Tepe/Semlow (2012 – 1)) (zu Baustein 4.2)

3. Chamissos Leben nach dem „Schlemihl" – Vergleich zwischen Chamissos Biografie 1815 – 1838 und Kapitel IX – XI

4. Chamissos Weltreise – Vergleich zwischen Chamissos Weltumsegelung (1815 – 1818) und Schlemihls Exkursionen in Kapitel IX – XI

5. Peter Schlemihl als Figur in Thomas Hettches Roman „Pfaueninsel" (2014) – Vergleich von Hettches Figur mit dem Original

6. Das Chamisso-Museum in Kunersdorf – Vorbereitung einer Exkursion

7. Chamissos „Das Dampfross", das erste deutsche Eisenbahngedicht – Rekonstruktion der Entstehungsgeschichte
(Arbeitshinweis: Handschriftliche Quellen zu dem Gedicht finden sich in Chamissos Nachlass, der im Internet frei zugänglich ist.)

8. Chamisso-Autoren. Recherche eines Chamisso-Preisträgers bzw. einer -Preisträgerin und seines/ihres aktuellen Buches

Literatur

Primärliteratur

Adelbert von Chamisso: Werke, Band 5 (Leben und Briefe), hrsg. v. Julius Eduard Hitzig, Berlin: Weidmansche Buchhandlung 1864

Adelbert von Chamisso: Werke in zwei Bänden, hrsg. W. Feudel u.a. Leipzig: Reclam 1981

Adelbert von Chamisso: Peter Schlemihls wundersame Geschichte, hrsg. nach der Erstausgabe Nürnberg 1814 von Joseph Kiermeier-Debre. München: dtv 1999

Adelbert von Chamisso (2003): Peter Schlemihls wundersame Geschichte, mit einem Kommentar von Thomas Betz und Lutz Hagestedt. Frankfurt/M: Suhrkamp BasisBibliothek 2003

Adelbert von Chamisso (2010): Peter Schlemihls wundersame Geschichte. Mit den Farbholzschnitten von Ernst Kirchner, hrsg. von Peter von Matt. Stuttgart: Reclam 2010

Adelbert von Chamisso (2014 (a)): Peter Schlemihls wundersame Geschichte, herausgegeben von Florian Gräfe. Stuttgart: Reclam 2014

Adelbert von Chamisso (2014 (b)): Peter Schlemiel's Schicksale mitgetheilt von Adelbert von Chamisso. Faksimile-Ausgabe der Handschrift mit einer diplomatischen Transkription von Katrin Dennerlein. Kunersdorf: Findling Verlag 2014

Sekundärliteratur zu Chamisso

De Bruyn, Günter: Als Poesie gut. Schicksale aus Berlins Kunstepoche 1786-1807. Frankfurt/M.: S. Fischer 2006 (darin zu Chamisso: S. 433-438)

De Bruyn, Günter: Die Zeit der schweren Not. Schicksale aus dem Kulturleben Berlins 1807-1815. Frankfurt/M.: S. Fischer 2010 (darin zu Chamisso: S. 285-294)

Detering, Heinrich: Das offene Geheimnis. Zur literarischen Produktivität eines Tabus von Winckelmann bis zu Thomas Mann. GöttingenWallstein 2002 (darin zu Chamisso: S. 155-172)

Feudel, Werner: Adelbert von Chamisso. Leipzig: Reclam ³1988

Fischer, Robert: Adelbert von Chamisso. Berlin/ München: Klopp 1990

Freund, Winfried: Adelbert von Chamissos „Peter Schlemihl", Paderborn/ München: Schöningh 1980

Günzel, Klaus (Hrsg.): Die Serapionsbrüder. Märchendichtungen der Berliner Romantik. Berlin/O.: Union 1986

Langner, Beatrix: Der wilde Europäer. Adelbert von Chamisso. Berlin: Matthes und Seitz 2009

Mann, Thomas: Chamisso. In: Adel des Geistes. Berlin/O.: Aufbau Verlag 1956, S. 23-46

von Matt, Peter: Nachwort. In: Chamisso (2010)

Schleuchert, Kurt: Adelbert von Chamisso. Berlin: Stapp 1988

Walach, Dagmar: Chamisso: Peter Schlemihls wundersame Geschichte. In: Erzählungen und Novellen des 19. Jahrhunderts. Bd. 1. Stuttgart: Reclam 1988, S. 221-251

Walach, Dagmar: Erläuterungen und Dokumente. Adelbert von Chamisso: Peter Schlemihls wundersame Geschichte. Stuttgart: Reclam 1994 (erstmals 1988)

Sonstiges

Böttger, Steffi: Für immer fremd. Das Leben des jüdischen Schriftstellers Hans Natonek. Leipzig: Lehmstedt 2013

Gaponeko, Marjana: Wer ist Martha. Berlin: Suhrkamp 2012

E.T.A. Hoffmann: Die Abenteuer der Sylvester-Nacht. Aus: E.T.A. Hoffmann: Phantasiestücke in Callot's Manier. Hrsg. von Hartmut Steinecke. Frankfurt./M. 1993 (2006), S. 325-359

Jaeggi, Rahel: Entfremdung. Zur Aktualität eines sozialphilosophischen Problems. Frankfurt/M.: Campus 2005
Natonek, Hans: Der Schlemihl. Amsterdam: Allert de Lange 1936
Safranski, Rüdiger: Romantik. Eine deutsche Affäre. München: Hanser 2007
Stölzl, Simone: Nachtmeerfahrten. Die dunkle Seite der Romantik. Berlin: Die andere Bibliothek 2013
Weinrich, Harald: Chamisso, die Chamisso-Autoren und die Globalisierung. Stuttgart: Robert-Bosch-Stiftung 2002
Zaimoglu, Feridun: Kanak Sprak. 24 Misstöne vom Rande der Gesellschaft. Hamburg: Rotbuch 1995

Didaktisches

Adelbert von Chamisso: Peter Schlemihls wundersame Geschichte. Klassische Schullektüre, Text und Materialien. Lehrerheft, von Bernd Rosen. Berlin: Cornelsen 1987

Internet

Peter Tepe/Tanja Semlow (2012 – 1): Interpretationskonflikte am Beispiel von Adelbert von Chamissos Peter Schlemihls wundersame Geschichte 1. Interpretationen des 19. Jahrhunderts (2012). URL: *www.mythos-magazin.de/erklaerendehermeneutik/pt-ts_schlemihl1.pdf* [05.02.2015]

Peter Tepe/Tanja Semlow (2012 – 2): Interpretationskonflikte am Beispiel von Adelbert von Chamissos Peter Schlemihls wundersame Geschichte 2. Interpretationen 1900-1950 (2012). URL: *www.mythos-magazin.de/erklaerendehermeneutik/pt-ts_schlemihl2.pdf*) [05.02.2015]

Peter *Tepe*/Tanja *Semlow*: (2014) Interpretationskonflikte am Beispiel von Adelbert von Chamissos Peter *Schlemihls* wundersame Geschichte 3. Interpretationen 1951 – 1980 (2014) URL: *www.mythos-magazin.de/erklaerendehermeneutik/pt-ts_schlemihl3.pdf*) [05.02.2015]

http://chamisso-forum.blogspot.de/ (Blog zu Chamisso, betreut von text-der-stadt, Michael Bienert)
http://staatsbibliothek-berlin.de/die-staatsbibliothek/abteilungen/handschriften/nachlaesse-autographen/projekte/nachlass-adelbert-von-chamisso/ (Zugriff auf den digitalisierten Nachlass Adelbert von Chamissos, der im Netz frei zugänglich ist)
http://www.chamisso-gesellschaft.de/
http://www.kunersdorfer-musenhof.de/ (Link des Chamisso-Literaturhauses in Kunersdorf)
http://www.bosch-stiftung.de/content/language1/html/35221.asp (Zugriff auf eine Reihe von Chamisso-Magazinen, in denen Preisträgerinnen und Preisträger des Chamisso-Preises der Robert-Bosch-Stiftung vorgestellt werden) [05.11.2015]
unter librivox.org ist eine vollständige Hörbuchfassung des „Schlemihl" wie auch von Hoffmanns „Abenteuer der Silvester-Nacht" frei zugänglich

EinFach

Unterrichtsmodelle

Herausgegeben von Johannes Diekhans

Unterrichtsmodelle – Klassen 5–7

Michael Ende: Momo
140 S., DIN-A4, kart.   Best.-Nr. 022548

Erich Kästner: Emil und die Detektive
59 S., DIN-A4, kart.   Best.-Nr. 022399

Victor Caspak, Yves Lanois: Die Kurzhosengang
114 S., DIN-A4, kart.   Best.-Nr. 022564

Otfried Preußler: Krabat
131 S., DIN-A4, kart.   Best.-Nr. 022331

Unterrichtsmodelle – Klassen 8–10

Alfred Andersch: Sansibar oder der letzte Grund
167 S., DIN-A4, kart.   Best.-Nr. 022489

John Boyne: Der Junge im gestreiften Pyjama
116 S., DIN-A4, kart.   Best.-Nr. 022510

Charlotte Kerner: Blueprint. Blaupause
118 S., DIN-A4, kart.   Best.-Nr. 022439

Wolfgang Herrndorf: Tschick
111 S., DIN-A4, kart.   Best.-Nr. 022583

Unterrichtsmodelle – Gymnasiale Oberstufe

Barock
152 S., DIN-A4, kart.   Best.-Nr. 022418

Jurek Becker: Jakob der Lügner
165 S., DIN-A4, kart.   Best.-Nr. 022413

Georg Büchner: Lenz. Der Hessische Landbote
141 S., DIN-A4, kart.   Best.-Nr. 022426

Georg Büchner: Woyzeck
115 S., DIN-A4, kart.   Best.-Nr. 022313

Die Lyrik Bertolt Brechts
200 S., DIN-A4, kart.   Best.-Nr. 022488

Wolfgang Koeppen: Tauben im Gras
244 S., DIN-A4, kart.   Best.-Nr. 022458

Thomas Mann: Buddenbrooks
202 S., DIN-A4, kart.   Best.-Nr. 022354

Dramentheorie
186 S., DIN-A4, kart.   Best.-Nr. 022433

Johann Wolfgang von Goethe: Die Leiden des jungen Werthers
128 S., DIN-A4, kart.   Best.-Nr. 022365

Günter Grass: Die Blechtrommel
197 S., DIN-A4, kart.   Best.-Nr. 022374

Franz Kafka: Die Verwandlung. Brief an den Vater NEU
177 S., DIN-A4, kart.   Best.-Nr. 022496

Die Kurzgeschichte auf dem Weg ins 21. Jahrhundert
132 S., DIN-A4, kart.   Best.-Nr. 022396

Liebeslyrik
244 S., DIN-A4, kart.   Best.-Nr. 022381

Literatur seit 1945 – Traditionen und Tendenzen
197 S., DIN-A4, kart.   Best.-Nr. 022386

Naturlyrik
247 S., DIN-A4, kart.   Best.-Nr. 022550

Joseph Roth: Hiob
173 S., DIN-A4, kart.   Best.-Nr. 022556

Rhetorik NEU
163 S., DIN-A4, kart.   Best.-Nr. 022491

Friedrich Schiller: Kabale und Liebe NEU
156 S., DIN-A4, kart.   Best.-Nr. 022561

Sprachursprung – Sprachskepsis – Sprachwandel
274 S., DIN-A4, kart.   Best.-Nr. 022455

Juli Zeh: Corpus Delicti
85 S., DIN-A4, kart.   Best.-Nr. 022557

Ausgearbeitete, praxiserprobte Klassenarbeiten und Klausuren für die S I und S II (Mittel- und Oberstufe) im frei zu bearbeitenden Wordformat. Das Angebot umfasst jeweils einen konkreten Vorschlag mit Aufgabenstellung sowie einen individualisierbaren Bewertungsbogen mit Erwartungshorizont, Bewertungsschema und Punkteraster. Die Abgabe erfolgt ausschließlich an Lehrkräfte und Referendare mit entsprechendem Nachweis. Bezug nur über den Onlineshop.